改訂版

Q&A
交通事故加害者の賠償実務

被害者からの過剰請求対応

［編］弁護士法人 愛知総合法律事務所

第一法規

推薦の辞

　今から40年ほど前、私が名古屋地裁交通集中部に裁判官として所属していた頃、事故発生の増加と自動車保険の普及に伴い、全国的に交通事故の損害賠償を巡る訴訟事件が増え続けていました。特に交通部が設置されている裁判所では、大量の事件に対して合理的で迅速な処理を図る方策として、損害額算定の基準、及び事故態様の類型と過失割合の目安が検討され、実用化が進みました。これらは次第に実務の原則的な運用として定着し、事件の早期解決に繋がってきたものと思われます。

　しかし、時の経過とともに、原則的な運用基準に適合しない事案の解決策や従来は十分に検討されていなかった論点等が問題になるケースが浮上するようになりました。殊に、損害保険会社が自動車保険の特約で扱う、いわゆる弁護士保険の活用により、弁護士の関与のもと、損害額の多寡にかかわらず、問題点の徹底した論議がなされることが少なくない実情にあるようです。事件処理に当たる者としては、このような状況に的確に対応するための備えが必要でありましょう。

　本書は、交通事故訴訟を数多く扱い、様々な事案解決の実績を蓄積する弁護士法人愛知総合法律事務所において、30名近い所属弁護士が実務の近況を踏まえ、熱心に議論を重ねて編纂した、とても参考になる解説書です。私も裁判所を退官後、しばらく同事務所に所属し、定例の実務研究会、判例研究会等に参加する機会に恵まれ、大いに勉強になりました。このたびの出版が、交通事故問題に取り組まれます皆様方のお役に立つものであることを確信し、推薦する次第であります。

平成28年12月

元名古屋地方裁判所所長・弁護士

熊田　士朗

改訂によせて

このたび、4年ぶりに『Q&A　交通事故加害者の賠償実務―被害者からの過剰請求対応―』の改訂版を発刊する運びとなりました。

改訂をすることとなった直接の原因は、民法（債権法）改正に合わせたアップデートが必要となったことです。

旧版の内容の中で、債権法改正に合致しない部分がいろいろと出てきましたので、今回、各Q&Aを全面的に見直すとともに、債権法改正に関する章を新たに設けました。

各Q&Aについて、最新の裁判例を踏まえて、大幅に見直しを行い、掲載裁判例も大幅に差し替えています。

その他に、近時の民法（相続法）、民事執行法、道路交通法、自動車運転処罰法についてもコラムを設けて言及しました。

また、一部のQ&Aには、新たに参考となる文例も付けました。

今回、当事務所が、所属する約40名の弁護士の支援の下、うち36名が執筆に当たって、総力を挙げて世に出す『改訂版　Q&A　交通事故加害者の賠償実務―被害者からの過剰請求対応―』が、読者の皆様の実務の中で、初版以上にお役に立てていただければ、当事務所及び執筆者一同これに勝る喜びはありません。

改訂版の作成に当たり、初版の執筆者で当事務所から移籍等された森田祥玄さん、友近歩美さん、北澤嘉章さんに、初版の原稿の利用及び修正をご快諾いただきましたこと、横田秀俊さんに、原稿の執筆に関する多くのご協力をいただきましたことに感謝いたします。

最後になりましたが、改訂版の刊行に当たっても、第一法規株式会社の芝田敏昭氏、宗正人氏、増田真博氏、下村一寿氏に多大なご尽力を賜りました。心から感謝申し上げます。

改訂によせて

令和2年12月

弁護士法人　愛知総合法律事務所
代表弁護士　　　　　村上　文男
改訂チーム長　弁護士　檀浦　康仁

初版・出版にあたって

　このたび、交通事故の加害者、損害保険会社の損害査定担当者、企業の交通事故担当者、嘱託弁護士として交通事故の加害者側の代理人として活躍しておられる弁護士の方々等のために、『Q＆A 交通事故加害者の賠償実務－被害者からの過剰請求対応－』を発刊する運びとなりました。

　さて、弁護士法人愛知総合法律事務所は、事務所理念の１つに「依頼者のために」を掲げています。これまでにもこの事務所理念に基づいて、市民を対象に『Q＆Aそうだ！　弁護士に聞いてみよう！！』全国書籍出版（2004年）を出版し、続いて裁判員裁判の普及と、市民の皆さんが裁判員に選任されたときに備えて手にとっていただくことを目的とした『えっ？　わたしが裁判員？－裁判員六人の成長物語－』第一法規（2008年）を出版してきました。

　愛知総合法律事務所は、多くの事件を扱っておりますが、とりわけ交通事故の加害者事件を多く扱っています。損害保険会社の損害査定担当者との事例勉強会やセミナーなどを年に複数回開催しており、そのたびに担当者の方々のための、実務に役立つ書籍の必要性を痛感しておりました。

　こうしたことから、このたび、経験豊かな弁護士、若手弁護士、事務局の総力を結集して、弊所全員参加での出版を企画しました。またこの上梓を契機に、愛知総合法律事務所の交通事故事件の解決のレベルアップも目的としています。

　執筆作業に当たっては、業務に支障を来さないことをモットーに、企画から出版まで半年程度を予定し、事務所の理念の１つ「スピード、スピード、スピード」をいかんなく発揮いたしました。私自身は、原稿の執筆を通じて若手弁護士の、経験弁護士と遜色ない成長とその底力を感じ、大変うれしく思った次第です。

初版・出版にあたって

　こうした愛知総合法律事務所の総力を結集した本書は、読者の皆様のバイブルの1つに加えていただけるのではないかと大いに期待しています。

　現場の皆様に親しみやすく、わかりやすく、しかもすぐに役立つことを中心に次のアイデアを採用しました。

1. 「事例」形式にしました

　　実例にヒントを得たものばかりです。読者の皆さんはどれかの事例に既に遭遇しているか、また近い将来遭遇するでしょう。

2. 「ポイント」欄を設けました

　　事例での争点、一番大切な問題点を簡潔に指摘してあります。

　　本題の事例からポイントを指摘できる人は、相当程度習熟している上級者です。

3. 「考え方」欄を設けました

　　ポイントについての理論的な解説です。ポイントについての理屈づけの役割を担います。

　　繰り返し読むことにより理解が進むでしょう。

4. 「調べるべきこと・情報の提供を求めるべきこと」欄を設けました

　　加害者との交渉に入る前に、あらかじめ調べることを指摘して、保険会社の新人担当者にも、役立てていただけるように配慮しました。まさしく、かゆい所に手の届くようにとの思いで設けました。実務を扱っている弁護士ならではの部分です。

5. 「想定問答（Q&A）」形式にしました。

　　いざ、被害者との交渉です。事例の解決の中で出てくるであろう問答を想定して、親しみやすく、わかりやすく、しかもすぐに役立つように工夫をしました。読者の中には同じ問答を経験された人が少なくないでしょう。

　　読者の何人かは問答をイメージしながら読んでいただけるはずです。

また、回答に参考になると喜んでいただけることを想定して執筆しました。

6．「裁判例」を掲げました

　思いつき、独りよがりではいけません。実務は判例の裏づけがあればそれだけ説得的になります。そのために裁判例欄を設けました。

　判例内容のまとめを記載して、理解しやすさにも配慮しました。

　現場の皆さんが常に判例に当たる習慣をつけてほしいとの思いも込め、出典にも当たれるように出典を記載しました。

7．「用語の解説」欄を設けました

　何気なく使っている用語を正確に深く理解してもらうために、用語の解説を設けました。

　その他目次を詳細にして、目次により索引の役割を果たせるようにしました。また事項索引を付けて事例を探しやすくしました。

　読者の皆さんが実務の中で役立ていただくことが、本書の目的です。本書は、愛知総合法律事務所の理念に基づいた仕事の仕方を、出版という形で提示したものです。

　末永く読者の皆さんのそばに置いて、役立ていただければ愛知総合法律事務所及び執筆者一同これに勝る喜びはありません。

　最後になりましたが、本書の刊行に当たっては、第一法規株式会社の芝田敏昭氏、宗正人氏、増田真博氏、下村一寿氏には多大なご尽力を賜りました。心から感謝申し上げます。

平成28年12月

弁護士法人　愛知総合法律事務所
代表弁護士　村上　文男

凡　例

裁判例の書誌情報の表記は、以下のとおりとしました。

判例には、原則として判例情報データベース「D1-Law.com 判例体系」の検索項目となる判例IDを〔　　〕で記載しています。
例：最一小判昭和37・11・8民集16巻11号2255頁〔27002080〕

【裁判所略語】
　　最○小判　　　最高裁判所第○小法廷判決
　　○高判　　　　○高等裁判所判決
　　○地判　　　　○地方裁判所判決

【判例出典略語】
　　民録　　　　　大審院民事判決録
　　民集　　　　　最高裁判所民事判例集
　　裁判集民　　　最高裁判所裁判集民事
　　下級民集　　　下級裁判所民事裁判例集
　　判時　　　　　判例時報
　　判タ　　　　　判例タイムズ
　　交通民集　　　交通事故民事裁判例集
　　自保ジャーナル　自動車保険ジャーナル
　　裁判所HP　　　裁判所ホームページ

目次 Q&A 改訂版 交通事故加害者の賠償実務
被害者からの過剰請求対応

推薦の辞
改訂によせて
初版・出版にあたって
凡例

I 総論

- **Q1** 交通事故加害者の責任の根拠と保険金支払の免責事由 ……………3
- **Q2** 保険会社担当者の示談代行の根拠
  ―契約者と相手方の直接交渉が問題となる場合の対処― ………14
- **Q3** 交通事故紛争の解決手段
  ―保険会社担当者において示談交渉が奏功しない場合の選択肢―…19
- **Q4** 損益相殺・賠償額からの利益の控除 ………………………………25
- **Q5** 過失相殺―被害者に過失がある場合の検討プロセス― …………32
- **Q6** 被害者以外の者の過失を考慮できる場合―被害者側の過失― ……40
- **Q7** 飲酒運転者の車両の同乗者に対する賠償金額の減額主張
  ―好意同乗― ………………………………………………………46
- **Q8** 共同不法行為と賠償責任①
  ―先行事故と後行事故とが時間的・場所的に近接する場合― ………53
- **Q9** 共同不法行為と賠償責任②
  ―先行事故と後行事故の間に時間的隔たりが存在する場合― ………59
- Column 1　道路交通法・自動車運転処罰法の改正について　65

ix

目次

II　民法改正が交通事故賠償実務に与える影響

- **Q10** 消滅時効の制度とその改正 …………………………………… 71
- **Q11** 法定利率の改正―ライプニッツ係数について― ……………… 78
- Column 2　民法（債権関係）改正の影響　84

III　人身事故

- **Q12** 治療の期間・相当性
  ―症状固定時期、特別室（個室）使用料、過剰・高額診療、被害者の素因― …… 89
- **Q13** 一括対応とその打切り ………………………………………… 98
- **Q14** 整骨院・接骨院や鍼灸院の施術費用と交通事故との因果関係 …… 107
- **Q15** 会社経営者の事故
  ―役員報酬部分の考え方・会社の固有損害・反射損害― ………… 118
- **Q16** 将来の介護費用の発生と考慮要素及び生命侵害以外の場合に
  おける近親者慰謝料 ……………………………………………… 128
- **Q17** 後遺障害による現実的減収がない場合の逸失利益の争い方 …… 134
- **Q18** 公的収入資料のない者、公的資料にない所得を主張する者の
  休損・逸失利益 …………………………………………………… 142
- **Q19** 外国人が被害者となった場合の注意点全般、外国人の逸失利益 … 150
- **Q20** 知的障害者の後遺障害逸失利益における基礎収入 …………… 156
- **Q21** 学生が被害者となった場合の逸失利益 ……………………… 162
- **Q22** 若年の非正規労働者が被害者となった場合の逸失利益 ……… 168
- **Q23** 定期金賠償―最高裁令和2年7月9日判決の考え方― ……… 173
- **Q24** 定年後の高齢者の逸失利益基礎収入 ………………………… 180
- **Q25** 高齢主婦の逸失利益
  ―高齢主婦の家事労働の逸失利益性、高齢者特有の問題点― …… 184
- **Q26** 被害者の顔面に醜状痕が残った場合における後遺障害逸失利益 … 189
- **Q27** 医学の絡む後遺障害―後遺障害に関する医療調査のポイント― …… 198

Q28 交通事故と医療過誤の競合事案を検討する際の視点……………203
Q29 頭部外傷による精神症状―高次脳機能障害の対応―……………211
Q30 脳脊髄液減少症とは?―診断基準と調査方法―………………219
Q31 要因が判然としない複雑な疼痛（CRPS や RSD）の
　　主張がされた場合の対応………………………………………224
Q32 被害者死亡事故をめぐる問題①―死亡被害者の葬儀費用―………230
Q33 被害者死亡事故をめぐる問題②
　　―死亡被害者の逸失利益の算定と生活費控除率―……………237
Column 3　相続法改正と損害賠償実務　248

Ⅳ 物損事故

Q34 高額な修理費用請求への対応方法………………………………253
Q35 事故車両が改造車であるときの、経済的全損か分損かの判断方法…258
Q36 全損時における買替諸費用として認められるものとその範囲…………264
Q37 買替差額―購入直後の車両の損害―……………………………271
Q38 評価損が認められる場合とその評価方法………………………275
Q39 代車費用……………………………………………………………284
Q40 休車損害の算定―休車日額の調査と認定―……………………295
Q41 事故車両の保管料―事故と相当因果関係がある保管料―………304
Q42 積荷損害―立証を要する程度及び損害の範囲―…………………313
Q43 増加保険料の損害性………………………………………………318
Q44 建物が損壊した場合の損害
　　―経済的全損、新旧交換差益、物損慰謝料等―………………324
Q45 物的損害に関する慰謝料は認められるか?
　　―車両の場合とペットの場合―…………………………………332
Column 4　民事執行法改正について　338

Ⅴ 疑義事案案件への対応

Q46 わざと起こした追突事故であることが疑われる
　　　保険金請求事件の対応 ……………………………………… 343
Q47 偽装盗難が疑われるモラルリスク事件の対応 ……………… 357
Column 5 弁護士費用保険について　363

Ⅵ 加害者保険会社による求償

Q48 過失割合の認められる場合における保険会社の求償 ……… 369
Q49 求償時の和解―交通事故の和解条項作成時の留意点― ……… 375
Q50 請求権代位に基づく求償請求権の消滅時効の起算点 ……… 387
Column 6 弁護士が関わる求償請求の実際　392

事項索引 ……………………………………………………………… 395
判例索引 ……………………………………………………………… 401
執筆者紹介 …………………………………………………………… 416
事務所紹介 …………………………………………………………… 424

Ⅰ 総論

交通事故加害者の責任の根拠と保険金支払の免責事由

事例

Y_1 は、弊社の契約者である Y_2 社の従業員ですが、Y_2 社が所有する社用車の職務による運転中に、スマートフォンを見ていて、X_1 が運転する車と衝突する交通事故を起こしてしまいました。

この事故の結果、X_1 と同乗者の X_2 がけがをしました。

また、Y_1 の運転する自動車には、Y_2 社の従業員である X_3 が同乗していましたが、X_3 も、この事故の結果、けがをしました。

弊社は X_1、X_2 及び X_3 の損害をてん補する責任を負うでしょうか。

ポイント

- 交通事故を起こした場合、誰がどのような法的根拠により損害賠償責任を負うのでしょうか。
- 業務上の交通事故の場合に、保険者が保険金を支払う責任を負わない場合があるのでしょうか（業務災害、同僚災害）。

考え方

1 賠償責任保険金の支払根拠について

(1) 交通事故の加害者は、民事上の責任、刑事責任、行政上の責任を負担することとなります。民事上の責任（＝被害者に対する損害賠償責任）をてん補するのが、賠償責任保険です。

対人・対物の賠償責任保険は、被保険者が法律上の損害賠償責任を負担することによって被る損害について、保険金を支払うという保険です。

(2) ただし、加害者の保険者は、常に、被害者が被った損害のすべてをてん補する責任を負うわけではありません。加害者の保険者は、加害者に法律上の損害賠償責任がある場合に、その責任の範囲に限って、

I 総論

責任を負うのです。

　また、保険約款上の免責事由に当たる場合には、加害者が法律上の損害賠償責任を負担する場合であっても、保険金の支払義務を負いません。

(3) 以下、本事例に沿って、Y_1及びY_2社のX_1、X_2及びX_3に対する法的責任の有無及びその根拠について説明し、その後、保険者の保険金支払の責任について、説明します。

2　Y_1の責任について

(1) **不法行為責任**

　民法上、故意又は過失によって、他人の権利等を侵害した者は、被害者に対して、その違法行為によって与えてしまった損害を賠償する責任を負います（不法行為・民法709条）。

　ここで、故意というのは、日常用語同様に、「わざと」という意味であり、過失というのは、注意を欠いていたことをいいます。

(2) **本事例におけるY_1の不法行為責任**

　本事例では、Y_1は脇見運転をしていて交通事故を起こしてしまっています。

　自動車を運転する者は、当然、前方に十分注意して運転しなければなりませんので、スマートフォンを見ていたY_1が注意を欠いていたことは明らかであり、Y_1には過失があったといえます。

　Y_1は、過失によって交通事故を発生させ、それによって、X_1、X_2及びX_3にけがをさせてしまったため、不法行為が成立し、X_1、X_2及びX_3に対する損害賠償責任を負います。

(3) **X_1に対する損害賠償責任の内容について**

　民法上、被害者にも過失があった場合には、裁判所がこれを考慮して損害賠償の額を定めることができるとされています（過失相殺・民法722条2項）。

　そこで、事故の相手方であるX_1にも脇見運転その他の過失があっ

た場合には、X_1側の過失も考慮して、損害賠償額が減額されることとなります（なお、過失相殺についての詳細は、Q5（32頁）をご参照ください）。

(4) X_2に対する損害賠償責任の内容について

では、X_1の側にも過失がある場合に、同乗者X_2に対しても、過失相殺を主張し得るでしょうか。

民法は、数人が共同の不法行為によって他人に損害を加えたときは、加害者が連帯してその損害を賠償する責任を負うものとしています（共同不法行為・民法719条1項本文）。

連帯して賠償の責任を負うということの意味は、複数の加害者が、それぞれ責任の割合に応じて被害者に賠償すればよいということではなく、1人ひとりの加害者がそれぞれ損害の全額の賠償責任を負っているということです。

したがって、X_1が飲酒していたのをX_2が容認して同乗していた等、X_2自身に責められる事情がある場合を除き、Y_1とX_1とは連帯してX_2に生じた損害の全部を賠償すべきこととなります（なお、同乗者の賠償責任の限定の問題については、Q7（46頁）をご参照ください）。

(5) X_3に対する損害賠償責任の内容について

運転者であるY_1が、業務上発生した事故について、Y_2社の同僚であり同乗者でもあるX_3に対して、過失相殺を主張することができることはほとんどあり得ないでしょう（上記同様、同乗者の賠償責任の限定の問題については、Q7（46頁）をご参照ください）。

したがって、Y_1は、基本的には、X_3に生じた損害の全部を賠償すべきこととなります。

なお、事故の発生に関し、X_1の側にも過失がある場合にも、Y_1が、X_1と連帯してX_3に生じた損害の全部を賠償すべきこととなるのは、前記(3)のとおりです。

Ⅰ 総論

3 Y₂社の責任について

(1) 使用者責任

民法上、使用者は、被用者が、その事業の執行について第三者に加えた損害を賠償する責任を負うこととされています（使用者責任・民法715条1項本文）。

この使用者責任については、使用者が被用者の選任及びその事業の監督について相当の注意をしたときは責任を免れることとされています（中間責任・民法715条1項ただし書）。しかし、この免責は、公平の観点から、ごく限定的な場合にしか認められるべきでないと考えられています。実際に、裁判上、使用者が被用者の選任及びその事業の監督について相当の注意をしたとき、又は相当の注意をしても損害が生ずべきであったとされて免責される事例はほとんどありません。

本事例では、Y₁が、職務中に社用車で事故を起こしており、前記2のとおり、Y₁に不法行為が成立します。したがって、Y₂社には、使用者責任が成立し、Y₂社は、民法715条1項本文により、X₁、X₂及びX₃に対する損害賠償責任を負います。なお、仮にY₂社が、従業員に運転中にスマートフォンを車内に持ち込むことを禁止していたとしても、その程度ではY₂社が免責されるとは考えられません。

(2) 運行供用者責任

自動車損害賠償保障法（以下、「自賠法」といいます）は、自己のために、自動車を運行の用に供する者（以下、「運行供用者」といいます）は、その運行によって他人の生命又は身体を害したときは、その損害を賠償する責任を負うものとしています（運行供用者責任・自賠法3条）。

一般的には、事故を起こした車について運行支配を有し、運行利益を得ている者が、この「運行供用者」に当たると考えられています。

本事例では、Y₁が事故を起こした車は、Y₂社が所有する社用車であり、かつ、Y₂社は業務のためにY₁にその車を運転させていたため、Y₂社が事故を起こした車の運行を指示・制御すべき立場にあり、ま

た、事故を起こした車の運行を通じて利益を得ていたことも明らかです。

　したがって、Y_2社は、事故を起こした車について、運行支配を有し、運行利益を得ていたということができ、自賠法3条の運行供用者に当たりますので、X_1、X_2及びX_3に対する損害賠償責任を負います。

(3) 使用者責任と運行供用者責任の関係について

　自賠法3条の運行供用者責任は、被害者の生命・身体に対する損害についてのみ成立し、財産上の損害については成立しません。したがって、被害者は、例えば、修理費用については、運行供用者責任を根拠として賠償請求をすることはできません（使用者責任を根拠とする請求は可能です）。

　被害者の生命・身体に対する損害については、いずれを根拠とする賠償請求も可能です。

　本事例のように、事故を起こした車の運転者に過失があることが明らかなケースでは、使用者責任と運行供用者責任のいずれを根拠としても、それほど大きな違いはありません。

　ただし、運行供用者責任に基づく賠償請求の場合、運行供用者の側が自動車の運行に関して注意を怠らなかったこと等を証明しない限り、損害賠償責任を免れないこととされていますので（自賠法3条ただし書）、事故の被害者側に大変大きな過失があり、事故の加害者側に過失があるかどうかが問題になるようなケースでは、運行供用者責任を根拠とする請求をする方がよいということになります。

　また、会社の車を従業員以外の第三者が盗んで、その盗んだ車で事故を起こしたという場合（いわゆる泥棒運転）、盗んだ犯人は従業員ではないので使用者責任が成立しません。これに対し、運行供用者責任については、車の保管状況が悪かった場合等で盗まれ、盗まれてから長い時間が経過する前に事故が起きた場合には、認められた例もあります。

Ⅰ 総論

(4) X_1、X_2及びX_3に対する損害賠償責任の内容について

 X_1、X_2及びX_3に対する損害賠償責任の内容は、基本的に、前記2のY_1の賠償責任の内容と変わりません。

4 保険金支払の免責事由

(1) 被保険者が法律上の損害賠償責任を負う場合であっても、保険約款上、保険者が保険金の支払責任を免れることとなる事実を免責事由といいます。

 自動車保険の約款においては、被害者が運転者や被保険者と一定の関係にある場合に、保険者が免責されることとされています。

 被害者が被保険者の業務に従事しているうちに起きた事故(業務に従事中の事故)によって損害を受けた場合(業務災害)や、加害者も被害者も同じ使用者の業務に従事中の事故によって損害を受けた場合(同僚災害)について、自動車保険ではなく、労災保険によって損害がてん補されるべきですので、保険金の二重払を防ぐ観点から免責とされています。

 なお、このような業務災害、同僚災害に該当するかどうかについては、業務に従事中の事故であるか否かが問題となりますが、労災保険との二重払を防ぐという観点から、この判断については、労災保険の分野と同様の解釈がされています。

(2) 本事例では、Y_1とX_3とがいずれもY_2社の従業員であるため、同僚災害による免責がなされ、保険者は、X_3に対する損害については、てん補責任を免れることとなります。

調べるべきこと・情報の提供を求めるべきこと

● 事故態様

 車の運転者から聴取します。

 交通事故証明書を取り付けます。

 事案によっては、調査会社に調査を依頼します。

弁護士に委任している事案であれば、刑事事件記録を取り付けることも可能です。
- 車の所有者

 車の所有者が誰であるかは、運行供用者責任が発生するか否かに関わる事実です。

 車の運転者から車検証の写しを提出させます。
- 会社と運転者の関係

 車の運転者や契約者から事情を聴取します。

 事案によっては、調査会社に調査を依頼します。

 会社と運転者の関係は、使用者責任が発生するか否かに関わる事実です。
- 運転者が事故を起こしたときに、職務中であったか

 車の運転者や契約者から事情を聴取します。

 事案によっては、調査会社に調査を依頼します。

 運転者が事故を起こしたときに職務中であったか否かは、使用者責任が発生するか否かに関わる事実です。
- 運転者と同乗者の関係

 車の運転者や契約者から事情を聴取します。

 事案によっては、調査会社に調査を依頼します。

 運転者と同乗者とが職場の同僚であるような場合には、免責事由となります。

想定問答

Q　Y_1は、運転中のスマートフォン使用の禁止に違反して事故を起こしていますが、当社はそれでも責任を負わなければならないのですか。

A　裁判例上、民法715条1項ただし書を根拠として、使用者が免責された例はほとんどありません。今回の事例でも、従業員の職務中の事故であることからすれば、免責が認められる可能性はないと考え

I 総　論

られます。

Q 今回は、あくまで、従業員の Y_1 が事故を起こした場合ですが、例えば、当社の社用車が盗まれて、社用車を盗んだ犯人が事故を起こしたという場合であっても、当社は責任を負うのでしょうか。

A 窃盗犯人は、御社の従業員ではないので、御社が使用者責任によって責任を負うことはありません。
　しかし、自賠法3条の運行供用者責任が認められることはあり得ます。すなわち、車両の保管・管理に過失があるときには、企業の運行供用者責任が認められる場合もあると考えられます。例えば、鍵をかけないまま放置していた場合には、運行供用者責任が認められてしまうこともあり得ます。

Q なぜ、X_3 の損害について、自動車保険から保険金が出ないのでしょうか。

A Y_1 さんも X_3 さんも、お2人とも御社の従業員でいらっしゃいますので、そのような場合には、自動車保険では、約款上、免責とされています。

Q なぜ、2人とも従業員であるという場合に、約款上、免責となるのですか。

A 業務に従事中の従業員の事故については、自動車保険ではなく、労災保険によって損害がてん補されるべきものですので、自動車保険の約款上は免責とされているのです。

裁判例
職務中でないときに車を運転して事故を起こした場合に、会社の使用者責任が認められた裁判例
・最一小判昭和37・11・8民集16巻11号2255頁〔27002080〕

仕事上の必要に応じ、随時会社の自動車を運転できる者が、私用で会社の自動車を運転した場合でも、「事業の執行」として使用者責任を認定した。

自動車に鍵をかけていなかったため盗難に遭った場合に、所有者の運行支配が認められるとした裁判例

・最二小判昭和57・4・2裁判集民135号641頁〔27482371〕
　公道上に、無施錠でエンジンキーを付けたまま、駐車していた車について、駐車から9時間近く経過後にシンナーを吸引した2人組が車に乗り込んで駐車していた場所から約150メートル離れたところで事故を起こし、うち1名が死亡したという案件について、所有者の運行支配が続いていることを認めた（結論としては、運行供用者責任を否定した）。

自動車に鍵をかけておらず盗難に遭い、多重事故が発生した場合に、事故に関する管理者の自動車保管上の過失は認められないとした裁判例（参考）

・最三小判令和2・1・21自保ジャーナル2056号1頁〔28280618〕
　会社が管理使用する車両が駐車場から窃取された後、発生した多重事故につき、当該会社は自動車が窃取されることを防止するための措置を講じており、自動車保管上の過失は認められないとして、交通事故に関する当該会社の損害賠償責任を否定した。
　※運行供用者責任について判示したものではありませんが、運行供用者責任の有無を判断するうえで参考になり得る判例と思われます。

自動車等に鍵をかけていなかったため盗難に遭った場合に、保有者の運行供用者責任が肯定された裁判例

・札幌地判昭和55・2・5判タ419号144頁〔27482351〕
　無施錠でエンジンキーを付けたまま、空き地に放置していた自動車に

について、放置して2時間以内に窃盗犯人が起こした事故について、所有者は、いまだ運行支配を失っていなかったとして、所有者の運行供用者責任が認められた。
・名古屋地判昭和55・8・4判時986号89頁〔27482357〕
　会社の従業員が、社長が使うためエンジンキーを付けたままロックもせず半ドアの状態で道路上に放置しておいた車の泥棒運転による事故について、運行支配、運行利益が未だ会社にあるとして、会社の運行供用者責任が認められた。
・大阪地判平成13・1・19交通民集34巻1号31頁〔28070757〕
　国道沿いの周囲を囲むフェンスや壁がなく誰もが自由に出入りできる駐車場に夜間に無施錠でエンジンキーを付けたまま停車していた車の窃盗犯人が起こした事故について、車の保有者の運行供用者責任を肯定した。
・東京地判平成22・11・30交通民集43巻6号1567頁〔28180145〕
　第三者の出入りが自由である駐車場に無施錠で駐車していた自動車について、駐車から5時間半程度しか経っていないときに、駐車場からそれほど遠く離れていない場所で発生した事故について、保有者である会社の運行供用者責任を肯定した。
・東京高判平成29・6・13平成29年(ネ)182号等公刊物未登載
　エンジンキーを付けたまま駐車場脇のスペースに放置していた原動機付自転車の窃盗犯人が起こした事故について、盗難の可能性が高い状態で長期間放置したことに落ち度があり、盗難に気付いた後も車両を発見する努力をしていなかったことから、運行供用者責任を肯定した。

自動車に鍵をかけていなかったため盗難に遭った場合に、保有者の運行供用者責任が否定された裁判例
・最一小判昭和48・12・20民集27巻11号1611頁〔29000200〕
　タクシー会社が管理する駐車場内で、鍵をかけずエンジンキーを差し

込んだまま駐車させていた車両を第三者が盗んで約2時間後に起こした交通事故について、会社がその運行を指示制御すべき立場になく、また、その運行利益も帰属していたといえないことが明らかであるとして運行供用者責任を否定した。

・名古屋地判平成30・6・6判時2390号92頁〔28262839〕
自立支援ホームに弁当配達のためエンジンをかけたまま駐車していた車が窃取され窃盗犯人が起こした事故について、会社が窃取されて1時間以内に被害届を提出していること、窃取されてから事故まで約12時間が経過していること、窃盗犯人が運転中コンビニエンスストアに立ち寄ったことや、パトカーに追跡されながら逃げていたこと等の事情から運行供用者責任を否定した。

自動車保険の約款における業務災害免責の「業務」を労働基準法や労災保険上の「業務」の意義と同趣旨に解すべきとした裁判例
・名古屋地判平成26・10・30自保ジャーナル1953号151頁〔28233846〕
・名古屋高判平成27・4・23自保ジャーナル1953号146頁〔28233845〕
（上記名古屋地判の控訴審）
業務災害免責の趣旨について、①自動車が業務に使用される場合の高度な危険、②労災責任ないし労災保険の分野との制度間調整、③不当な保険金請求の防止にあるとして、②の趣旨に鑑みて、自動車保険の約款における業務災害免責の「業務」を労働基準法や労災保険上の「業務」の意義と同趣旨に解すべきとした。

（檀浦　康仁、西尾　進、松山　光樹）

Ⅰ 総論

 保険会社担当者の示談代行の根拠
―契約者と相手方の直接交渉が問題となる場合の対処―

> 事例
>
> 事故の被害者Xから、
> 「保険会社の担当者とは話をしたくない。事故を起こしたのは、加害者Yだから、Yと直接話をする。」
> 「事故現場で、Yは『私が悪いので、すべて支払います。』と認めていた。保険会社が払わないというなら、直接Yに請求する。」
> と言われています。
> どのように対応すべきでしょうか。

ポイント

- 保険会社担当者が、被害者と示談交渉を行う根拠はどのようなものでしょうか。
- 被害者から、加害者本人との直接交渉を要求された場合、加害者は応じる義務があるのでしょうか。
- 被害者が、事故現場で「全額支払う」と約束した場合、保険会社は、被害者の要求するすべての損害を賠償する必要があるのでしょうか。仮にすべての損害を賠償する必要がない場合、保険会社が支払わなかった損害について、別途加害者が個人的に支払う義務があるのでしょうか。

考え方

1 示談代行の根拠

(1) 加害者が、保険会社と自動車保険契約・共済等（以下、「自動車保険」といいます）を締結しており、事故当時にその自動車保険が有効であった場合、加害者が法的に賠償責任を負担する被害者の損害については、その自動車保険の保険金支払額の限度内において、すべて自

動車保険から支払われることとなります。
(2) 標準的な自動車保険約款には、「保険事故が発生し、被保険者（加害者）が被害者から損害賠償の請求を受けた場合、又は保険会社が直接請求権条項の規定により、被害者から直接請求権の行使を受けた場合に、保険会社は、特段の事情がない限り、被保険者の同意を得て、被保険者に代わって被害者と示談交渉等を行う」旨定められており、上記約款上の記載が、保険会社の担当者が被害者と交渉を行う根拠となります。

　もっとも、上記約款にも記載されているとおり、保険会社の担当者が、被保険者に代行して示談交渉を行う場合には、被保険者の同意が必要となります。
(3) ところで、弁護士法72条は、弁護士若しくは弁護士法人以外の者が、「報酬を得る目的」で、「業として」「他人の法律事務」を扱ってはいけないと定めていますが、かかる保険会社の示談代行は、弁護士法72条に違反しないでしょうか。

　この点、保険会社は、示談代行制度により報酬を得ているわけではなく、保険会社にとって、当事者の示談内容は保険金支払の有無と支払額に影響があるので、当事者間の示談問題は同時に保険会社の法律事件の一面を持っているため、事故のための法律事務であるともいえ、保険会社の示談代行は、弁護士法72条に違反しないと考えられています。

2　被害者からの直接交渉要求への対応

(1) 被害者から、「加害者への直接交渉」を要求されたとしても、加害者には、賠償義務者としての示談交渉をどのような方法で行うかを決定する自由があり、被害者との直接交渉に応じる義務はありません。
(2) 保険会社担当者としては、示談代行制度により、加害者が負担しなければならない損害賠償の内容については、保険会社担当者が被害者と交渉するので、加害者が直接被害者本人と交渉を行う義務はない旨

I　総　論

を説明し、加害者の同意を得たうえで、被害者に対しては、示談代行制度の説明を行い、加害者本人との交渉ではなく、保険会社担当者との交渉に応じてもらうよう説得すべきです。

3　加害者が被害者と直接交渉をしてしまった場合

事故現場等において、加害者が、保険会社担当者に相談することなく、被害者に対し、全面的に責任を認め、被害者の損害を賠償する旨の約束（いわゆる「全賠約束」）をさせられることがありますが、これらの約束のうち、
① 内容が漠然としているもの
② 受傷の程度や被害車両の損傷程度が明らかではない段階でされた約束で、合意の前提となる事実についての認識を欠いているもの
③ 錯誤が存在するもの
④ 強迫下でなされたもの
等については、合意が成立していないと評価できる場合があります。
したがって、その効力については慎重な検討を行うべきです。

調べるべきこと・情報の提供を求めるべきこと
加害者の全賠約束が問題となる場合
● 全賠約束がなされた時期
● 全賠約束がなされた際の加害者の認識
● 全賠約束がなされた際の状況（強迫の有無）
● 全賠約束の内容
以上に鑑み、全賠約束の効力を否定するような事情がないかを検討する。

想定問答
Q　なぜ保険会社の担当者と話をしなければならないんだ。
A　弊社と加害者との自動車保険契約により、この事故により発生した

損害のうち、法的に支払うべきものについては弊社が賠償をさせていただくこととなりますので、その賠償の内容の話合いについても、弊社の担当である当職がお話しさせていただくこととなります。

[Q] 保険会社が支払わないというなら、加害者に直接請求するぞ。
[A] 契約者が法的に支払うべきものは、すべて契約者に代わって弊社がお支払させていただきますが、弊社がお支払いたしかねると申しているものにつきましては、契約者にご請求いただいても、お支払することはございませんのでご承知おきください。

[Q] 加害者は、事故当日「すべて払う」と言っていたじゃないか。
[A] 事実関係や損害額等、事案の全容を把握しない状況下の発言でありますので、この発言をもって、全額賠償の合意が成立していると評価することはできません。
　かかる発言は、法的に賠償義務のある損害については賠償する程度の意味であり、本件事故と因果関係のない損害についてまで賠償するということまでお約束したものではございません。

裁判例
現場約束の合意を限定的に解した裁判例

・東京地判昭和40・11・10下級民集16巻11号1665頁〔27402807〕
　当事者が行った示談契約の内容が著しく不明確であるとして契約の成立を否定した事例。
・岡山地判昭和56・3・30交通民集14巻2号453頁〔29000563〕
　当事者が行った特約を、合意当時に損害の発生が十分に予測できなかったとして否定した事例。
・神戸地判平成4・12・24交通民集25巻6号1516頁〔29005008〕
　当事者が締結した示談契約を、法律の要素に錯誤があったとして無効

とした事例。

・東京地判平成8・6・5交通民集29巻3号855頁〔28022189〕
加害者の過失相殺しない旨の発言が、事案の全容を把握せずにした発言であったとして、合意の成立を否定した事例。

用語の解説

[直接請求権]

　交通事故に基づく損害賠償責任は、事故当事者である加害者や、使用者（事業執行中の事故の場合）、運行供用者（人身損害の場合）が負担し、任意保険会社は直接の責任を負うわけではないため、被害者は、加害者の任意保険会社に対し、直接損害賠償の支払を請求することはできないことが原則であるところ、任意保険の約款上で定められた一定の場合には、被害者が直接加害者の任意保険会社に対し、損害賠償の支払の請求を行うことができる制度。

（上禰　幹也、加藤　耕輔）

交通事故紛争の解決手段
―保険会社担当者において示談交渉が奏功しない場合の選択肢―

> **事 例**
>
> (1) 事故の被害者 X_1 に対し、弊社から賠償提示案を送りましたが、X_1 は、「こんなもの合意できない。」と拒絶するものの、X_1 から対案が出されることもなく、交渉が暗礁に乗り上げています。今後どのように対応していくべきでしょうか。
>
> (2) 事故の被害者で、弊社契約者である X_2 から、「相手方保険会社の賠償提示が気にいらない。」との連絡が入りました。X_2 の保険には、弁護士費用特約が付保されているようですが、弁護士に依頼をすると、どのような手続で解決することになるのでしょうか。

ポイント

- 保険会社担当者と被害者との示談交渉がまとまらない場合、どのような対応をするべきでしょうか。
- 交通事故紛争解決の手段には、どのようなものがあるのでしょうか。

考え方

1 交通事故紛争の解決の方法

交通事故紛争の解決としては、①被害者との間で損害賠償の内容の「合意」をするか、②裁判所等の第三者機関に、判決等の形で、損害賠償の内容を「決定」してもらうかのいずれかしかありません。

2 保険会社担当者と被害者との交渉では合意ができない場合

(1) 保険会社担当者が、被害者に対し、賠償提示を行っても、被害者の理解を得られずに、交渉が暗礁に乗り上げる場合がありますが、
　① その原因が被害者の執拗な要求、高圧的な要求にある場合

②　交渉に際して法的な説明が必要な場合
③　治療打切り等、被害者への通知が必要な場合等

は、窓口を担当者から弁護士に変更して、交渉を行うことが有効な場合があります。

(2)　担当者あるいは弁護士による被害者との交渉では話がまとまらない場合には、裁判所や裁判外紛争解決機関の手続を用いた解決を検討することとなります。

3　裁判所を利用した手続の種類

裁判所を用いた手続は、大きく分けると、合意による解決を目指す調停手続と、裁判所の判決による解決を目指す裁判手続の2つに分けることができます。

4　調停手続

(1)　調停とは、裁判所の調停委員が、当事者双方の間に入って、各当事者の意見を聴取しながら、解決案をあっせん・勧告する等して、話合いによる解決を促す手続です。

担当者あるいは弁護士による被害者との交渉では話がまとまらず、かつ、被害者が主導的に請求を行ってこない場合に、保険会社側から事件を動かす手続として有用です。

(2)　調停は、相手方の住所地を管轄する簡易裁判所に申し立てることとなります。

5　訴訟手続

(1)　訴訟とは、当事者間の権利義務に関する紛争について、裁判所が法律を適用して、当事者間の権利義務の有無及び内容を判断し、その判断を判決等の形で示す手続で、判決には強制力があるため、当事者間で合意ができなくても、紛争を終局的に解決することができます。

(2)　訴訟手続は、基本的には、当事者間で損害賠償の内容の合意ができ

ない場合に、損害賠償の支払を請求する側である被害者が、損害賠償の支払を命じる判決を求めて提起することが多い手続ですが、被害者との交渉が暗礁に乗り上げているにもかかわらず、被害者の動きがない場合や、被害者が不当な言い分に終始するような場合には、加害者や保険会社側から、「被害者に対し支払うべき損害賠償は、〇〇円を超えて存在しない」という債務不存在確認訴訟を提起することがあります。

(3) 訴訟手続を行う裁判所には、簡易裁判所、地方裁判所、高等裁判所、最高裁判所がありますが、訴額が140万円以下の事件については、簡易裁判所が第一審の管轄裁判所になり、訴額が140万円を超える事件については、地方裁判所が第一審の管轄裁判所となります。

訴訟を提起する人(原告)は、各地に存在する簡易裁判所及び地方裁判所のうち、①原告の住所地、②裁判を起こされた人(被告)の住所地、③交通事故の発生した場所を管轄する裁判所の中からいずれかの裁判所を選択し、訴訟を提起することとなります。

(4) 訴訟手続には、通常訴訟手続のほか、少額訴訟手続があります。

少額訴訟手続は、訴額が60万円以下の事件について、証拠をその場で調べることができるものに限定することで、原則1回の審理で解決する簡易裁判所の訴訟手続であり、弁護士費用特約が付保されていない軽微な物損事件について、被害者本人が訴訟を提起する際に選択されることがあります。

(5) 訴訟手続は、加害者及び被害者の双方が、主張を書面にした準備書面により主張を行うとともに、証拠(書面や写真等)や供述(当事者や証人等)により、その主張の裏付けを行い、最終的に、裁判所が損害賠償の内容を判決として決定する手続です。もっとも、この手続の中においても、裁判所による和解のあっせんが行われ、裁判上和解が成立して解決する例も多くあります。

(6) 第一審裁判所の判決に不服がある場合、不服のある当事者は、控訴という不服申立てをすることができます。簡易裁判所の第一審判決に

I 総論

対する控訴は地方裁判所に、地方裁判所の第一審判決に対する不服申立ては、高等裁判所に行うことができます。

　この控訴審判決に不服がある場合には、不服のある当事者は上告という不服申立てをさらに行うことができます。地方裁判所の控訴審判決に対する上告は高等裁判所に、高等裁判所の控訴審判決に対する上告は最高裁判所に行うことができます。

(7) 加害者が、被害者に対し、損害賠償を支払う内容の判決がされたにもかかわらず、加害者が判決に定められた内容の支払を行わない場合には、被害者は、裁判所に対し、判決に基づき、加害者の財産を強制的に差し押さえ、回収する手続である強制執行手続を申し立てることができます（詳しくは、「Column 4　民事執行法改正について」338頁）も参照）。

6　裁判外紛争解決手続（ADR）

(1) 裁判所が関与しない裁判外の紛争解決手続（ADR）として、
　① 公益財団法人交通事故紛争処理センターの和解あっせん手続や、
　② 公益財団法人日弁連交通事故相談センターの示談あっせん手続
があります。

(2) いずれの手続も交通事故に詳しい弁護士が間に立って、和解や示談のあっせんを行う手続ですが、あっせんの結果、和解や示談が成立しない場合には、各センターが審査をし、その判断結果が示されます。公益財団法人交通事故紛争処理センターの審査結果については、損害保険会社は拘束されることとなり、公益財団法人日弁連交通事故相談センターの審査結果については、特定の自動車共済は拘束されることとなりますが、被害者本人は審査結果に拘束されず、審査結果に満足できない場合には、別途訴訟手続等を利用することができます（片面的拘束力）。

調べるべきこと・情報の提供を求めるべきこと

- 本件事故の賠償責任を負担する者は誰か
  誰が、誰に対し法的手続を起こす必要があるかを判断するため
- 被害者の住所
  どの裁判所に調停や裁判を提起すべきかを判断するとともに、裁判所等から書面を送達するため
- 経過記録
  争点の把握、今後の手続の決定のため
- 現場見取図、写真、リサーチ、刑事記録
  事故の状況の立証のため
- 物損の損傷状況の資料、修理見積書、時価額に関する資料
- 人身損害の資料
  損害の立証のため

想定問答

Q なぜ、加害者が弁護士に頼むんだ。そんなの自分は認めないぞ。

A 当方が弁護士を依頼するかどうかは、当方が判断することであり、X_1様にご判断いただくことではございません。当方としましては、事故による正当な補償をご案内させていただくために、弁護士に依頼させていただいたものでございますので、何卒ご理解いただきますようよろしくお願いします。

Q 被害者の連絡先及び住所が不明ですが、手続を進めることはできますか。

A 弁護士に損害賠償の交渉や法的手続を依頼すれば、その事件に必要な限りにおいて、弁護士は戸籍や住民票を調べることができますので、そこから被害者の住所を追っていくことができます。また、弁護士が調査を尽くしても、相手方の住所が不明な場合、相手方の住所不明として、「公示送達」の手続を利用して、法的手続を利用す

ることができる場合もあります。

Q 裁判手続になった場合、加害者(契約者)は裁判所に出廷する必要がありますか。

A 弁護士に裁判手続を委任すれば、裁判期日については、原則、弁護士が代わりに出廷すれば足り、契約者が出廷する必要はありません。

しかしながら、場合によっては、裁判所において、契約者に事故態様等を証言していただかなければならない場合があります。もっとも、これはすべての事件で必要となるわけではなく、過失割合に争いのない事件や、早期に和解で解決する事件等、契約者の証言が必要とならない場合もありますので、契約者の証言の要否については、担当弁護士と事前に相談しておくとよいでしょう。

用語の解説

弁護士費用特約

弁護士費用特約とは、交通事故の被害者の法律相談費用や、弁護士に委任して加害者側に対して損害賠償請求を行う際の弁護士費用を、加入保険会社が限度額の範囲内で負担するという任意保険の特約です。

弁護士費用特約を利用しても、保険の等級は下がりません。また、被害者本人が被保険者である必要はなく、同居の親族等の自動車保険に弁護士費用特約が付保されている場合には、その弁護士費用特約が利用できる場合があります(詳しくは「Column 5 弁護士費用保険について」(363頁)も参照)。

(上禰 幹也)

損益相殺・賠償額からの利益の控除

> **事例**
>
> 　交通事故の被害者Xが、自身の加入している保険会社から人身傷害保険金や搭乗者傷害保険金を受け取っているようです。弊社としては、これらは損害から差し引いて賠償を提示したいのですが、問題ないでしょうか。
> 　また、X自身の治療費や慰謝料などの損害額は100万円で、Xの過失は30％で争いがありません。このような場合にどのような方法で計算すればよいかも教えてください。

ポイント

● 交通事故で被害者が受け取った金銭のうち、損害から控除すべき費目にはどのようなものがあるでしょうか。
● 控除する場合の実際の計算方法はどのようなものになりますか。

考え方

1　損益相殺・損益相殺的調整

(1)　「損益相殺」とは

　交通事故によって被害者が経済的利益を得た場合には、その利益は損害賠償額から控除されることがあり、これを損益相殺といいます。

　「損益相殺」の用語は、狭い意味では被害者が利益を得ることでその分加害者が免責される場合を指しますが、広い意味では被害者が給付（損害保険金等）を受けることで被害者の損害賠償請求権が給付を行った第三者（保険会社等）に移転する場合等も含んで用いられます。いずれの場合でも、被害者からの請求との関係では損害額から被害者が得た利益を控除することには変わりはありません。ここでは、厳密な意味での「損益相殺」に限らず、被害者の損害からどのような

Ⅰ　総論

利益が控除されるのかを取り扱います。

　なお、加害者側の保険会社が賠償責任保険に基づいて内払した金銭は、賠償金としての本来の弁済ですから、損益相殺とは考えられていませんが、既に弁済したものとして損害額から控除されることになります。

(2)　「損益相殺的な調整」とは

　損益相殺は、交通事故によって被害者自身が経済的利益を得ていることを前提としています。したがって、例えば、被害者本人が死亡した場合において、被害者の遺族が受ける遺族手当に対しては、本来、損益相殺を行うことはできないことになります。

　もっとも、利益を受けた人間が被害者本人であるか、被害者の遺族であるかによって結論を異にすることは公平性を欠くことになりますから、判例はこのようなケースにおいても「損益相殺的な調整」という用語を使用して、利益を控除することを認めています（最大判平成5・3・24民集47巻4号3039頁〔25000036〕）。

(3)　控除の対象となる利益

　どの利益が控除の対象となるか、またどのような計算方法で控除されるかについては被害者が受けた利益の性質によって異なり、当該利益が損害をてん補する性質の利益といえるか、当該利益を得る根拠法や損害賠償との調整規定があるか等によって判断されています。

　もっとも、これらの要素のみによって形式的、一義的に判断できるわけではなく、ある利益が控除の対象となるか争いがある場合もあり、判例も積み重なっています。

　賠償実務担当者としては、損害賠償額を計算するうえで、被害者が、事故をきっかけとして何らかの利益を得ている場合には、当該利益が控除の対象となる利益に該当するかを確認する必要があります。

　実務上一般に控除の対象となると考えられている利益としては、労働者災害補償保険法による療養補償給付、休業補償給付、障害補償年金、障害補償一時金等の各種給付金、介護保険法による給付金、健康

保険法、国民健康保険法による給付金等の公的給付金、自賠責保険、政府保障事業による保険金・てん補金、人身傷害保険金による保険金等が挙げられます。

他方、加害者による社会的儀礼の範囲内での見舞金、香典等や、労働者災害補償保険法による特別支給金、搭乗者傷害保険金等、自損事故保険金等の定額保険金などは控除の対象とはならないとされています。

2 利益控除の方法
(1) 原　則
損害賠償額を計算するうえで、被害者が得た利益の控除はどのような方法で行うのでしょうか。

原則としては、各損害額を積算したうえ、過失相殺をした後の金額から、被害者が得た利益全額を控除する方法で行います。

例えば、損害額が100万円、過失割合が30％、被害者が得た利益が30万円である場合、賠償額としては40万円となります。

$$計算式：100万円 \times (1-0.3) - 30万円 = 40万円$$

(2) 健康保険、国民健康保険による給付金
健康保険、国民健康保険による治療費の給付金については、過失相殺を行う前に控除されるものとされています。例えば、治療費の総額が100万円、過失割合が30％でこのうち70万円が健康保険から支払われた場合、治療費総額である100万円から健康保険から支払われた70万円を控除した後に、30％の過失相殺を行う結果、賠償額としては21万円となります。

$$計算式：(100万円 - 70万円) \times (1-0.3) = 21万円$$

(3) 各種社会保険給付
労災保険等の各種社会保険については、給付の対象となった損害項目の範囲で控除がなされることになります。

例えば、労働者災害補償保険法による休業補償給付や障害補償年金

は、逸失利益等の消極損害（事故がなければ得られるはずであった利益を失った損害）からのみ控除ができるとされています。

　被害者に生じた損害100万円で、積極損害が70万円、消極損害である逸失利益が30万円、労災保険から休業補償給付を30万円受領しており、被害者の過失が30％であった場合、本来の計算方法によれば、前記原則のとおり、過失相殺後の損害額70万円から得た給付額の30万円が控除され最終的な賠償額は40万円となるはずです。

　しかし、労働者災害補償保険法による休業補償給付は消極損害である逸失利益のみが控除の対象となりますので、過失相殺後の逸失利益の額を限度として控除が認められることになり、前記原則による計算方法とは異なります。

　具体的には、逸失利益30万円について、過失相殺後の金額は21万円となり、この額を限度として休業補償給付を控除することになります。

　　計算式：30万円×（1－0.3）＝21万円

　30万円の休業補償給付を受給していながら、21万円の限度で控除される結果、最終的な賠償額は49万円となります。

　　計算式：100万円×（1－0.3）－21万円＝49万円

　国民年金法に基づく遺族基礎年金、厚生年金保険法に基づく遺族厚生年金は逸失利益のみから控除できるものとされています。

(4)　人身傷害保険

　被害者が人身傷害保険金を受領している場合、当該人身傷害保険金を控除する際の計算方法には注意が必要です。人身傷害保険金は、受領した人身傷害保険金額が、被害者の過失部分に相当する金額を上回った場合に、上回った範囲で控除されるとされています。

　例えば、損害額が100万円、被害者の過失割合が30％、被害者が受領した人傷害保険金が20万円の場合、被害者の過失部分に相当する金額は30万円（100万円×0.3）ですから、人身傷害保険金額は、過失部分の金額を上回っていないため、控除の対象とはなりません。その結

果賠償額は70万円となります。

計算式：100万円×（1−0.3）− 0 円＝70万円

　他方、損害額が100万円、被害者の過失割合が30％、被害者が受領した人身傷害保険金が50万円の場合、被害者の過失部分は30万円（100万円×0.3）ですから、受領した人身傷害保険金50万円は過失部分相当額の30万円を20万円上回っていることになります。そのため、過失相殺後の賠償額から20万円が控除されることになります。結果として、賠償額は50万円となります。

計算式：100万円×（1−0.3）−20万円＝50万円

　一方、加害者による賠償よりも先に、被害者に人身傷害保険金を支払った保険会社は加害者に対して求償しますが（保険法25条1項）、人身傷害保険を支払った保険会社は、支払った人身傷害保険金額が、被害者の過失割合に相当する部分を上回った場合に、上回った範囲で求償ができるものと解されており、前記の控除の範囲と整合性がとられています。

　なお、被害者が人身傷害保険金を受領した場合に、人身傷害保険金を支払った保険会社が加害者の保険会社に先行して加害者の自賠責保険金を受領していることがあります。この場合に被害者の加害者に対する賠償請求において当該自賠責保険金を控除できるかについても問題となりますが、当該自賠責保険金については被害者自身が受領し利益を得たわけではないことから、控除することができないと考えられます。

　いずれにしても、人身傷害保険金が支払われている場合には人身傷害保険金を支払った保険会社も関与することから、利益の控除や求償の関係は複雑になります。被害者の加入する人身傷害保険が使用され、同時に被害者から加害者に対して訴訟が提起されている場合、加害者側としては、人身傷害保険金額等の問題を一括して解決するため、人身傷害保険の対応をしている保険会社に訴訟への参加を促す手続（訴訟告知）を行うことを検討すべきです。

I 総論

調べるべきこと・情報の提供を求めるべきこと
被害者の受領した利益の有無
- ●交通事故によって、賠償と競合して受領できる給付金の確認
- ●通勤中の事故であれば労災の使用の有無
- ●介護施設を利用している場合、介護保険給付の有無
- ●被害者側任意保険会社が対応している場合、人身傷害保険の有無

想定問答
Q 人身傷害保険金は、自分で保険料を支払っている保険だから、加害者の賠償とは関係ない。賠償額から引くのはおかしい。

A 人身傷害保険金も、加害者の保険と同じく、今回の事故であなたに生じた損害を補填するために使われている保険ですから、二重に受け取ることはできません。あなたの過失割合分を超えて人身傷害保険金を受け取った場合には、当方からの賠償額から差し引かせていただきます。

裁判例
公的給付の控除の方法に関する裁判例
- ・最二小判昭和52・4・8 裁判集民120号433頁〔27422935〕
  労災保険による休業補償給付を休業損害から控除することを認めた。
- ・最二小判平成11・10・22民集53巻7号1211頁〔28042453〕
  事故により、障害基礎年金及び障害厚生年金の受給権者が死亡し、相続人が遺族基礎年金及び遺族厚生年金の受給権を取得したときは、支給を受けることが確定した各遺族年金は、財産的損害のうちの逸失利益から控除すべきとした。

人身傷害保険金の控除の方法に関する裁判例
- ・最一小判平成24・2・20民集66巻2号742頁〔28180412〕
- ・最三小判平成24・5・29裁判集民240号261頁〔28181200〕

人身傷害保険金を支払った保険会社が代位取得する範囲（利益を控除する範囲と一致）について、保険金額と被害者の過失相殺後の損害賠償請求権の額との合計額が裁判基準損害額を上回る場合に、上回る範囲で損害賠償請求権を代位取得するとした。

・東京地判平成26・2・25交通民集47巻1号276頁〔28230862〕
人身傷害保険金を支払った保険会社が自賠責保険金の支払を受けていた場合に、被害者から加害者への損害賠償請求において、当該自賠責保険金を控除の対象とすることはできないとした。

・大阪地判平成30・6・28自保ジャーナル2029号1頁〔28270036〕
被害者が人身傷害保険金と社会保険給付の両方を受給した場合、先に、社会保険給付を受けた部分についての控除を行い、人身傷害保険金による控除は、その残額と被害者の過失部分に対して行われるものとした。

（石井 健一郎、渡邊 健司）

Ⅰ 総論

 過失相殺
―被害者に過失がある場合の検討プロセス―

事例

弊社の契約者Xは、コンビニエンスストアにおいて、ある駐車区画に、前進して駐車しようとしていたのですが、隣の駐車区画に駐車していたYが駐車区画から後退で退出してきたため、Yが運転する車とぶつかりました。Yから物的損害の賠償請求を受けていますが、減額を主張することはできますか。

ポイント

● 過失相殺とは何でしょうか。
● 過失相殺を主張するためにどのような検討が必要でしょうか。

考え方

1 過失相殺とは

民法722条2項は、「被害者に過失があったときは、裁判所は、これを考慮して、損害賠償の額を定めることができる。」と定めています。

このように、交通事故の被害者にも過失があり、被害者の過失が事故の発生や損害の拡大に寄与している場合に、公平の観点から損害賠償額を減額することを過失相殺といいます。

過失とは、一般に、結果発生を予見できる状況にありながら、結果の発生を回避するために必要とされる行動をとらなかったことをいいますが、交通事故の場合、事故被害者にも事故の発生について何らかの過失が認められることが多く、賠償担当者としては、被害者に過失が認められないかを検討する必要があります。

過失相殺によって損害賠償額を減額する割合（過失相殺率）については、民法上具体的な定めはなく、事故の状況に基づく加害者と被害者それぞれの過失の対比（過失割合）、被害者の属性（四輪車か自転車か等）、

被害の内容（人損か物損か）等を考慮して決定されることになります。

同じ事故類型で同じ過失割合であっても、被害者が四輪車の場合と、被害者が自転車でけがをした場合では、過失相殺率は異なることがあり、過失割合のみで過失相殺率が決まるとは限らないことに注意する必要があります。

なお、過失相殺をするかについては、民法722条2項の条文上「できる。」とされていることから最終的には裁判官の判断によることになります。双方に過失があったとしても、過失相殺をしないとの判決があり得ることに注意が必要です。

2 過失相殺率の検討

(1) 事故態様の把握

過失相殺率を判断するために、まずは事故態様を詳細に把握する必要があります。どのような事故であったかが明らかでなければ、被害者の過失の程度や、過失相殺率を評価することはできません。

事故態様を把握するうえでは、まずは事故当事者や目撃者からのヒアリングを行う必要がありますが、事故当事者が異なる事故状況を主張しており、ヒアリングだけでは事故状況を確定できない場合も珍しくありません。

事故車両の損傷の状況などを詳細に検討することも重要です。特に車両同士の事故において、各車両の損傷の部位、内容から接触時の車両の動きを推測できる場合がありますので、損傷から推測される事故態様について、専門家の意見を得ておくことも有用な場合があります。

事故状況の記載された記録として、物件事故報告書、実況見分調書等の刑事記録などがあり、訴訟においても事故態様の認定において重視されています。

近時、あおり運転が社会問題として広く認識されるようになり、ドライブレコーダーを搭載した車両が増加しています（詳細は、

I 総論

「Column 1　道路交通法・自動車運転処罰法の改正について」（65頁）も参照）。ドライブレコーダーの機能も充実してきており、機種によっては後方や側方の映像を記録することができるものや、GPSと連動して車両の速度や加速度などを記録するものもあるようです。

　ドライブレコーダーは事故に至るまでの状況を運転者側の目線から機械的に記録した映像ですから、事故状況や運転者による相手車両の認知可能性を把握するうえで、非常に有効な資料となる場合が多いといえます。後退中の事故や後方からの衝突の場合など衝突箇所が映っていない場合でも自車の走行状況や方向指示器の音、衝突音、衝突時の運転者の発言等が参考になる場合があります。したがって、事故車両にドライブレコーダーが搭載されていた場合には、第一にドライブレコーダーの映像を確認しておくべきです。

　とはいえ、ドライブレコーダーの映像にも注意点があります。ドライブレコーダーは運転者の視界そのものと考えがちですが、カメラはルームミラー付近に設置され、運転者の視線とは異なりますし、やや俯瞰した映像となります。他方、運転者は状況に合わせて柔軟に視線を動かすことができますから、視線の移動も含めればドライブレコーダーよりもはるかに広範囲を見渡すことができます。したがって、ドライブレコーダーの映像に映ったものが、現実に運転者が視界にとらえられたとは限りませんし、ドライブレコーダーの映像に映っていなかったとしても運転者において認識できなかったとは言い切れないことになります。また、広角レンズを用いている場合などカメラの性質上映像の周辺部がゆがんで映り、実際の状況が異なることもあり得ます。

　ドライブレコーダーの映像によって事故状況を確認する際は、これらドライブレコーダーの映像の性質、特徴を踏まえて慎重に検討する必要があります。

(2)　過失相殺率の検討

　具体的な事故態様を踏まえ、過失相殺率を検討するうえで、実務上

参照されているのが、『民事交通訴訟における過失相殺率の認定基準〈全訂5版〉』別冊判例タイムズ38号（以下、「別冊判例タイムズ」といいます）です。別冊判例タイムズでは、典型的な事故状況を類型化した図ごとに、基本的な過失相殺率と、修正要素等を基準化して示しており、裁判所も交通事故訴訟における過失相殺の判断の際に、参考にしているものと思われます。

　したがって、被害者の過失の有無や過失相殺率を検討するうえで、まずは別冊判例タイムズの図に当てはまるかを検討し、当てはまる図がある場合には、その図に示された基本的過失相殺率と修正の基準を踏まえて、過失相殺率を評価すべきです。

　もっとも、現実の交通事故は多種多様であり、別冊判例タイムズにおいて、あらゆる事故状況のすべてが類型化されているわけではありませんし、近年問題となっている自転車同士の事故についても掲載されていません。また、一見して別冊判例タイムズの基準をそのまま当てはめることができるように思われる場合であっても、当該事故の特殊事情から、別冊判例タイムズの基準をそのまま適用しては妥当な過失相殺率を導けない場合もあり得ます。その場合、個々の事故状況に応じて、妥当な過失相殺率を判断しなければなりません。

　事故状況が、別冊判例タイムズの事故類型の図にそのまま当てはまらない場合であっても、類似の事故類型の図が掲載されており、その図における過失相殺率の基準を参考にすることができる場合があります。また、別冊判例タイムズには、事故類型の図のみではなく、過失割合の基準の根拠や考え方について、道路交通法の規定や道路交通の実態などを踏まえた詳細な解説がなされています。解説で示された根拠や考え方を踏まえることで、別冊判例タイムズの基準に当てはまらない事故態様について、過失割合を判断する指針が得られる場合もあります。

　なお、自転車同士の事故については、公益財団法人日弁連交通事故相談センター東京支部編『民事交通事故訴訟　損害賠償額算定基準

下巻（講演録編）〈2014年版〉』（赤い本）53頁以下や、同下巻（講演録編）〈2020年版〉121頁以下の「過失相殺率の試案」が参考になります。

　ところで、上記文献においても、過失相殺率を判断する上で道路交通法の規定が重視されています。道路交通法は直接的に交通事故における過失の内容を定めるものではありませんが、運転者の義務や、道路上での車両間の優先関係等について規定されており、過失の有無や過失相殺率を検討するうえで大変参考になります。

　その他、類似の事故における過去の裁判例において示された過失割合は、事故類型に対する事故当事者の過失の評価を示した例として参考になります。ただし、厳密な意味で、裁判例の事故と全く同じ事故状況はあり得ませんし、裁判例の結論は、訴訟で行われた主張や提出された証拠の内容、担当裁判官の考え方によっても大きく異なり得るものですから、あくまでも参考にとどまることに注意する必要があります。

3　過失により損害が拡大した場合の過失相殺

　本事例とは異なりますが、過失相殺は、被害者の行動によって損害が拡大したと評価できる場合にも問題となります。

　例えば、シートベルトの不着用の場合やチャイルドシートの不適切使用の場合、医師の指示に従わなかったために、本来よりも治療期間が延びてしまった場合などが考えられます。これらの過失相殺率については事故態様だけでは決定できませんが、やはりシートベルト着用の有無やチャイルドシートの使用状況、治療経過等の事実関係の調査が重要となることに変わりはありません。なお、事故時のシートベルトやチャイルドシート使用の状況については救急搬送記録や搬送先医療機関の診療記録に記載されていることがありますので確認するとよいでしょう。

　過失によって損害が拡大した場合の過失相殺率は、事故態様のように定型化できないために困難を伴いますが（事故の発生に対する過失と競

合する場合はさらに困難といえます)、賠償義務者側としては、被害者の行為の適法性や社会的許容性の程度、損害拡大に寄与した程度等を考慮し、同種の裁判例等と比較して決定していくことになると思われます。

4 本事例の検討プロセス

　駐車場の事故は、道路や交差点の事故と比較して、事故態様が多様であり、道路や交差点の事故と比べても詳細な事故態様を確定する必要性が高いといえます。設問の記載のみでは、具体的な事故状況は不明確であり、当事者からのヒアリング等によって事故状況を確認する必要があります。なお、コンビニエンスストアなどでは、防犯カメラが設置されており、防犯カメラが事故の様子をとらえている場合、防犯カメラの映像によって事故態様を確認できることがあります。

　駐車区画から退出する車両と駐車区画に進入する車両の事故について、別冊判例タイムズの事故類型の図の中に一致するものはありません。

　もっとも、別冊判例タイムズでは、通路を進行する四輪車と駐車区画から通路に進入しようとする四輪車との事故について、解説されており、「駐車区画退出車により重い注意義務が課されるため、事故が発生した場合は、原則として駐車区画退出車が相対的に重い過失責任を負うことになる」との考え方が示されています。

　他方、通路を進行する四輪車と通路から駐車区画へ進入しようとする四輪車との事故についても解説されており、「駐車区画への進入動作は、原則として、通路の通行に対して優先されるべきであり」との考え方が示されています。

　あくまでも具体的な事故状況によるところですが、これらの考え方を参考にすると、駐車区画に進入しようとしたX車よりも、駐車区画から退出しようとしたY車の方が相対的に過失の割合が大きいものとして、過失相殺による減額を主張していくことが考えられます。

Ⅰ 総論

調べるべきこと・情報の提供を求めるべきこと

- ●事故態様に関する当事者、目撃者の認識
  事故当事者、目撃者から聴取します。
  実況見分調書、物件事故報告書を入手します。
- ●車両の損傷状況
  車両の現物を確認し、写真を撮影します。
  車両の修理見積書を取得します。
- ●映像資料の確認
  ドライブレコーダーや防犯カメラなどに事故の状況が映っている場合には、内容を確認し、映像資料を入手します。
- ●類似の裁判例等
  当該事故と類似する状況で過失相殺率を示した裁判例がないか調査します。

想定問答

Q 自分は普通に走っていただけで落ち度はない。賠償額を減額されるのは納得がいかない。

A 今回の事故の状況に照らして、あなたにも事故を予見し回避する責任があった事故と考えています。したがって、その割合に応じた賠償額の減額をさせていただきます。

Q 別冊判例タイムズの基準でいえばこの事故は無過失となるはずだ。

A 一般的にはそうですが、今回の事故は、特殊な事情があり、別冊判例タイムズの基準をそのまま参照することはできないと考えます。

Q 似たような事故で無過失になった裁判例を見たことがある。

A 裁判例は、個々の事故の事情に応じて、個別の結論を出したにすぎないものですから、裁判例があったからといって、今回の事故も全く同じ過失割合になるとは限りません。今回の事故についてはご指

摘の裁判例とは異なる点もあり、あなたが無過失とはいえないと考えています。

Q 後部座席でシートベルトをしていなかったが、運転者の責任であって私自身には責任はない。それによって損害額を差し引かれるのはおかしい。

A 後部座席に乗車する場合でも、自らの安全と損害拡大防止のためにシートベルトを着用すべきであることは常識となっていると考えます。今回の事故ではシートベルトを着用していれば頭部を打撲することはなかったのですから、シートベルトを着用していなかったことによる落ち度について、賠償額を減額させていただきます。

（渡邊　健司）

I　総論

被害者以外の者の過失を考慮できる場合
―被害者側の過失―

> **事例**
>
> 加害車両を運転していた弊社の契約者Yさんに対して被害車両に同乗していたAさんから損害賠償請求がされました。一方で、事故態様を精査してみると、被害車両を運転していたXさんにも過失が認められそうです。Aさんからの請求について、Xさんの過失を考慮し賠償額を減額することはできるでしょうか。

ポイント
- 被害者側の過失とはどのような考え方でしょうか。
- 被害者側の過失を考慮できるのはどのような場合でしょうか。

考え方

1　被害者側の過失とは

　被害者側の過失とは、被害者から加害者への損害賠償請求において、被害者自身の過失ではないけれども、被害者と一定の関係にある者の過失を斟酌して過失相殺を行う考え方です。例えば、加害者Yが運転する車両と、Aが運転する車両が衝突した事故において、Aが運転する車両の助手席に乗っていたAの配偶者である被害者Xが加害者に対して損害賠償請求をした場合に、AとXが夫婦であるという関係に着目して、Xが乗っていた車両を運転していたAの過失を斟酌して過失相殺を行うのが典型的な場合です。

　本来、被害者から加害者への損害賠償請求において、過失相殺のために斟酌できるのは、当該被害者自身の過失のみであり、被害者以外の第三者の過失を考慮することはできません。仮に、第三者の不法行為が事故の発生に関与していたとしても、被害者との関係では、加害者と第三者の共同不法行為となり、加害者がいったん全額の賠償責任を負うこと

になります(被害者に賠償した後、第三者に対して責任割合に応じて求償することになります)。

　もっとも、もともと過失相殺は、被害者と加害者との間の損害の公平な分配という観点から損害賠償義務の減額を認める考え方ですから、被害者自身の過失ではないにしても、被害者と一定の関係のある者の過失を斟酌することが、被害者と加害者との間の損害の公平な分担という理念に合致する場合は、「被害者側の過失」として被害者以外の者の過失を斟酌することも許されると考えられています。最高裁の判例(最一小判昭和34・11・26民集13巻12号1573頁〔27002517〕、最三小判昭和42・6・27民集21巻6号1507頁〔27001065〕)でも、「民法722条2項に定める被害者の過失とは単に被害者本人の過失のみでなく、ひろく被害者側の過失をも包含する」としており、過失相殺の場面において被害者側の過失を斟酌することを認めています。

2　被害者側の過失の類型

(1)　判例上認められている被害者側の過失の類型

　それでは、具体的に、被害者といかなる関係のある者の過失が、被害者側の過失の範囲に含まれるのでしょうか。

　これについては、多くの裁判例が、従前より、①被害者と使用者・被用者の関係にある者の過失、②被害者と身分上ないし生活上一体をなすとみられるような関係にある者の過失について、被害者側の過失として斟酌することを認めています。

(2)　被害者と使用者・被用者の関係にある者の過失について

　民法715条には使用者責任が規定されており、被用者が使用者の業務執行行為について第三者に与えた損害について、使用者にも損害賠償責任を負わせています。つまり、加害者側としては使用者が被用者の過失に基づく責任を負わされることとの均衡から、使用者が被害者側に立った場合も、過失相殺の局面において使用者も被用者の過失について相応の負担をするのが公平といえます。

I 総論

被害者側の過失を斟酌されるべき使用者・被用者の関係とはどのような関係かについても問題となりますが、使用者責任との均衡から被害者側の過失を斟酌するのだとすれば、民法715条の使用者責任の場合と同様、被用者の過失が使用者（＝被害者）の業務の執行に関連するものであったことが必要になるものと考えられます。

(3) 被害者と身分上ないし生活上一体をなすとみられるような関係にある者の過失について

被害者と身分上ないし生活上一体をなすとみられるような関係にある者、すなわち、過失ある者が被害者と生計を一体としている者である場合は、被害者側の過失として斟酌することが認められています。事故の発生について、被害者以外の第三者にも過失がある場合、本来加害者は、いったん全額を被害者に賠償した後で、当該第三者に対して過失割合（責任割合）に応じて求償することになりますが、被害者と当該第三者が生計を一体としている場合（「財布は1つ」という関係がある場合）、加害者からの求償に対して、加害者が先に被害者に支払った賠償金の一部から支払うことになり、賠償金が循環してしまいます。被害者側の過失を斟酌して過失相殺を認めることで、このような求償関係の手間を省くことができるのです。

身分上ないし生計の一体的な関係があるかどうかは、運転者と同乗者の具体的な関係に照らして判断していくことになりますが、裁判例を概観してみますと、同居している親族間ではほぼ例外なくこのような関係は認められており、内縁関係にある男女間にもこのような関係は認められています。一方で、恋愛関係にあったが婚姻も同居もしていない男女間ではこのような関係は否定されています。加害者側としては、被害者と第三者との間に、このような関係があるかについて調査を行う必要があります。特に同乗者が被害者である場合に、被害者の配偶者や同居の親族が運転をしているというケースは多く、同乗者が被害者である場合には必ず運転者との関係を確認してから示談を進めなければなりません。

(4) ①、②に当てはまらない類型について

　①被害者と使用者・被用者の関係にある場合、②被害者と身分上ないし生活上一体をなるとみられるような関係にある場合いずれにも当てはまらない場合でも、裁判例上被害者側の過失として被害車両の運転者の過失を斟酌する場合があります。

　そのような判断をした最高裁の判例として、最二小判平成20・7・4裁判集民228号399頁〔28141569〕があります。事案としては、AとBが自動二輪を交代で運転しながら共同して暴走行為を繰り返していたところ、Aが自動二輪を運転中にパトカーに追跡されたことから、Aはその追跡を免れるため制限速度（時速40キロメートル）を大きく超過する時速70キロメートルから80キロメートルで走行し（本件運転行為）、その走行中にパトカーの動向をうかがうためによそ見をしたために自動二輪が転倒し、その結果、同乗していたBが死亡したという事故です。同乗者Bの遺族から県に対する損害賠償訴訟において県は過失相殺による賠償額の減額を主張しました。最高裁は、本件運転行為に至る経過や本件運転行為の態様からすれば、本件運転行為は、BとAが共同して行っていた暴走行為から独立したAの単独行為とみることはできず、共同暴走行為の一環を成すものというべきであるとして、本件運転行為におけるAの過失もBの過失として考慮することを認めました。

　この判例は、「本件運転行為に至る経過や本件運転行為の態様からすれば……」という判示の仕方をしていることからすると、具体的な事例に従ったいわゆる事例判断をしたにすぎないものではありますが、考え方は参考になります。被害車両の運転者による運転行為が交通事故を起こす危険性のある違法な運転行為であり、そのような違法な運転行為が、同乗者と運転者とにより共同して行われたと評価できるような場合には、被害車両の運転者の過失が同乗者との関係で被害者側の過失に当たると被害者側の過失による過失相殺を主張することを検討すべきです。

I 総論

調べるべきこと・情報の提供を求めるべきこと

- 被害者と同乗者（運転者）との関係（使用者・被用者の関係にあるか、若しくは、生計を同一にするような関係にあるか）
- 当該事故態様（被害車両の運転行為それ自体、事故を引き起こすような危険性のあるものであったか）

想定問答

Q　どうして運転していた妻に過失があったことで、横に乗っていただけの私の賠償額が減らされるんだ。私には関係ないだろう。

A　あなた様と運転者の奥様はご夫婦で、生計を同一にしていますが、そのような場合、裁判例上その人の過失も考慮して賠償額を算定できると考えられています。
　もし奥様の過失を考慮しないとすれば、あなたにお支払した後に、奥様に対して過失分を請求することになりますが、そのような方法によらず１回で解決する方が合理的です。

裁判例

被害者と使用者・被用者の関係にある者の過失に関する裁判例

・大判大正９・６・15民録26巻884頁〔27523074〕
　自動車の所有者の被用者である自動車運転手の過失を斟酌して損害賠償額を算定した。

被害者と身分上ないし生活上一体をなすとみられるような関係にあるものの過失に関する裁判例

・最一小判昭和34・11・26民集13巻12号1573頁〔27002517〕
　自動車が幼児をはねて死亡させた事故につき、幼児の親の監督不行き届きの過失を子である被害者側の過失として斟酌した。
・最一小判昭和51・3・25民集30巻2号160頁〔27000330〕
　夫の運転する自動車に同乗する妻が同自動車と第三者の運転する自動

車との衝突により損害を被った事故につき、夫の過失を妻である被害者側の過失として斟酌した。
・最三小判平成19・4・24裁判集民224号261頁〔28131157〕
内縁の夫の運転する自動車に同乗中に第三者の運転する自動車との衝突事故により受傷した内縁の妻について、内縁を身分上生活上一体をなす関係にあるとみることができるとして、内縁の夫の過失を内縁の妻である被害者側の過失として斟酌した。
・最三小判平成9・9・9裁判集民185号217頁〔28021759〕
恋愛関係にある男性の運転する自動車に同乗して交通事故に遭い死亡した女性の遺族が加害者に対して損害賠償を請求したことに対し、被害車両の同乗者と運転者は、恋愛関係にあったものの、婚姻していたわけでも同居していたわけでもないとして、被害車両の運転者の過失を被害者側の過失として斟酌することはできないとした。
・最三小判昭和42・6・27民集21巻6号1507頁〔27001065〕
保育園の保母に引率されて保育園に登園途中の園児である被害者に自動車が衝突し被害者が死亡した交通事故につき、保母は園児の両親から直接監護の委託を受けていたわけではなく、身分上生活上一体をなすとみられるような関係があったとはいえず、保母の過失を園児である被害者側の過失として斟酌することはできないとした。

その他被害者側の過失として斟酌した裁判例
・最二小判平成20・7・4裁判集民228号399頁〔28141569〕
・大阪地判昭和51・6・28交通民集9巻3号902頁〔29005935〕
運転者と同乗者が、いずれも飲酒をしながら互いに交代し合って自動車を運転し交通事故を起こしたことに対し、運転者である友人の過失を同乗者との関係で被害者側の過失として斟酌した。

（渡邊　健司、中村　展）

Ⅰ 総論

飲酒運転者の車両の同乗者に対する賠償金額の減額主張
―好意同乗―

> **事 例**
>
> 　Xは、友人Yの運転する車両に同乗していました。Yは運転前に多量の飲酒をしており、Xはそのことを知っていました。そのような中、Yの運転する車両は、信号のない交差点にて、Zの運転する車両と出会い頭での衝突事故を起こしてしまいました。事故により、Xは傷害を負ってしまいました。
> 　Yは、Xに生じた損害すべてを支払う必要があるでしょうか。また、Zは、Xとの関係では、Yとともに共同不法行為者となりますが、Xからの賠償の請求に対して減額を主張できるでしょうか。

ポイント

- 最近の裁判例は、単なる好意同乗のみを理由とした減額はしない傾向にあります。
- ただし、同乗者（X）が危険な運転状態を容認、助長、誘発等した場合には、同乗車両の運転者（Y）との関係で、損害賠償額が減額される場合があります。
- 同じく、同乗者（X）が危険な運転状態を容認、助長、誘発等した場合、相手方車両の運転者（Z）との関係でも、減額される場合があります。

考え方

1　従来の考え方（単なる好意同乗でも減額を認めていた）

　従来は、単なる好意（無償）同乗者の場合でも、同乗者から同乗車両運転者（保有者）への賠償請求について減額を肯定する裁判例が多数ありました。
　好意（無償）同乗による便宜を受けておきながら同乗車両の運転者に

対して生じた損害全額の賠償請求を認めることは、不相当であるとの考えによるものです。

2　最近の裁判例の傾向

(1) 運転者の危険な運転状態を容認、助長、誘発した場合のみ減額を認める

もっとも、最近の裁判例は、単に無償同乗であったというだけでは減額を認めず、同乗者が、運転者の危険な運転状態（飲酒運転や危険な運転操作など）を容認、助長、誘発等した場合にのみ、過失相殺（民法722条2項）の適用又は類推適用により減額を認めるという傾向にあります。

(2) 損害額全体からの減額が多数だが、慰謝料からのみ減額する裁判例

また、多くの裁判例は、過失相殺の適用（類推適用）により損害額全体から割合的に減額しますが、慰謝料算定の中で減額する裁判例も存在します。

(3) 具体的な減額の割合について

過失相殺を適用（類推適用）した際の減額幅は、裁判例をみると、5％～60％まで様々です。

①同乗者が単に危険な運転状態を認識し、容認していただけの場合と、②同乗者が危険な運転状態に関与し、危険を増幅させた場合に分類すれば、①はおよそ5％～20％の範囲、②は10％～60％（20％が多数）の範囲に分布しているものといえそうです。

(4) 同乗車両の運転者の過失の大きさも考慮する

同乗者が危険な運転状態について容認、助長、誘発等した場合であっても、運転者の過失がそれに比して大きいといえる場合には、減額幅は低くなる傾向にありますので、減額幅を考える際には、同乗者側の事情のみならず、運転者側の事情も把握する必要があります。

Ⅰ 総　論

3　共同不法行為者となる相手方車両の運転者も減額主張できるか

(1) 本事例のように、相手方車両の運転者Ｚにも過失がある場合には、同乗車両の運転者Ｙと相手方車両の運転者Ｚは、被害者との関係においては、共同不法行為者として、被害者に生じた損害を連帯して賠償する責任を負います。

(2) このとき、相手方車両の運転者が、同乗者からの賠償請求に対して、同乗者が運転者の危険な運転状態を容認、助長、誘発等していたことをもって、減額の主張をできるかが問題となります。

(3) この点に関し、「複数の加害者の過失及び被害者の過失が競合する一つの交通事故において、その交通事故の原因となったすべての過失の割合（以下「絶対的過失割合」という。）を認定することができるときには、絶対的過失割合に基づく被害者の過失による過失相殺をした損害賠償額について、加害者らは連帯して共同不法行為に基づく賠償責任を負う」とする「絶対的過失相殺」の考え方がとられているところ（最二小判平成15・7・11民集57巻7号815頁〔28081864〕）、この「絶対的過失相殺」の考え方によるときは、同乗車両の運転者のみならず、相手方の運転者も被害者に対して減額を主張し得ることとなります（「絶対的過失相殺」についてはQ8（53頁）も参照）。

(4) 本事例のように、飲酒運転者であるＹと相手方運転者Ｚとの事故により飲酒運転者の同乗者Ｘがけがを負ったという事例は1つの交通事故の場合であり、前記のとおり、同乗者への損害賠償額の減額を認める場合を同乗者が運転者の危険な運転状態を容認、助長、誘発等していた場合に限定する考え方によれば、運転者との関係で減額が認められるときには、交通事故の原因となったすべての過失割合を認定することができることが多いと考えられます。

　そのような絶対的過失割合を認定できる場合には、相手方車両の運転者との関係でも同乗者が運転者の危険な運転状態を容認、助長、誘発等により、危険を増大させた程度に応じて絶対的過失割合を認定し、損害賠償額の減額を認めることとなると考えられます。

(5) 相手方車両の運転者との関係で、同乗者について過失相殺が認められるか否か、同乗者についてどのような事情があった場合にどの程度の絶対的過失割合を認定すべきかについては、今後の裁判例の集積に注目すべきと考えます。

調べるべきこと・情報の提供を求めるべきこと

- 危険な運転状態に関する詳細な情報
  飲酒運転であれば、飲酒量・飲酒した時間など
  運転方法自体の危険であれば、その態様
- 同乗者が危険な運転状態を認識していたか
  同乗に至る経緯など（いつから一緒にいたのか）
- 同乗者の事故回避行為の有無
  危険な運転状態に対する同乗者の対応
- 同乗者自身に不適切な乗車方法がなかったか
  シートベルト・（バイクであれば）ヘルメット着用の有無など

想定問答

同乗車両の運転者側の対応

Q 同乗車両運転者の飲酒運転が原因で事故が起きた。私に生じた損害すべてを補償してほしい（治療費を立替払してほしい）。

A 運転者からは、あなた様が飲酒運転の事実を知っていたものと聞いております。事故の原因となった飲酒運転を容認されていた（助長・誘発した）点からすると、ご自身で負担すべき損害もあるものと考えますので、一定割合での減額はさせていただきます（一括対応は差し控えさせていただきます）。

Q 一定割合とは何割なのか。今すぐ答えてほしい。

A 飲酒の状況やあなた様がどのように関与されたかを把握してからでないと、見解をお示しすることはできかねます。まずは、運転者か

Ⅰ 総　論

ら詳細な聞き取りをさせていただいたうえで、後日、改めてご提案させていただきます。

相手方車両の運転者側の対応

Q　同乗車両の運転者の保険会社は、全額を支払えないという。私に生じた損害すべてを補償してほしい（治療費を立替払してほしい）。

A　当方の運転者からは、あなた様の乗車されていた車両運転者様が飲酒運転をしていたものと聞いております。飲酒運転の状況やあなた様の関わり方について正確な事情を確認させていただいてからでないと、回答はできません。

裁判例────────────────────
同乗者の賠償請求に対して減額を認めた裁判例

・東京地判平成19・3・30交通民集40巻2号502頁〔28140848〕
　運転者と一緒に飲酒してシートベルト不着用で同乗した同乗者について25％の減額を認めた。
・名古屋地判平成20・2・13交通民集41巻1号176頁〔28150246〕
　運転者の飲酒運転について認識があることをもって15％の減額を認めた。
・松山地西条支判平成21・9・24自保ジャーナル1812号19頁〔28244069〕
　危険な運転方法に積極的に関与したものとして30％の減額を認めた。
・仙台地判平成22・3・19自保ジャーナル1836号41頁〔28174552〕
　同乗者が運転者の飲酒運転について容認をしていたこと、運転者が一般道を時速115キロメートルで走行する危険な運転をしたことを考慮し、10％の減額を認めた。
・大阪地判平成23・3・28交通民集44巻2号475頁〔28174944〕
　同乗者が運転者の酒気帯び運転を認識し得たのに同乗したと推認できることを理由に損害額から60％の減額を認めた。

・京都地判平成24・4・11交通民集45巻2号466頁〔28211527〕
保険代位に基づく求償金請求において、保険契約者の好意同乗（飲酒運転への関与及びシートベルト不着用）を考慮して、20％の減額を認めた。

・岐阜地判平成25・7・19判時2204号101頁〔28213656〕
無免許運転、速度超過の事実を認識していたのみならず、同乗者のシートベルト不着用が損害を拡大させた原因になっている可能性が高いとして、40％の減額を認めた。

・横浜地判平成26・7・17自保ジャーナル1932号52頁〔28225013〕
同乗者に、あおり行為等事故発生の危険を直接増大させるような行為がなくても、事故発生の危険性が高い状況が存在することを知りながら、あえてバイクを運転するよう誘い、同乗したものとして、10％の過失相殺を認めた。

・山形地判平成27・12・22判時2288号86頁〔28241690〕
車両の所有者である同乗者が、運転者が飲酒していることを知りながら制止することなく容認していたことに加えて、同乗者がシートベルトを着用していなかったことも併せて考慮のうえ60％の減額を認めた。

・大阪地判平成28・3・23交通民集49巻2号453頁〔28243813〕
同乗者が、運転者が飲酒していることを知りながら制止することなく容認していたことに加えて、同乗者がシートベルトを着用していなかったことも併せて考慮のうえ20％の減額を認めた。

・名古屋地判平成28・4・27自保ジャーナル1979号88頁〔28244431〕
同乗者が、深夜に疲労している運転者を呼び出して地理不案内な場所まで運転させたうえ、運転者が道に迷っていることを知りながら運転に協力しなかったことに加えて、同乗者がシートベルトを着用していなかったことも併せて考慮のうえ20％の減額を認めた。

・水戸地土浦支判平成29・3・23自保ジャーナル2000号127頁〔28253910〕
運転者が車の運転につき未熟であったことを、その年齢等から知りつ

つ深夜に同乗したことから10％の過失相殺を認めた。
・横浜地判平成30・3・19交通民集51巻2号313頁〔28265578〕
　運転者が酩酊状態であることを認識していながら、これを容認し同乗したことから、同車者自身の行為が本件事故の発生に寄与したというべきであるとして、20％の過失相殺を認めた。

危険運転をした運転者、同乗者、相手方運転者について絶対的過失割合を60：20：20と認定した裁判例
・広島高岡山支判平成19・6・15交通民集41巻4号865頁〔28152422〕

共同暴走行為をしたとの事実認定をして共同暴走行為をしたとする運転者及び同乗者の双方について絶対的過失割合の認定によらず被害者側の過失として80％の減額を認めた裁判例
・名古屋地判平成27・3・27自保ジャーナル1950号154頁〔28233163〕
　ただし、この裁判例は控訴審（名古屋高判平成28・2・25平成27（ネ）491号公刊物未登載）においては共同暴走行為が否定され、同乗者の過失は全面的に否定されている。

（加藤　耕輔、檀浦　康仁）

Q8 共同不法行為と賠償責任①
―先行事故と後行事故とが時間的・場所的に近接する場合―

> **事例**
>
> 　契約者運転のＡ車両が一般道を走行していたところ、前を走行していたＢ車両がさらにその前を走行していたＣ車両との間で追突事故を起こしました。契約者はこれを回避することができず、Ａ車両をＢ車両の後部にさらに追突させる多重事故が発生しました。
> 　この場合、Ａ車両運転者は、Ｃ車両を運転していた被害者に対し賠償責任を負うのでしょうか。
> 　また、被害者側に過失がある場合、その際の過失相殺の方法についてはどのように考えればよいのでしょうか。

▶**ポイント**

- 多重事故において、後続車は賠償責任を負うのでしょうか。
- 複数の交通事故が競合する場合の過失相殺の方法について、どのように考えればよいのでしょうか。

考え方

1　複数の交通事故が競合する事故の類型

　複数の交通事故が競合する事故は、①ほぼ同一時刻に同一の場所で複数の事故が発生する類型（同時事故類型）と、②複数の事故が時間的・場所的に異なるところで発生する類型（異時事故類型）とに分けられます。

　本事例は、同一時刻の事故ではないため、異時事故の類型に当たると考えられますが、このような多重事故の中でも本事例のような玉突き事故は当該類型の中でも特に時間的・場所的近接性を有するという特徴があります。

　②の異時事故類型の中には、事故に遭った被害者が、後日、別の場所

Ⅰ 総　論

で別の事故に遭った場合のように、先行事故と後行事故の間に時間的隔たりが存在し、それぞれの事故が別個独立している事故類型も存在します。この事故類型については、Q9（59頁）で検討します。

2　共同不法行為の考え方

　民法は、一般不法行為の規定である709条とは別に719条を設け、共同不法行為者の責任について定めています。不法行為に基づく損害賠償請求を行う場合、709条の規定によれば被害者が事故と損害との間の相当因果関係について立証責任を負います。

　しかし、複数事故が競合する場合においては、被害者の損害がいずれの加害行為から生じたのか明らかでないことが少なくなく、この立証の責任をすべて被害者に負わせてしまうと、被害者がいずれの加害者からも賠償を受けられないという事態に陥ってしまうおそれがあります。そこで、719条は被害者に求められる因果関係の立証の程度を緩和し、被害者救済を図っているというのが現在の主要な考え方となります。

3　後続車の責任

(1)　同時事故類型の場合

　　以上のような共同不法行為の考え方から、同時事故類型においては、民法719条1項前段が適用され共同不法行為が成立することにおおむね争いはありません。この場合各加害者が連帯責任を負う結果、いずれの加害者も被害者に対し全損害の賠償責任を負うことになります。

(2)　異時事故類型の場合

　　しかし、異時事故類型においては、共同性の判断が必ずしも容易ではなく、どのような場合に共同不法行為が成立するのか、どのような場合に民法719条1項の前段あるいは後段の適用があるのかという点については、裁判例や学説の考え方が極めて錯綜しているところです。過去の裁判例をみても画一的な運用がされているわけではなく、

719条1項前段を適用したものもあれば同条項後段を適用したものもあり、その適用根拠を前段か後段かで明らかにしていないものもあります。

ア　民法719条1項前段を適用した場合

　同条1項前段について、多くの考え方は、客観的関連共同性（加害者らの各行為が客観的に関連し、相互に共同して損害を生じさせていること）があればよく、主観的関連共同性（各行為者の間に共通の認識がある等主観的つながりがあること）までは必ずしも必要ではないとしています。

　このように考えた場合、被害者は、加害者らの各行為に客観的関連共同性が認められ、一体性のある共同行為と損害との間に因果関係が認められることを立証すれば足りるということになります。

　本事例のケースにおいて同条項を適用した場合、客観的関連共同性が認められれば、後続車運転手の行為と損害との間の個別的な因果関係までは不要ということになるというのが現在の主要な考え方ですから、後続車運転手は、自己の行為について因果関係の否認や寄与度減責の抗弁を主張・立証しても、賠償責任を免れないことになると考えられます。

イ　民法719条1項後段を適用した場合

　一方、同条1項後段を適用した場合を検討してみます。同条項についても様々な考え方があるところではありますが、同条項の趣旨については、いずれかの加害者の行為によって損害が生じたことは明らかであるがその加害者が不明である場合にその因果関係を推定する規定であるという考え方があります。

　この考え方をとると、加害者は因果関係が存在しないことの反証や寄与度減責の抗弁によってこの推定を覆すことができれば、賠償責任を免れ得ることになります。

(3)　まとめ

　前述したとおり、この点については考え方が分かれているところで

あり、画一的な結論を出すことは難しいといわざるを得ません。ただし、いずれにしても後続車運転手が賠償責任を負う可能性は十分にあり、実際多くの裁判例でも後行事故加害者に対して損害賠償責任が肯定されている点には注意が必要です。

4 過失相殺の方法

　被害者が共同不法行為者それぞれに損害賠償請求したが、被害者にも一定の過失があるような場合に、被害者の過失割合がいずれの加害者との間でも同一であれば、加害者らは同一の割合において連帯責任を負うということになりますので、さほど難しい問題は生じないことになります。

　しかし、加害者ごとに被害者との間の過失割合が異なっているような場合には、過失相殺の方法が問題となり得ます。

　このような場合の過失相殺の方法としては、①すべての加害者の過失割合を加算したものと被害者の過失割合を対比して過失相殺を行う方法（絶対的過失相殺）と、②それぞれの加害者と被害者の関係ごとの過失割合に応じて相対的に過失相殺をする方法（相対的過失相殺）とがあります。

　同時事故類型において、最二小判平成15・7・11民集57巻7号815頁〔28081864〕は、「複数の加害者の過失及び被害者の過失が競合する一つの交通事故において、その交通事故の原因となったすべての過失の割合（以下「絶対的過失割合」という。）を認定することができるときには、絶対的過失割合に基づく被害者の過失による過失相殺をした損害賠償額について、加害者らは連帯して共同不法行為に基づく賠償責任を負う」と判示し、絶対的過失相殺の方法を採る立場を示しました。

　この点、異時事故類型の事故においては、そもそも「一つの交通事故」といえるのかが問題となり、また、「その交通事故の原因となったすべての過失の割合を認定することができるといえるか」もさらに問題となり得ます。しかし、この点について過去の裁判例をみると、異時事

故類型の場合でもその時間的・場所的近接性から「一つの交通事故」と評価できるような事案においては、原則絶対的過失相殺の考え方を採っているものと考えられます。

調べるべきこと・情報の提供を求めるべきこと

- 各事故のできる限り正確な、日時と場所、各事故の発生地点間の距離

  関連共同性の有無を判断するため、実況見分調書や物件事故報告書を入手して確認します。
- 各事故の衝撃の程度

  各事故の寄与度や衝突形態を判断するため、刑事記録や物損資料を入手して確認します。
- 車間距離保持の程度
- 各車両の走行速度

  回避可能性等を判断するため、映像資料や、事故当事者等からの聴取により、確認します。

想定問答

Q 玉突き事故を起こしてしまったのですが、後続車は賠償責任を負ってしまうのでしょうか。

A 後続車が責任を負うかは、事案に応じて結論が異なります。事故態様や損傷の程度から、被害車両の損傷が既に先行する事故によって生じており、後続車との衝突と何ら因果関係がないといえる場合や、被害者の損害について後続車の寄与度が小さいといえる場合には、賠償義務を負わない、あるいは、一部の責任を負うにとどまる可能性があります。

Q 時間差のある玉突き事故の場合でも、過失相殺は、事故全体における被害者の過失割合を認定したうえで行うのでしょうか。

I　総　論

[A] 過去の裁判例によれば、一定の時間的間隔がある場合でも、それぞれの当事者すべての過失割合を認定することができる場合には、絶対的過失相殺の方法が採られることになります。

裁判例

・東京地判平成26・10・28交通民集47巻5号1313頁〔28233605〕
　2つの事故の時間的・場所的近接性を理由に共同不法行為の成立を肯定し、各加害者に被害者の全損害の賠償責任を認定した事例。

・横浜地判平成25・3・14交通民集46巻2号397頁〔28221977〕
　4台の車が関与する異時事故類型の追突事故において、共同不法行為の成立を肯定した事例。

・大阪地判平成27・1・16交通民集48巻1号87頁〔28232177〕
　第1事故の9分後に第2事故が生じた玉突き事故において、時間的・場所的近接性を理由に共同不法行為の成立を肯定しつつ、車両を路肩に停車させるべき注意義務及び路上に佇立してはならない注意義務に違反した過失を被害者にも認めた事例。

・神戸地判平成5・3・31交通民集26巻2号442頁〔29005087〕
　B車両が急ブレーキをかけ前方のA車両に追突し、その後C車両がB車両に追突した多重事故で、共同不法行為の成立を否定した事例。

・大阪地判平成24・10・16交通民集45巻5号1261頁〔28210686〕
　原告車両の前を走行していた車両が急停止したことを受け、原告車両が急停止し、その結果ほかの2台の車が原告車両に追突して発生した玉突き事故において、共同不法行為の成立を肯定したうえで、原告車両の先行車に2割、原告車両の後続車が3割、その後続車に5割の過失を認定した事例。

（勝又　敬介、西村　綾菜）

共同不法行為と賠償責任②
―先行事故と後行事故の間に時間的隔たりが存在する場合―

> **事例**
>
> 弊社の契約者のYは、Xと交通事故を起こし、この事故によりXは受傷しました。
>
> さらに、Xは、Yとの交通事故の1か月後に、Zと交通事故を起こし、その際にも同一部位を受傷したようです。
>
> この場合、弊社は、Xの損害の全部を賠償しなければならないのでしょうか。YとZはどのような責任を負うのでしょうか。

ポイント

- 先に事故が発生して（先行事故）、その被害者が、後日、別の場所で別の事故に遭った場合（後行事故）、先行事故加害者と後行事故加害者は被害者に対してどのような責任を負うのでしょうか。
- 各加害者の責任の軽重は、どのような事情を考慮して判断されるのでしょうか。

考え方

1 先行事故と後行事故の間に時間的隔たりが存在する場合の問題

被害者が複数の加害者から交通事故の被害を受ける場合として、①車両同士が衝突して、第三者が受傷したときのように、1つの事故により被害を受ける場合、②いわゆる玉突き事故や、被害者が事故に遭った直後に後続車両に轢かれる場合のように、2つの事故があるものの、先行事故と後行事故が、ほぼ同じ時間、同じ場所で起こっていて全体として一連の事故といえる場合、③事故に遭った被害者が、後日、別の場所で別の事故に遭った場合のように、先行事故と後行事故の間に時間的隔たりが存在し、それぞれの事故が別個独立している場合に分けて考えることができます。

Ⅰ　総　論

　本事例では、③の類型、すなわち先行事故と後行事故の間に時間的隔たりが存在する場合における、先行事故加害者と後行事故加害者の責任について検討します。

2　先行事故加害者と後行事故加害者の責任

　先行事故と後行事故の間に時間的隔たりが存在する場合、先行事故が発生したことにより後行事故が発生した、という関係がないため、原則として、先行事故加害者は後行事故による損害について責任を負わず、また、後行事故加害者も先行事故による損害について責任を負いません。

　例えば、先行事故による受傷の症状固定後に後行事故によって同一部位を受傷したときには、先行事故による損害と後行事故による損害は、基本的に区別することができます。この場合、先行事故加害者と後行事故加害者は、一般不法行為の規定（民法709条）により、各々、各事故による損害を賠償することになるので、単一の事故の場合と考え方に大きな違いはないといえます。

　ところが、先行事故による受傷の症状固定前に後行事故によって同一部位を受傷したときのように、先行事故による損害か、後行事故による損害か、区別が困難なこともあります。この場合、先行事故加害者と後行事故加害者が、区別できない被害者の損害に対して、それぞれどれだけの責任を負うのかが問題となります。

　ところで、民法719条1項後段は、「共同行為者のうちいずれの者がその損害を加えたかを知ることができないときも、同様とする。」と定め、加害者不明の場合に、各自が連帯して損害を賠償する責任を負うと規定しています（本来、大勢でのリンチ行為のように、複数加害者の誰かが被害を生じさせたことは明らかであるが、誰かわからない場合を想定した規定です）。

　この規定を、交通事故において、先行事故による損害か、後行事故による損害か、区別できない場合にも適用し、先行事故加害者と後行事故

加害者が連帯責任を負わないかが議論されています。

　裁判例を概観すると、適用肯定例と適用否定例の両方がみられますが、適用否定例が目立ちます。一般に、同規定の「共同行為」と評価されるためには、「関連共同性」と呼ばれる要件が必要と考えられていますが、適用否定例の多くは、加害行為の時間的・場所的近接性を関連共同性の判断要素と位置付けたうえで、時間的・場所的近接性がないから関連共同性が認められないことを主な理由として、同規定の適用を否定するようです。裁判例においては、先行事故と後行事故の間に、約2か月の時間的隔たりがある事例で関連共同性を認めなかったものもあれば、約11か月もの時間的隔たりがある事例でこれを認めたものもありますが、今後、訴訟化する事案については、裁判所が適用否定説の立場をとる可能性を念頭に置くべきであると思われます。

3　責任の軽重の考慮事情

　民法719条1項後段の適用が否定される場合、先行事故加害者と後行事故加害者は、一般不法行為の規定により、各々、各事故による損害を賠償することになります。被害者が、ある損害が先行事故により生じたとして、その損害の賠償を請求するためには、その損害と先行事故との相当因果関係を主張立証する必要があります。

　実務上、相当因果関係を認定する際に、各事故の「寄与度」が問題とされます。裁判例の中には、「第1事故と第2事故の衝撃を比較すれば、第1事故の衝撃の方がはるかに軽微であったものと認められることや、前記認定の治療経過や第1事件後と第2事件後の症状に照らせば」としたうえで、先行事故と後行事故の寄与度を認定するものがあり、これと同様の観点から寄与度を認定する他の裁判例もみられます。これらの裁判例によれば、先行事故と後行事故の衝撃の程度、先行事故後と後行事故後の治療経過、先行事故後と後行事故後の症状といった要素が寄与度の判断要素となると思われます（さらに、これらの判断要素について、事案により重要となるポイントが少しずつ異なるとの指摘として、公益

I 総論

財団法人日弁連交通事故相談センター東京支部編『民事交通事故訴訟損害賠償額算定基準 下巻（講演録編）〈2016年版〉』（赤い本）10頁以下参照）。

　例えば、先行事故後の治療経過から、先行事故による受傷が後行事故直前において相当程度治癒していたとみられる場合や、先行事故の衝撃が後行事故の衝撃と比較して著しく軽微な場合には、先行事故の寄与度は小さいとして、後行事故後の損害と先行事故との相当因果関係が争われることを想定する必要があります。先行事故の保険会社担当者としては、必要に応じて後行事故加害者加入の任意保険会社から情報提供を受ける等して、前記の寄与度の判断要素に関連する事実関係について、正確に把握する必要があると思われます。

　なお、民法719条1項後段の適用が肯定される場合、議論はありますが、加害者は、他に加害者がいることを理由として、責任の範囲を、自らが寄与した範囲に限定する主張（寄与度減責の抗弁）をし得るとの見解が有力です。前記の寄与度の判断要素は、適用肯定説に立ったときにも、寄与度減責の抗弁の中で考慮されるものと思われますので、いずれにせよ、保険会社担当者としては、これに関連する事実関係の立証を尽くせるよう必要かつ十分な調査を行い、事実関係を正確に把握することが求められます。

4　示談対応上の注意点

　先行事故の加害者としては、責任を後行事故発生までの範囲に限定して早期に示談をしたいところですが、被害者が後行事故によって同一部位を受傷した場合などのように、各事故の寄与度が問題となるようなケースでは、後行事故当事者間の争いに巻き込まれる可能性があることに注意が必要です。例えば、先行事故当事者だけで先行事故から後攻事故発生までの間の傷害部分のみで示談をした場合であっても、後日、後行事故加害者が被害者との間で被害者の主張する損害について、先行事故に起因するものだとして争った場合、先行事故加害者も争いに巻き込

まれる可能性があります。

　先行事故加害者としては、後行事故の内容によっては後行事故加害者とも協議し、3者間での示談を模索すべき場合もあり得ます。

　逆に、後行事故加害者としては、先行事故の影響の有無を慎重に吟味し、被害者の請求に先行事故に起因する損害が含まれていると判断される場合には、先行事故加害者と被害者が示談をする前に、積極的に先行事故加害者を交渉に巻き込んでいくべき場合があり得ます。

　いずれの加害者の立場になった場合でも、複数の事故が発生し、寄与度の範囲が明確ではない場合には、全体に目配りした慎重な示談交渉が求められるといえます。

　また、このような場合には、事案が長期化する傾向にあり、加害者としては、事案の早期解決の観点から、債務確定調停の申立てや債務不存在確認訴訟の提起を検討すべき場合が多いでしょう。

調べるべきこと・情報の提供を求めるべきこと

- 各事故の日時、場所

　以上は、関連共同性の有無を判断するため、必要となります。

- 先行事故後の治療経過

　・後行事故前の症状

　　診断書、診療報酬明細書、診療録などから確認します。

　・後行事故直後の症状

　・後行事故後の治療経過

　　診断書、診療報酬明細書、診療録などから確認します。

　　後行事故以降の治療費一括支払対応は後行事故加害者加入の任意保険会社において行う場合が多いと思われますので、同保険会社から情報提供を受ける必要があります。

　・各事故の衝撃の程度

　　刑事記録、物損資料などから確認します。

　以上は、各事故の寄与度を判断するため、必要となります。

Ⅰ 総論

想定問答

Q Yとの交通事故に遭った1か月後に、Zとの交通事故にも遭い、散々だ。私は、誰から、どんな賠償を受けられるのか。

A 弊社としては、Y様との交通事故により生じたX様の損害を賠償させていただきます。ただ、今回は、X様の損害が、Y様との交通事故により生じたものか、Z様との交通事故により生じたものか、区別が困難であるとの事情があるため、調査が必要であり、具体的な賠償の範囲は、現時点ではお答えできません。

裁判例

民法719条1項後段の適用を否定した裁判例
・神戸地尼崎支判平成6・5・27交通民集27巻3号719頁〔29006664〕
・東京地判平成12・3・29交通民集33巻2号619頁〔28061303〕
・東京地判平成17・3・24判時1915号49頁〔28110435〕
・横浜地判平成21・12・17自保ジャーナル1820号93頁〔28174817〕
・大阪地判平成26・5・13自保ジャーナル1928号62頁〔28224201〕
・名古屋地判平成26・6・27交通民集47巻3号833頁〔28224871〕
・京都地判平成30・6・25交通民集51巻3号755頁〔28270042〕

適用を肯定した裁判例
・浦和地判平成4・10・27交通民集25巻5号1272頁〔29004971〕
・東京地判平成21・2・5交通民集42巻1号110頁〔28160592〕
・東京地判平成27・3・10交通民集48巻2号358頁〔28232696〕

（深尾 至、渡邊 健司）

Column 1　道路交通法・自動車運転処罰法の改正について

1　はじめに

　道路交通法は、交通事故と密接に関わる法律であり、社会情勢に応じて目まぐるしく改正されています。ここでは、同法改正と交通事故賠償の関係を述べつつ、近年の重要な法改正を取り上げます。

2　道路交通法の改正と交通事故賠償①（過失割合）

　同法は、交通ルールに違反した者の運転資格に関する処分や、刑罰を課すいわゆる取締法規ですので、直ちに民事上の責任には影響を与えません。しかし、交通事故における「過失」とは、運転者の注意義務違反のことをいいます。そして、同法は運転者の基本的な義務を定めているので、この義務の内容が、運転者の注意義務違反を判断するための重要な考慮要素になります。近年の改正により新たな禁止行為が規定されていますが、これらの禁止行為が過失の前提となる注意義務の内容に影響を与えることになるでしょう。

3　道路交通法の改正と交通事故賠償②（慰謝料）

　交通事故賠償実務上、同法の違反の程度が重大であった場合、被害者に対する慰謝料が増額されることがあります。近年の改正は、重大な事故が発生したことを契機になされたものですので、この規定の違反が、新たに慰謝料の増額要素に加わる可能性があります。

4　近年の法改正及びその関連法規改正の概要

(1)　自転車の運転による交通の危険を防止するための講習に関する規定の整備（平成27年6月1日施行（平成25年法律43号））

　自転車の危険運転が問題となったことを受け、自転車の危険な違反行為15類型（道路交通法施行令41条の3。あおり運転については、令和2年の同施行令改正で追加）について、3年以内に2回以上摘発された自転車運転者に講習の受講命令が出された場合、従わなければ罰則が科せ

(2) **携帯電話使用等対策の推進を図るための規定の整備（令和元年12月1日施行（令和元年法律20号））**

スマートフォン等の使用中の事故が多く発生したことから、①運転中に携帯電話を手に保持して通話や画像の注視を行った場合や、②携帯電話の使用等により交通の危険を生じさせた場合（②は非保持で画像を注視した場合も含む）の罰則が強化されました（同法71条5号の5、117条の4第1号の2、118条1項3号の2）。

(3) **あおり運転に対する罰則の創設等（令和2年6月30日施行（令和2年法律42号））**

高速道路で発生した死亡事故をきっかけに、妨害運転（「あおり運転」）が社会問題となりました。この事故を受け、妨害運転に対する罰則が創設され、免許の取消処分の対象に追加されました。

規制の対象となる妨害運転とは、他の車両の通行を妨害する目的で、交通の危険を生じさせるおそれのある方法により「一定の違反」をした場合とされています。「一定の違反」には車間距離不保持等10類型が定められています。通行を妨害する「目的」は主観的な要素ですので、走行の態様等客観的な事情から推認する必要があり、ドライブレコーダーの映像等が重要な証拠となります。

この罰則は、前記妨害運転をしただけでも科せられますが（同法117条の2の2第11号）、実際に停止させる等著しい交通の危険を生じさせた場合には、さらに重い罰則が科せられることになります（同法117条の2第6号）。

なお、「自動車の運転により人を死傷させる行為等の処罰に関する法律」では、妨害運転が「危険運転」として既に処罰の対象となっていましたが、同法の改正（令和2年7月2日施行（令和2年法律47号））により、走行中の車の前方で停止する等の行為も新たに「危険運転」に加えられました（同法2条5号、6号）。

Column 1　道路交通法・自動車運転処罰法の改正について

5　おわりに

　これらの法律は、交通情勢に応じて、今後もさらなる改正が続くものと思われ、改正の動向には注視が必要です。

（岩田　雅男、西村　綾菜）

Ⅱ 民法改正が
交通事故賠償実務に
与える影響

Q10 消滅時効の制度とその改正

事例

(1) 事故の被害者X₁に対し、賠償交渉を行ってきましたが、交渉が難航して4年が経過しようとしています。どうやら民法が改正されたようですが、交通事故の消滅時効はどのように変わったのでしょうか。今回の事故による損害賠償請求権は既に消滅時効にかかっているのでしょうか。

(2) 事故による被害者X₂の代理人の弁護士から、「協議を行う旨の合意をしたい」との連絡がありました。これは一体どういう意味でしょうか。

ポイント

- 消滅時効について、民法の改正によって大きく変わったのはどのような点でしょうか。
- 自動車損害賠償保障法（以下、「自賠法」といいます）の消滅時効との関係について、どのような点に注意するべきでしょうか。
- 民法改正により新設された「協議を行う旨の合意」制度とはどのような制度なのでしょうか。
- 保険会社担当者と被害者との賠償交渉がまとまらず、間もなく時効期間が経過しようとしている場合、どのような対応をするべきでしょうか。

考え方

1 民法改正の概要

(1) 改正前の規定について

平成29年改正前民法において、交通事故による損害賠償請求権の短期の期間制限については、

II 民法改正が交通事故賠償実務に与える影響

被害者等が損害及び加害者を知った時から3年（消滅時効）

とされており、他方で、長期の期間制限については、

不法行為の時から20年

と規定されていました（平成29年改正前民法724条）。この長期の期間制限については、消滅時効ではなく、除斥期間と理解されてきました。

(2) 改正後の時効期間について

これが、民法改正により、

被害者等が損害及び加害者を知った時から3年（短期消滅時効）

不法行為の時から20年（長期消滅時効）

とされたうえで、特則として「人の生命又は身体を害する不法行為による損害賠償請求権」の消滅時効については、上記の短期3年の期間が「5年」に延長されました（民法724条の2）。

なお、長期20年の期間についても、これが除斥期間ではなく時効期間であるとされました。このため、この期間についても時効の完成猶予・更新の規定が適用されることに注意が必要です。

(3) 時効の完成猶予・更新

平成29年改正前民法にて規定されていた時効の停止・中断の制度は、時効の完成猶予・時効の更新という制度に改正されました（民法147条～161条）。

ここで、注意が必要なのが、平成29年改正前民法では時効の中断事由とされていた①裁判上の請求（平成29年改正前民法147条1号、149条）、支払督促の申立て（平成29年改正前民法147条1号、150条）、訴え提起前の和解・民事調停・家事調停の申立て（平成29年改正前民法147条1号、151条）、倒産手続参加（平成29年改正前民法147条1号、152条）、②強制執行、担保権の実行、形式的競売、財産開示請求（平成29年改正前民法147条2号、154条）、③仮差押え・仮処分（平成29年改正前民法147条2号、154条）について、それぞれ時効の完成猶予として取り扱われることとなった点です（民法147条～149条）。上記

各事由が生じたとしても、直ちに時効の更新が生じるわけではなく、①②の場合は各事由の終了した時に初めて時効の更新の効果を生じることになりました（民法147条2項、148条2項）。

(4) 自賠法等の消滅時効について

自賠法16条1項の規定による損害賠償額の支払請求権及び自賠法17条1項の規定による損害賠償額の支払請求権の消滅時効期間については、被害者が損害及び保有者を知った時から3年とされており、民法改正の影響を受けないことについては注意が必要です（自賠法19条）。

また、保険法における時効期間についても、保険給付を請求する権利等の消滅時効期間は、これらを行使できる時から3年とされています（保険法95条1項）。

したがって、自賠責制度や保険給付制度については、従来どおりに対応していく必要があるでしょう。

2 協議による時効の完成猶予制度について

(1) 平成29年改正前民法の問題点とその解消

平成29年改正前民法では、当事者が裁判所を介さずに紛争の解決に向けて協議をし、解決策を模索している場合にも、時効完成の間際になれば、時効の完成を阻止するため、訴訟を提起しなければなりませんでした。

しかし、時効の完成を阻止するために、必ず訴訟を提起しなければならないとなると、紛争解決の柔軟性や当事者の利便性を損なうことになるため、新たな時効完成猶予の事由を設けるべきだという考えから、「協議による時効の完成猶予」（民法151条）という制度が設けられました。

(2) 合意によって猶予できる期間

民法151条による合意ができたときには、①合意から1年を経過した時、②その合意において1年未満の協議期間を定めた場合はその期間の経過した時、③当事者の一方から相手方に対して協議の続行を拒

絶する旨の通知が書面でされたときは、その通知の時から6か月を経過した時について、①〜③のうちいずれか早い時までは時効は完成しなくなります。

さらに、当事者の合意がなされれば、複数回でも、通算5年までであれば、協議による時効の完成猶予を行うことができるようになりました（民法151条2項本文）。

(3) 催告による完成猶予との関係

催告による完成猶予との関係では、催告がなされた後、催告の効果として「時効完成が猶予されている間」かつ本来の時効期間満了後に協議を行う旨の合意をしても時効の完成猶予の効果は生じません（民法151条3項）。

同じく、協議による時効の完成猶予の合意がされた後、合意の効果として「時効の完成が猶予されている間」かつ本来の時効期間満了後に催告がなされても時効の完成猶予の効力は生じません（民法151条3項）。

すなわち、催告か合意の一方によって完成猶予の効果が生じている期間には、他方の手段を講じても、完成猶予の期間が延長されるわけではないということになります。

(4) その他

合意の方法は書面又は電磁的記録にて行う必要がありますが、その様式には特に指定はありません。

基本的に合意をしなければ適用されないものですが、訴訟提起は回避したいが権利の承認もできない場合に当該制度を利用することが考えられます。

3　経過措置

基本的には、令和2年4月1日以降に発生した交通事故について適用されることになりますが、時効に関する規定の取扱いは以下のとおりです。

① 生命又は身体の侵害による損害賠償請求権について、主観的起算点からの消滅時効を5年とする民法724条の2の規定は、令和2年4月1日時点で既に3年の消滅時効が完成していた場合には適用されません（民法の一部を改正する法律（平成29年法律44号）附則（以下、本稿では単に「民法附則」といいます）5条2項）。

② 平成29年改正前民法724条後段の20年について、令和2年4月1日の時点で既に20年間経過していた場合には、平成29年改正前民法が適用されます（民法附則35条1項）。

③ 令和2年4月1日前に、協議による時効の完成猶予の合意をしても効力を生じません（民法附則10条3項）。

④ 令和2年4月1日前に、時効の中断、停止事由が生じた場合には効力を生じません（民法附則10条2項）。

4 本事例に対する回答

(1) 損害賠償の内容が物的損害についてであれば既に消滅時効が完成している可能性があります。これに対し、損害賠償の内容が人的損害であるときは、相談された時点が令和2年4月1日以降であれば、消滅時効期間は5年となるため、時効は完成していないといえます。

ただし、あと1年で時効が完成する可能性がありますので、協議による時効の完成猶予の合意を行うことの検討もすべきかと思います。

(2) 弁護士からの要求に応じなければいけないものではありません。ただし、訴訟を提起されることを回避したい意向があるのであれば、協議による時効の完成猶予の合意を行い、賠償交渉を継続することも考えられます。

想定問答

Q 事故日から3年が経過しようとしていますが、消滅時効を援用しても問題はないでしょうか。

A 事故が物損事故か人損事故かで消滅時効期間が異なりますので、ご

Ⅱ　民法改正が交通事故賠償実務に与える影響

注意ください。

Q　間もなく示談が成立する予定ですが、消滅時効も完成間近となっています。裁判に移行しなければならないでしょうか。

A　まずは、交渉の相手方との間で、協議を行う旨の合意により、消滅時効の完成猶予ができるかどうか交渉してみましょう。相手方保険会社も訴訟移行を回避したいということであれば、十分に交渉の余地はあるかと思います。

参考文献

・筒井健夫＝村松秀樹編著『一問一答　民法（債権関係）改正』商事法務（2018年）40頁
・公益財団法人日弁連交通事故相談センター東京支部編『民事交通事故訴訟　損害賠償額算定基準　下巻（講演録編）〈2020年版〉』（赤い本）101頁
・公益財団法人日弁連交通事故相談センター編『交通事故損害額算定基準－実務運用と解説〈2020年版〉』（青本）371頁
・法務省ウェブサイト「民法の一部を改正する法律（債権法改正）について」
　http://www.moj.go.jp/MINJI/minji06_001070000.html

民法条文（参考）

> 第724条　不法行為による損害賠償の請求権は、次に掲げる場合には、時効によって消滅する。
> 　一　被害者又はその法定代理人が損害及び加害者を知った時から3年間行使しないとき。
> 　二　不法行為の時から20年間行使しないとき。
> 第724条の2　人の生命又は身体を害する不法行為による損害賠償

請求権の消滅時効についての前条第1号の規定の適用については、同号中「3年間」とあるのは、「5年間」とする。

第151条　権利についての協議を行う合意が書面でされたときは、次に掲げる時のいずれか早い時までの間は、時効は、完成しない。
一　その合意があった時から1年を経過した時
二　その合意において当事者が協議を行う期間（1年に満たないものに限る。）を定めたときは、その期間を経過した時
三　当事者の一方から相手方に対して協議の続行を拒絶する旨の通知が書面でされたときは、その通知の時から6箇月を経過した時
2　前項の規定により時効の完成が猶予されている間にされた再度の同項の合意は、同項の規定による時効の完成猶予の効力を有する。ただし、その効力は、時効の完成が猶予されなかったとすれば時効が完成すべき時から通じて5年を超えることができない。
3　催告によって時効の完成が猶予されている間にされた第1項の合意は、同項の規定による時効の完成猶予の効力を有しない。同項の規定により時効の完成が猶予されている間にされた催告についても、同様とする。
4　第1項の合意がその内容を記録した電磁的記録（電子的方式、磁気的方式その他人の知覚によっては認識することができない方式で作られる記録であって、電子計算機による情報処理の用に供されるものをいう。以下同じ。）によってされたときは、その合意は書面によってされたものとみなして、前3項の規定を適用する。
5　前項の規定は、第1項第3号の通知について準用する。

（安井　孝侑記、小出　麻緒）

法定利率の改正
―ライプニッツ係数について―

> **事例**
>
> 民法が改正されて、利率が変わったと聞きました。
> これによって、交通事故の損害賠償実務にどのような影響がありますか。
> 計算の仕方を教えてください。

ポイント
- 民事法定利率とはそもそも何でしょうか。
- 交通事故の賠償において、どんな場面で使われているのでしょうか。
- 具体的にどのような影響があるのでしょうか。

考え方

1 法定利率とは

　法定利率とは、民法が定める利息のことをいいます(民法404条1項)。

　交通事故の損害賠償において、法定利率は、遅延損害金の算定に当たって問題となります。遅延損害金とは、賠償金が支払われるべきときに支払われなかった、すなわち支払が遅れたことによって生じる損害のことです。

　交通事故の損害賠償のように、金銭を支払う義務を遅延した場合の遅延損害金については、原則として、民法は法定利率によって定めるとしています(民法419条1項)。したがって、賠償金の支払が遅れたという事実のみで、遅延損害金は発生します。

　そして、交通事故の賠償金の支払義務は、損害の発生と同時に遅滞になると解されています。つまり、交通事故が発生した時点で、遅延損害金も発生します。

2 ライプニッツ係数とは

　交通事故によって生じた損害については、逸失利益等の将来に得られたはずの利益が得られなくなったことによる損害や将来にわたって発生する治療費などの損害についても、事故の発生時点でその損害が発生したものとして賠償の対象となります。

　こうした、将来にわたって生じる損害について、賠償を受ける方法として、定期的に一定額の賠償を受ける定期金賠償の方法と、一括して満額の支払を受ける一時金賠償の方法がありますが、一時金賠償での賠償を受けると、本来その利益を得られた時点までの間、運用して運用益を得ることが理論上可能となります。

　このため、実際の賠償に当たってはこの運用益を考えて、ライプニッツ係数（将来的に生じる損害について、現時点で支払を受けることで得られる中間利息を控除するための係数）を乗じて計算されます。

　典型的には後遺障害逸失利益がありますが、重度の後遺障害が残存した場合の将来治療費、将来看護費、将来の車両改造費等の将来にわたって発生することが予見される損害が対象となります。

3 民法改正

(1) 改正

　ライプニッツ係数は、民法所定の法定利率（民法404条）を前提に計算されています。

　そして、民法404条が規定する法定利率は平成29年改正により年3％となりました。さらに、その後も3年ごとに利率の見直しがされます。

　改正された民法404条は、令和2年4月1日から施行されています。

(2) 交通事故損害賠償実務への影響

　交通事故の損害賠償においては、まず、何％の法定利率によるべきか、何％の法定利率を前提としたライプニッツ係数を用いるべきか確認が必要になります。

遅延損害金算定に当たって適用される法定利率は、交通事故が発生した時点の法定利率になります（民法404条1項）。そして、使用するライプニッツ係数は、交通事故が発生した時点の法定利率を前提とした数値を用います（民法404条1項）。したがって、遅延損害金算定で適用される法定利率と使用するライプニッツ係数の前提となる法定利率は一致します。平成29年改正後の民法404条は、令和2年4月1日から施行されているので、事故日が令和2年4月1日の前か後かで、事故の賠償で用いられる法定利率が変わります。

用いられる法定利率に違いが出ることで、平成29年改正前民法が適用される事故（事故日が令和2年3月31日以前の事故）と比べ、令和2年4月1日以降に発生した事故の遅延損害金の賠償額は小さくなります。

他方、ライプニッツ係数に違いが出ることで、平成29年改正前民法が適用される事故（事故日が令和2年3月31日以前の事故）と比べ、令和2年4月1日以降に発生した事故の逸失利益、将来治療費、将来介護費、将来交通費等の将来にわたって発生が予見される損害についての賠償額は逆に大きくなります。また、民法404条3項では、3年ごとの見直しが予定されていますので、経済情勢によっては、将来の事故における賠償額はさらに増額していく可能性もあります。

調べるべきこと・情報の提供を求めるべきこと
- 事故の発生日
- 当該事故時点の法定利率

想定問答

Q 私の年収は500万円でした。喪失率が14％の場合、今後10年分の逸失利益は500万円×0.14×10で700万円のはずではないですか。

A 逸失利益は将来にわたって得られたはずの収入が得られなくなったことによる損害です。本来将来を待たなければ得られなかった収入

について、現時点で得られることで、将来時点まで運用して利息を得られる可能性がありますので、この中間利息を差し引くためにライプニッツ係数を乗じて計算することになっています。

あなたの場合、

（事故日が令和2年3月31日以前の場合）

500万円×0.14×7.7217で540万5190円になります。

（事故日が令和2年4月1日以降の場合）

500万円×0.14×8.5302で597万1140円になります。

Q この超低金利の時代に3％も利益が得られるわけがないでしょう。もっと低い利率で計算するべきではないですか。

A 利率については経済情勢等によって変動しますし、裁判所において経済情勢を踏まえた適正な利率を算出したり判断したりすることは困難で、公平に反することにもなりかねません。このため、計算に当たっては民事法定利率を使って計算することが正しいというのが最高裁判所の判例です。

Q 3年ごとに法定利率が見直されるなら、3年後から先の損害については改正された後の利率で計算するべきではないですか。

A 改正された後の利率で計算しようとすると、計算が著しく困難になりますし、事故の発生後の経済情勢等で損害額が変更されるのは不合理とされています。このため、法律で事故が発生した時点の民事法定利率を用いることが定められています（民法722条1項、417条の2第1項）。

裁判例

・最三小判昭和37・9・4民集16巻9号1834頁〔27002105〕

不法行為に基づく損害賠償債務は、何らの催告を要することなく、損害の発生と同時に遅滞に陥ると判示した。

Ⅱ 民法改正が交通事故賠償実務に与える影響

・最三小判平成17・6・14交通民集38巻3号631頁〔28111406〕
　損害賠償の算定に当たり、被害者の将来の逸失利益を現在価額に換算するために控除すべき中間利息の割合は、法定利率によらなければならないことを判示した。

民法条文（参考）

> 第404条　利息を生ずべき債権について別段の意思表示がないときは、その利率は、その利息が生じた最初の時点における法定利率による。
> 2　法定利率は、年3パーセントとする。
> 3　前項の規定にかかわらず、法定利率は、法務省令で定めるところにより、3年を1期とし、1期ごとに、次項の規定により変動するものとする。
> 4　各期における法定利率は、この項の規定により法定利率に変動があった期のうち直近のもの（以下この項において「直近変動期」という。）における基準割合と当期における基準割合との差に相当する割合（その割合に1パーセント未満の端数があるときは、これを切り捨てる。）を直近変動期における法定利率に加算し、又は減算した割合とする。
> 5　前項に規定する「基準割合」とは、法務省令で定めるところにより、各期の初日の属する年の6年前の年の1月から前々年の12月までの各月における短期貸付けの平均利率（当該各月において銀行が新たに行った貸付け（貸付期間が1年未満のものに限る。）に係る利率の平均をいう。）の合計を60で除して計算した割合（その割合に0.1パーセント未満の端数があるときは、これを切り捨てる。）として法務大臣が告示するものをいう。

法定利率変更後のライプニッツ係数（3％）

単年の数値

n	改正後（3％）	n	改正後（3％）
1	0.97087379	51	0.22146318
2	0.94259591	52	0.21501280
3	0.91514166	53	0.20875029
4	0.88848705	54	0.20267019
5	0.86260878	55	0.19676717
6	0.83748426	56	0.19103609
7	0.81309151	57	0.18547193
8	0.78940923	58	0.18006984
9	0.76641673	59	0.17482508
10	0.74409391	60	0.16973309
11	0.72242128	61	0.16478941
12	0.70137988	62	0.15998972
13	0.68095134	63	0.15532982
14	0.66111781	64	0.15080565
15	0.64186195	65	0.14641325
16	0.62316694	66	0.14214879
17	0.60501645	67	0.13800853
18	0.58739461	68	0.13398887
19	0.57028603	69	0.13008628
20	0.55367575	70	0.12629736
21	0.53754928	71	0.12261880
22	0.52189250	72	0.11904737
23	0.50669175	73	0.11557998
24	0.49193374	74	0.11221357
25	0.47760557	75	0.10894521
26	0.46369473	76	0.10577205
27	0.45018906	77	0.10269131
28	0.43707675	78	0.09970030
29	0.42434636	79	0.09679641
30	0.41198676	80	0.09397710
31	0.39998715	81	0.09123990
32	0.38833703	82	0.08858243
33	0.37702625	83	0.08600236
34	0.36604490	84	0.08349743
35	0.35538340	85	0.08106547
36	0.34503243	86	0.07870434
37	0.33498294	87	0.07641198
38	0.32522615	88	0.07418639
39	0.31575355	89	0.07202562
40	0.30655684	90	0.06992779
41	0.29762800	91	0.06789105
42	0.28895922	92	0.06591364
43	0.28054294	93	0.06399383
44	0.27237178	94	0.06212993
45	0.26443862	95	0.06032032
46	0.25673653	96	0.05856342
47	0.24925876	97	0.05685769
48	0.24199880	98	0.05520164
49	0.23495029	99	0.05359383
50	0.22810708	100	0.05203284

毎年の合算

n	改正後（3％）	n	改正後（3％）
1	0.97087379	51	25.95122719
2	1.91346970	52	26.16623999
3	2.82861135	53	26.37499028
4	3.71709840	54	26.57766047
5	4.57970719	55	26.77442764
6	5.41719144	56	26.96546373
7	6.23028296	57	27.15093566
8	7.01969219	58	27.33100549
9	7.78610892	59	27.50583058
10	8.53020284	60	27.67556367
11	9.25262411	61	27.84035307
12	9.95400399	62	28.00034279
13	10.63495533	63	28.15567261
14	11.29607314	64	28.30647826
15	11.93793509	65	28.45289152
16	12.56110203	66	28.59504031
17	13.16611847	67	28.73304884
18	13.75351308	68	28.86703771
19	14.32379911	69	28.99712399
20	14.87747486	70	29.12342135
21	15.41502414	71	29.24604015
22	15.93691664	72	29.36508752
23	16.44360839	73	29.48066750
24	16.93554212	74	29.59288107
25	17.41314769	75	29.70182628
26	17.87684242	76	29.80759833
27	18.32703147	77	29.91028964
28	18.76410823	78	30.00998994
29	19.18845459	79	30.10678635
30	19.60044135	80	30.20076345
31	20.00042849	81	30.29200335
32	20.38876553	82	30.38058577
33	20.76579178	83	30.46658813
34	21.13183668	84	30.55008556
35	21.48722007	85	30.63115103
36	21.83225250	86	30.70985537
37	22.16723544	87	30.78626735
38	22.49246159	88	30.86045374
39	22.80821513	89	30.93247936
40	23.11477197	90	31.00240714
41	23.41239997	91	31.07029820
42	23.70135920	92	31.13621184
43	23.98190213	93	31.20020567
44	24.25427392	94	31.26233560
45	24.51871254	95	31.32265592
46	24.77544907	96	31.38121934
47	25.02470783	97	31.43807703
48	25.26670664	98	31.49327867
49	25.50165693	99	31.54687250
50	25.72976401	100	31.59890534

（勝又 敬介、長沼 寛之）

Column 2　民法（債権関係）改正の影響

1　はじめに

　民法のうち債権法の分野を、約120年振りに改正する、民法の一部を改正する法律（平成29年法律44号）が平成29年6月2日に公布され、その大部分が令和2年4月1日に施行されました。

　改正された規定は多岐にわたりますが、ここでは、本文で取り上げることができなかったものの、損害賠償実務に影響があり得るテーマについて、簡単に触れておきます。

2　相殺の改正―物損については相殺が可能に―

　交通事故において、双方に過失があった場合には、事故当事者は互いに不法行為に基づく損害賠償請求権を持つことになります。従前は、不法行為の被害者には、現実に損害をてん補する必要があること等から、一方的な相殺が禁止されており（平成29年改正前民法509条）、当事者双方が「相殺合意」をする必要がありました。

　しかし、民法509条は、「悪意による不法行為に基づく損害賠償の債務」「人の生命又は身体の侵害による損害賠償の債務」を除き、相殺をすることが可能になるように改められています。

　したがって、令和2年4月1日以降の事故による損害のうち、物損の債務については原則相殺が可能です。そこで、クロス払から相殺払の形にして清算関係を簡単にするために、被害者側から物損について相殺する旨の書面が届く可能性があります。この場合は、合意なく当然に相殺の効果が生じることになります。

3　民法416条の改正―改正の大きな影響はなし―

　従前の判例・実務によれば、交通事故による損害賠償の範囲については、平成29年改正前民法416条が類推適用され、原則として、「通常生ずべき損害」が賠償の範囲となり、「特別の事情によって生じた損害」については、「当事者がその事情を予見し、又は予見することができた」

場合に限り賠償されることになっていました。

民法では、特別の事情によって生じた損害が賠償される場合として「当事者がその事情を予見すべきであった」場合に限るという改正がなされました。改正前の条文では、特別の事情が事実上予見していたのかどうかを問題にするのか、予見すべきであると評価されるかどうかを問題にするのかが明らかではなかったことから、後者の判断によるべきことが疑義のないように明文化されました。もっとも、従来も同様に、特別の事情を予見すべきであるときに賠償がなされるよう判断がなされていたことや、交通事故実務においては既に個別の損害についての判断が積み重ねられていることから、改正の影響はないものと考えられます。

4 連帯債務について－改正の大きな影響はなし－

事故の加害者が複数いた場合（従業員と使用者などの場合を含む）には、被害者は、いずれの加害者にも全額の請求を行うことができます。この債務を「(不真正)連帯債務」といいます。民法では、連帯債務に関する規定が一部改正されましたが、平成29年改正前民法下での運用や判例は、引き続き適用されることが立案担当者や裁判官から示されており、改正の大きな影響はないでしょう。

5 定型約款について－「定型約款」の規定の新設－

現在の損害賠償保険は、約款に基づいて運用がなされていますが、民法やその他の規定には約款に関する規定がありませんでした。

そこで、民法では、不特定多数を相手方とする取引であり、その内容が画一的であることが双方にとって合理的である場合に用意される条項を「定型約款」と定義し、定型約款に関する規定が整備されました（民法548条の2から548条の4）。

民法では、①どのような場合に定型約款が有効になるのか、②相手方が約款の開示を求めた場合にどのように対応したらよいか、③途中で約款の内容を変更したい場合にはどのような内容が必要であるかなどが定められました。約款の成立や条項の変更について、これらの規定の影響

Ⅱ　民法改正が交通事故賠償実務に与える影響

を受ける可能性があります。

(岩田　雅男、丸山　浩平)

Ⅲ 人身事故

Q12 治療の期間・相当性
―症状固定時期、特別室(個室)使用料、過剰・高額診療、被害者の素因―

> **事例**
>
> (1) 事故から3か月以上たっているのですが、被害者の方は、まだ毎日通院しているそうです。いつまで治療費を負担する必要があるのでしょうか。
>
> (2) 被害者の方は、1週間ほど入院していましたが、病院の個室料も支払う必要があるのでしょうか。
>
> (3) 被害者の方は、毎日、総合病院、近所の整形外科と2か所の医療機関に通院されています。すべての治療費を負担する必要があるのでしょうか。
>
> (4) 被害者の方は、事故に遭う前から神経症状があったようで、病院に通院されていたそうです。被害者の方の現在のしびれなどの症状は、今回の交通事故が原因となっているのでしょうか。いつまで治療費を負担する必要があるのでしょうか。

ポイント

- 事例(1)は、症状固定時期をどのように判断すべきかが問題となります。
- 事例(2)は、特別室使用料が事故と相当因果関係のある損害といえるかが問題となります。
- 事例(3)は、必要かつ相当な範囲の治療といえるかが問題となります。また、過剰診療・高額診療となっていないか注意する必要があります。
- 事例(4)は、既往の疾患を理由とした治療費の減額（素因減額）について、どのように対応すべきかが問題となります。

Ⅲ 人身事故

考え方

1 事例(1) 事故と相当因果関係のある治療費の範囲

一般論としては、事故と相当因果関係のある治療費の範囲は、「必要かつ相当な実費全額」とされています[注1]。必要性がない、又は相当性がない治療については、交通事故と相当因果関係の認められない損害として支払義務は認められません。

通常は、症状固定時期までの治療費については、必要かつ相当なものとして、交通事故と相当因果関係のある損害となります。そのため、症状固定後の治療費は原則として損害賠償の対象とはなりません。

ただし、症状固定後でも症状の内容、程度、治療の内容により、症状の悪化を防ぐなどの必要性が認められる場合には、「将来治療費」として、加害者が負担すべき損害となる場合があります。

なお、症状固定状態とは、労災保険及び労災保険に準拠する自賠責保険においては次のように考えられています[注2]。

- 「労災保険における『治癒』とは、身体の諸器官・組織が健康時の状態に完全に回復した状態のみをいうものではな」い。
- 「傷病の症状が安定し、医学上一般に認められた医療を行ってもその医療効果が期待できなくなった状態（『症状固定』の状態）」をいいます。「『医学効果が期待できなくなった状態』とは、その傷病の症状の回復・改善が期待できなくなった状態をいいます。」
- 「『傷病の症状が、投薬・理学療法等の治療により一時的な回復がみられるにすぎない場合』など症状が残存している場合であっても、医療効果が期待できないと判断される場合には、労災保険では『治癒』（症状固定）」と扱う。

そのため、事故態様、被害者の属性（年齢、性別、身長、体重、既往歴等）、治療状況などから、被害者の状態が症状固定状態に達しているかどうかを判断する必要があります。

よく被害者の方から、「医師ではないのになぜ症状固定と判断できるのか」と質問されることがあります。賠償義務の有無という観点からの

症状固定時期は、法的判断です。医師の意見は尊重されてしかるべきですが、医師の意見と異なる症状固定時期を認定した裁判例もあります。自信を持って回答できるよう、自ら精査すべきです。

2　事例(2)　入院中の特別室使用料

入院中における特別室（個室）使用料は、医師の指示や特別の事情（症状が重篤である、個室等を利用した方が治療面でよい効果が期待できる、個室等を利用しなければ病状が悪化してしまう等）が認められる場合に限り、事故と相当因果関係のある損害として認められます。

家族との面会に便利である、大部屋の他の患者が騒々しい、などといった事情では、通常、支払義務は生じません。

そのため、特別室（個室）を利用した理由（医師の指示や特別の事情）を確認する必要があります。

裁判例上は、症状が重篤であり感染防止の必要性があった場合、病室内で排泄をする必要があり、「死にたい」等と叫ぶことなどから医師の勧めもあって個室を利用した場合などで入院中の特別室使用料が認められています。

3　事例(3)　過剰診療・高額診療

「過剰診療とは、診療行為の医学的必要性ないしは合理性が否定されるもの」を、「高額診療とは、診療行為に対する報酬額が、特段の事由がないにも拘らず、社会一般の診療費水準に比して著しく高額な」ものをいいます[注1]。

これら過剰診療・高額診療は、必要性又は相当性がない治療費として、相当因果関係が否定される結果、加害者が負担すべき損害とはなりません。

そのため、2か所の医療機関に通院する医学的必要性・合理性、医療機関に毎日通院する医学的必要性・合理性を確認する必要があります。

Ⅲ　人身事故

4　事例(4)　割合認定（素因減額）

　厳密にいえば、交通事故と関係のない被害者の既往症に関する治療費については、加害者が負担すべき損害賠償義務の範囲には含まれないと考えられます。

　しかし、実際に、医療機関で治療を受けるに当たっては、交通事故による症状と、既往症による症状を分けて診察・治療を受けることは事実上困難です。

　そのため、既往症（被害者の素因）の程度に応じて、一定割合減額することによって、交通事故と無関係の損害部分を除外することとなります。裁判例で認定される素因減額は、疾患といえるほどでなければ認定され難く、厳格に認定されています。既往症が疑われる案件は早期に医療照会を行い、裁判を見据えた立証計画を立てる必要があります。

調べるべきこと・情報の提供を求めるべきこと

- 事故状況

　交通事故証明書、実況見分調書、刑事確定記録、不起訴事件記録、係属中の刑事記録、被害車両と加害車両の損傷状況がわかる写真などを取り付けます。

- 治療状況

　まずは、診断書と診療報酬明細書から治療状況の概要をつかみます。不明点がある場合には積極的に主治医への医療照会を実施します。治療状況の詳細を確認する必要がある場合には、診療記録全般（カルテ、看護記録、検査記録、手術記録等）を取り付ける必要があります。

- 特別室（個室）利用の必要性

　診断書や診療記録全般から医師の指示の有無を確認します。医師の指示が不明確な場合は、主治医への医療照会をするなどして確認します。また、事故状況や治療状況などから症状の重篤性も確認します。

- 複数の医療機関へ通院する医学的必要性・合理性

 治療状況等から複数の医療機関へ通院する医学的必要性・合理性が認められるか検討します。医学的必要性・合理性の有無が不明確な場合は、主治医へ医療照会するなどして確認します。
- 医学的必要性ないし合理性の認められる通院頻度

 治療状況等から、過剰診療となっていないかを検討します。判断に迷う場合は、主治医へ医療照会するなどして確認します。
- 既往症（被害者の素因）

 診断書、診療報酬明細書、診療記録全般、過去に通院していた医療機関の診療記録全般、過去の事故歴の照会結果、過去の事故の医療記録等を可能な限り収集して、被害者の既往歴を確認します。

想定問答

Q 痛みがまだ続くのになぜ治療費を支払ってくれないのですか。痛みが完全になくなるまで加害者が治療費を負担するのが当然ではないでしょうか。

A 民事上の損害賠償責任の考え方では、通常、症状固定時までの治療費は加害者が負担すべき損害とされておりますが、症状固定後の治療費については加害者が負担すべき損害とはされておりません。痛みがなくならないということでしたら、後遺障害診断書を作成のうえ、後遺障害の認定手続をされてはいかがでしょうか。

Q 主治医からは「また診療にきてください。」といわれています。なぜ、治療費を負担してくれないのですか。

A 主治医の診療に対する考え方と、症状固定状態の定義は必ずしも同じではありません。事故態様や治療状況などから、症状固定状態に至っていると判断させていただきました。そのため、治療費の負担はいたしかねますのでご理解ください。

Ⅲ　人身事故

Q　入院することになったのですが、家族に入院に必要なものを買ってもらったり、お見舞いにきてもらったりすることがあるので、できれば個室を利用したいのですが、個室料は支払ってもらえますか。

A　医師の指示や特別の事情（症状が重篤である、個室等を利用した方が治療面でよい効果が期待できる、個室等を利用しなければ病状が悪化してしまう等）がなければ、個室料はお支払できません。

Q　早く病状を回復させるためにも、できれば、毎日通院したいのですが、治療費は支払ってもらえますか。

A　主治医の意見、現在の病状、治療状況等からみて、毎日通院する医学的必要性・合理性が認められる場合でなければ、すべての治療費はお支払できません。

裁判例

将来治療費に関する裁判例

・大阪地判平成25・3・27交通民集46巻2号491頁〔28212584〕
　平均余命まで将来治療費（リハビリ）を肯定。
・大阪地判平成27・5・27交通民集48巻3号671頁〔28233829〕
　原告が寝たきりで全介助を要する状態になったことなどから、症状固定日以降の治療費（将来治療費）を肯定。
・東京地判平成30・7・17自保ジャーナル2032号1頁〔28270797〕
　後遺障害の症状に照らして定期的にリハビリ治療等を継続する必要があるとして、平均余命までの将来リハビリ治療費を肯定。

医師の意見と異なる症状固定時期を認定した裁判例

・東京地判平成10・1・20交通民集31巻1号10頁〔28040930〕
　後遺障害診断書には症状固定日平成6年2月19日の記載があるものの、治療経過等に照らし、おおむね本件事故後1年を経た平成4年6月末日ころ、症状が固定していたものと判断した裁判例。

- 大阪地判平成28・7・15自保ジャーナル1985号95頁〔28250834〕
 交通事故による不安障害について、平成25年4月10日に症状固定との診断を受けたが、平成24年7月31日以降は運転して走行していたことなども踏まえ、相当治療期間を平成24年8月末までと認めるのが相当であるとした裁判例。
- 東京地判令和元・10・21平成30年(ワ)2111号公刊物未登載〔29056422〕
 後遺障害診断書には症状固定日平成29年4月17日の記載があるものの、治療経過等からすれば、平成29年2月末日をもって症状固定とするのが相当であるとした裁判例。

入院中の特別室使用料に関する裁判例
- さいたま地判平成21・2・25交通民集42巻1号218頁〔28160599〕
 尿路感染症を発症している等の事情から特別室使用料を肯定。
- 名古屋地判平成25・4・26自保ジャーナル1903号119頁〔28213180〕
 病室内で排泄をする必要があったこと、「死にたい」等と叫ぶことなどから、医師の勧めもあった等の事情により特別室使用料を肯定。
- 大阪地判平成27・3・26平成26年(ワ)3597号公刊物未登載〔28250355〕
 個室利用料は既往症のために入院していた先において利用されたものであること、事故によって歩行に一定の支障が生じたとしても、そのことによって直ちに個室の必要性が発生するものではない等として、個室利用料と事故との間の因果関係を否定。
- 横浜地判平成29・12・4自保ジャーナル2018号75頁〔28263385〕
 医師の指示ではなく家族の希望による個室使用であり、傷害の内容・程度に照らしても個室利用が必要な事情があったとまではいえないとして個室使用料の必要性、相当性を認めなかった事例。

過剰・高額診療に関する裁判例
- 大阪地判平成5・8・20交通民集26巻4号1007頁〔29005529〕
 3か所の医療機関で治療していた期間につき、1か所の病院での治療

費につき相当因果関係を否定。
- 東京地判平成25・7・23交通民集46巻4号968頁〔28220029〕
セカンドオピニオンを取得する目的での他院への受診の治療費について損害と認めた事例。
- 横浜地判平成29・12・4自保ジャーナル2018号75頁〔28263385〕
インプラント治療費を全国平均額で算定した事例。また診療報酬単価について、1点20円の自由診療によるべき特段の事情があったとも認められないとして、保険診療の診療報酬単価等に鑑み1点12円で算定した事例。
- 大阪地判平成30・3・23平成29年(ワ)3477号公刊物未登載
受診回数はやや頻回ではあるが診療の一部を過剰なものとして相当因果関係を否定するまでもないと考えられるとされた事例。
- 東京地判令和元・10・21平成30年(ワ)2111号公刊物未登載〔29056422〕
整骨院での施術について、症状固定日までの施術日数の50％に限り治療の必要性・相当性が認められるとした事例。

素因減額に関する裁判例

- 最三小判平成8・10・29民集50巻9号2474頁〔28011419〕
「被害者が平均的な体格ないし通常の体質と異なる身体的特徴を有していたとしても、それが疾患に当たらない場合には、特段の事情の存しない限り、被害者の右身体的特徴を損害賠償の額を定めるに当たり斟酌することはできないと解すべきである。」と判断した事例。
- 東京地判平成23・3・9交通民集44巻2号326頁〔28181053〕
「被告は、Xが、本件事故前から癌による神経症状と挙上制限を訴えており、同障害は後遺障害等級併合9級に該当するから相当額を減ずべき旨主張するが、既存障害として考慮すべき障害の程度に至っていたとは未だ認め難い」と判断した裁判例。
- 神戸地判平成26・6・27交通民集47巻3号824頁〔28230098〕
原告が本件事故の約6年10か月前に交通事故に遭い、本件事故と同じ

頚椎捻挫の傷害を負っていたことや、前回事故後、原告が身体障害者5級の認定を受けたこと等を考慮し、寄与度減額として全損害の40％を減額した裁判例。
・東京地判令和元・10・16自保ジャーナル2063号22頁〔29056417〕
本件事故前に一定の疾患があり、本件事故による受傷等にこれらの素因が影響していたとして、その影響度を20％であると認めた事例。

出典情報

注1　公益財団法人日弁連交通事故相談センター東京支部編『民事交通事故訴訟　損害賠償額算定基準　上巻（基準編）〈2020年版〉』

注2　厚生労働省・都道府県労働局・労働基準監督署「労災保険　療養（補償）給付の請求手続」（令和2年3月作成）

（木村　環樹、奥村　典子）

Ⅲ 人身事故

 一括対応とその打切り

> **事例**
>
> 　弊社の契約者Ｙが起こした追突事故は軽微で双方の車両の損傷もごく小さなものでしたが、被害者Ｘは、首と腰を痛めたとして、既に５か月半以上にわたって治療を継続しており、これまで、弊社はＸに対して、治療費、通院交通費、休業損害を支払い続けています。
> 　Ｘの通院する医療機関より弊社に送付された診断書及び診療報酬明細書からは、Ｘについては、既に症状固定に至っているのではないかと考えています。
> 　しかし、Ｘは、「まだまだ身体が痛いので、痛みがなくなるまで、今後もずっと通院を続けたい、治療費の支払を続けるのは被害者に対する加害者保険会社の義務だろう」等と言っています。
> 　今後もＸに治療費の立替払を継続していくべきでしょうか。

ポイント

- 一括払の法的性質について、どのように理解すればよいのでしょうか。
- 一括払を継続することには、どのようなリスクがあるのでしょうか。
- どのようなタイミングで、一括払を打ち切るべきなのでしょうか。
- 一括払打切り後も被害者が通院を続ける場合にはどのように対処すればよいでしょうか。

考え方

1 一括払とは

(1)　自動車所有者等が、自動車の運転に当たって人身事故を起こしてしまった場合に備えて加入する賠償責任保険には、自動車損害賠償保障

法によって自動車所有者が必ず加入しなければならないこととされている強制保険である自賠責保険と、加入するかどうかが任意である任意保険の2種類があります。

このうち、自賠責保険は、法定されている、被害者に生じた損害の最低限の補償を行い、任意保険が自賠責保険で賄うことができない部分を上乗せして補償する、という構造になっています。

(2) 一括払とは、任意保険会社等が、自賠責保険負担分と上乗せ部分である任意保険会社負担分の損害を一括して支払う扱いをいいます。

自賠責保険と任意保険は別個の保険であるため、被害者が、自賠責保険と任意保険に保険金を請求する場合に、それぞれの取扱損害保険会社等に対して必要書類を提出することとすると、煩雑になります。

そこで、任意保険会社等が被害者に対するサービスとして行っているのが一括払です。

(3) 一括払は被害者に対するサービスであり、一括払を行うことを義務付ける法律上の規定はありません。

また、保険会社等が一括払を行うことは、何ら保険会社等に、被害者や医療機関に対する支払義務を発生させるものではありません。

この点、裁判例においても、「保険会社において、被害者の便宜のため、加害者の損害賠償債務の額の確定前に、加害者（被保険者）、被害者、自賠責保険、医療機関等と連絡のうえ、いずれは支払いを免れないと認められる範囲の治療費を一括して立て替え払いしている事実を指すにすぎ」ない。「立て替え払いの際保険会社と医療機関との間に行われる協議は、単に立て替え払いを円滑にすすめるためのもので、保険会社に対し医療機関への被害者の治療費一般の支払い義務を課し、医療機関に対し保険会社への右治療費の支払い請求権を付与する合意を含むものではない」と判断されています（大阪高判平成元・5・12判タ705号202頁〔27804788〕）。

(4) 上記の裁判例でポイントとなるのは、一括払は、あくまで「いずれは支払いを免れないと認められる範囲の治療費」について行うものと

Ⅲ　人身事故

理解されている点です。

　つまり、いずれは支払を免れないと認められる範囲を超える場合に、加害者側保険会社等が一括払を行ったり、継続したりすることは相当ではありません。

　したがって、被害者側にも一定程度以上の過失があって、自賠責保険による支払分への上乗せ部分がないと考えられる場合には、加害者側保険会社等はそもそも一括払を開始しないことが相当です。

　また、被害者側が症状固定の状態に至っていると考えられるとき（Q12（89頁）参照）にも、一括払を中止すべきこととなります。

(5)　なお、被害者の中には、一括払が加害者保険会社等の義務だと勘違いする方が多いので、一括払対応を終了させるに当たっては、一括払対応の中止に先立って、一括払が加害者保険会社等のサービスであって加害者保険会社等の義務ではないことを十分に説明しておくことが重要です。

2　加害者側にとっての症状固定時を超えた一括払長期化のリスク

　加害者側保険会社等の一括払対応による被害者の治療が症状固定時以降まで長期化した場合、治療費や通院交通費といった実費が高額化します。

　被害者との紛争が裁判となった場合には、最終的に、症状固定時期を一括払対応の終了前に認定してもらうことができれば、治療費や通院交通費は被害者側の負担となりますが、事実上、加害者側保険会社が一括払対応を継続していることが、裁判官の症状固定時期の判断に当たって、考慮されることがあります。その結果、交通事故賠償実務では傷害慰謝料の金額が治療期間に応じて増額する扱いがなされているため、結果的に、傷害慰謝料も高額化するリスクがあります。

　また、裁判官による和解勧告に際しては、傷害慰謝料が一括払対応打切りまでの期間に対応した金額を算定されて高額化されるリスクがあるうえ、傷害慰謝料について正当な範囲の評価をしてもらえた場合であっ

ても、一括払対応の終了時までの治療費、通院交通費は支払う前提で和解提案がされることも多くなります。

さらに、通院が長期化するため、解決が遅くなるうえ、遅延損害金が高額化するというデメリットもあります。

そこで、被害者が症状固定に至っていると判断できる場合には、加害者側保険会社等としては、早期に一括払対応を打ち切ることが合理的な対応ということになります。

3　症状固定前の一括払打切りのリスク

他方、症状固定前に一括払の打切りをした場合、被害者側から民事保全法に基づく仮払仮処分の申立てをなされ、仮払を命じられるケースもあります。

症状固定の判断に当たっては慎重な検討が必要です（Q12（89頁）参照）。

4　一括払打切り後も被害者が自費で治療を継続する場合の対応

加害者側保険会社等が一括払対応を打ち切った後にも、被害者が延々と自費での治療を継続する場合があります。

このような場合に、放置していると、遅延損害金が非常に高額になってしまうこともあります。

そこで、加害者側から、適切な時期に、「被害者に対し支払うべき損害賠償義務は、〇〇円を超えては存在しないことを確認する」との判断を求めて債務不存在確認請求訴訟を提起することを検討すべきです（Q3（19頁）参照）。

調べるべきこと・情報の提供を求めるべきこと

- ●治療内容・治療経過
    - ・診断書・診療報酬明細書を確認します。
    - ・主治医に照会します。

Ⅲ　人身事故

- 被害者が治療を継続しても、状態が改善する効果が期待し得ない状態（＝症状固定）に至っているかどうか
  - 主治医への医療照会を行います。なお、「症状固定」というのは、医学用語でなく損害賠償における用語であるため、照会に当たっては、「症状固定」という言葉を用いない方がよいです。例えば、「（患者の理解が得られれば）現時点で治療を終了することは相当ですか」「これから治療を続けて、症状が改善される見込みがありますか」といった質問の仕方をすること等が考えられます。
  - 加害者側保険会社等の提携の医師に相談します。

想定問答

Q　今日、手紙をもらったんだけど、治療費の支払を打ち切るってどういうことか。

A　現在、治療費の立替払をさせていただいておりますが、これを中止させていただくということです。

Q　まだ、症状があるのに、治療費の支払を打ち切るっておかしくないのか。

A　治療費の立替払は、加害者が、将来、確実に賠償義務があると考えられる治療について、行われるものです。ところが、あなた様については、今後の治療について、加害者に賠償義務が認められない可能性があると考えております。そこで、治療費の立替払を終了させていただくこととしました。

Q　医者の先生がまだ通院した方がいいと言っているのに、治療をやめろということか。

A　治療をやめるように申しているわけではありません。あなた様がご自身で費用をお支払になって、治療を続けられることは、あなた様のご判断です。ただ、今後の治療について、加害者に賠償義務が認

められない可能性があると考えておりますので、立替払については、終了させていただくということです。

Q 医者の先生は、まだ通っていいと言っているんだぞ。どうして、症状固定なんだ。
A 症状固定というのは賠償義務の範囲に関しての法的な評価の問題です。あなた様や主治医の先生のご見解とは違うということもあり得ます。

Q その判断が間違っていたという場合には、どうしてくれるんだ。
A あなた様が症状固定の判断に納得していただけないという場合には、最終的には、あなた様の側としては、立替払終了後も治療を継続されて、そのすべてについて、こちらに対して、賠償を請求される、ということもあり得ると思います。ただし、その場合に、当方としては、治療費の全額をお支払させていただくことは難しいということになると思います。それで、あなた様が裁判所に判断を求められて、裁判所であなた様の言い分が認められれば、支払わせていただくということになります。

Q 俺は被害者だぞ。被害者がこんなに苦しんでいるのに、症状固定だといって、治療費の立替払の打切りなんかしていいのか。続ける義務があるのではないのか。
A 立替払は、確かに、保険会社が被害者保護のためにしていることですが、そもそも保険会社には、立替払をしなければいけない義務があるわけではありません。

裁判例

・大阪高判平成元・5・12判タ705号202頁〔27804788〕
  一括払について支払を免れないと認められる範囲の治療費を立替払し

Ⅲ 人身事故

ている事実を指すにすぎず、その際の医療機関との協議は、医療機関への支払義務を生じさせるものではないとした裁判例。

・**大阪地判平成30・7・10交通民集51巻4号805頁〔28270800〕**
事故日から判決言渡日まで約14年間かかった損害賠償請求に対する遅延損害金について、被害者側が後遺障害等級に固執し、被害者請求で異議申立てを繰り返す等したことを理由に、加害者側が50％の過失相殺を主張したのに対し、加害者側がより早期に債務不存在確認訴訟を提起できたとして過失相殺を否定した裁判例。

一括払打切通知の文例

　　　　　　　　　　ご　連　絡

前略　当職は、○○○○（以下「通知人」といいます。）の代理人として、令和○年○○月○○日に発生した事故（以下「本件事故」といいます。）に基づく通知人の○○様に対する損害賠償に関し、以下のとおり、ご連絡申し上げます。

　まずは、本件事故により、ご心痛のこととお見舞い申し上げます。

　さて、本件事故に基づく○○様の治療費につきましては、現在、○○保険株式会社から、（医療機関名）宛てに、治療費の立替払い（一括払い）をしていただいておりますが、当職において、診断書・診療報酬明細書、治療開始からの経過日数や治療経過及び事故様態などを基に総合的に検討させていただきました結果、○○様の症状につきましては、既に症状固定の状態に至っているものと思料しております。

　ついては、<u>上記治療費の立替払いを令和○年○○月○○日（○曜日）をもちまして終了していただきます</u>ので、その旨ご通知申し上げます。

　なお、一括払い終了後もご自身の費用でご通院をされることは、○○様のご判断にお任せすることとなりますが、治療費の立替払いの扱いについては上記のとおりですので、その旨予めご承知置きください。

　今後は、後遺障害等級の認定審査のお手続をいただくこともできますので、お手続を希望される場合は、一度当職あてご連絡ください。

　その場合は、後遺障害等級の認定審査手続の後に、改めて損害賠償についての示談のご提案をさせていただきます。

Ⅲ　人身事故

　後遺障害等級の認定審査のお手続を希望されない場合は、一括払い終了時までの最終ご通院分（令和〇年〇〇月分）の診断書が整い次第（最終のご通院日から１～２か月程度を要することが多いです）、示談のご提案をさせていただきたいと考えておりますので、今しばらくお時間をいただきますよう、お願い申し上げます。
　ご不明点などございましたら、当職あてお問い合わせください。
草　々

【症状固定とは】
　労災保険では、「症状固定」とはその症状が安定し、治療を継続してもその医療効果が期待できなくなったときをいい、自動車保険でも同様の扱いをしております。医療効果が期待できなくなったときとは、その傷病の回復、改善が期待できなくなった状態をいいます。したがいまして、その傷病による症状が安定し、投薬、理学療養などの治療により一時的な症状の回復が見られるにすぎない場合は、医療効果が期待できないものと判断しております。

（檀浦　康仁）

整骨院・接骨院や鍼灸院の施術費用と交通事故との因果関係

事例

　交通事故被害者のＸが、事故の直後から、首や肩が痛いと訴えて、病院とは別に近くの接骨院に通い始めました。
　接骨院に電話して様子を聞いてみたところ、接骨院がやっている日は毎日通院してくるそうで、既に3か月以上も通っていますし、施術費もかなりの金額になりそうです。
　接骨院の施術費は、既に立替払の手続をしてしまっているのですが、これは当方で負担しなくてはならないのでしょうか。

ポイント

- 接骨院（整骨院）や鍼灸院の施術費について、交通事故との相当因果関係が認められるのでしょうか。
- 相当因果関係が認められる場合、その要件はどのように考えるべきでしょうか。
- 接骨院への通院と、医療機関からの指示の関係についてはどのように考えるべきでしょうか。

考え方

1　医療行為・施術行為に関する基本的考え方

　一般に、整形外科等の通常の医療機関で行われる西洋医学に基づく治療は現代医学に基づくものであり、その効果について科学的に説明が可能とされています。

　これに対して、東洋医学に基づく接骨院、整骨院、鍼灸院での施術については、施術効果を必ずしも科学的・合理的に説明できないことから、交通事故と相当因果関係が認められる範囲が問題となります。

　この点に関する裁判例としてしばしば言及されるのが東京地判平成

14・2・22判時1791号81頁〔28072497〕です。同判決は、あん摩マッサージ指圧師、はり師、きゅう師又は柔道整復師による施術について、当然には、施術費用は加害者が負担すべき損害とはいえず、被害者は、「①そのような施術を行うことが必要な身体状態であったのかどうか（施術の必要性）、②施術の内容が合理的であるといえるかどうか（施術内容の合理性）、③医師による治療ではなく施術を選択することが相当かどうか（施術の相当性。医師による治療を受けた場合と比較して、費用、期間、身体への負担等の観点で均衡を失していないかどうか）、④施術の具体的な効果が見られたかどうか（施術の有効性）、等について、個別具体的に積極的な主張、立証を行わなければならない、と解すべきである。」として、被害者が立証責任を負うとしています。

この判決の判断枠組みの正当性については議論もありますが、接骨院（整骨院）や鍼灸院の施術費について、この判決に近い枠組みで交通事故との相当因果関係が判断されているケースは多数に上ります。

相当因果関係に問題のある場合、施術費用等の全部、もしくは一部について割合的に、相当因果関係が否定されるのが判例の傾向です。

2 接骨院での施術について事故との相当因果関係が認められるための要件

(1) 要件の概観

接骨院等での施術費について、事故との相当因果関係が認められるためには、症状固定前に行われたこと、施術録に記載された施術が現になされたことを前提に、①施術の必要性（施術を行うべき身体の状況）、②施術の有効性（施術に症状を緩和する効果があること）、③施術内容の合理性（施術内容が、受傷内容と施術部位などを対照して、適正であること）、④施術期間の相当性、⑤施術費の相当性等が必要であるとされています。

仮に不正請求等の疑いがある事案では、施術録の記載の真実性・合理性を争う側で、真実と異なることの反証をしなければなりません。

因果関係を認めるためには医師の指示が必要である、との考え方もありますが、医師の指示がないからといって、一概には事故との相当因果関係を否定することはできず、上記のような要件を満たせば相当因果関係が認められると解するべきでしょう。

(2) 医師の指示の位置付け

接骨院での施術について医師の指示があれば、施術の医学的合理性をうかがわせる一事情とはいえますので、この場合には(1)で述べた①施術の必要性、②有効性、③合理性等についてはやや認めやすくなるといえます。

ただし、医師の同意といっても、例えば医師が施術内容まで把握して積極的に同意する場合と、既に施術を受けている患者に黙認に近い同意をした場合では、上記事項に対する推認の度合いは当然に異なり、一律に考えられないことは注意が必要です。

これに対して、医師による診断と指示がない場合こうした事情が認められませんので、接骨院等での施術費について賠償の必要が認められるのは、医師の指示がなくとも、施術と事故との間に相当因果関係があると認められるような事情がある場合に限られると解するべきでしょう。

また、医療機関が接骨院等への通院を指示しているような場合であっても、必ずしも施術費と交通事故の相当因果関係が認められるとは限りません。施術について疑義がある場合には、たとえ医師の指示があったとしても、交通事故と施術行為の相当因果関係は否定されることになります。

概括すると、あくまで、医師の指示は施術の必要性等の要件をうかがわせる一事情にすぎず、相当因果関係の判断において、積極面でも消極面でも絶対的な要素とはならない、といえます。

3 接骨院への通院を希望した場合の具体的対応

(1) 被害者が接骨院での施術を希望した段階での対応

2で前述したように、接骨院での施術については、その必要性等の要件が認められない可能性があります。

立替払を実施するか否かは、個別の案件により柔軟な判断が求められますが、場合によっては、接骨院での施術を被害者が希望した段階で、後でのトラブルを避けるために、施術費について否認する可能性があることを事前に説明しておくことが望ましいと思われます。

(2) 既に立替払をしてしまった後での対応

既に立替払をしてしまった後であっても、事後的に事故との相当因果関係を争うべき場合もあると思われます。ただし、いったん立替払をした後で事後的に相当因果関係を争う場合には、相手方とのトラブルになる可能性がありますので、立替払をする段階で、十分な説明を相手方に行っておくべきです。

(3) 保険会社の対応が問題となったケース

裁判例の中には、保険会社側の説明・対応等を参考に施術費等の賠償を認めているものや、施術の必要性・相当性を争うことは許されないとしたものもあります(東京地判平成16・2・27交通民集37巻1号239頁〔28100455〕、福岡地久留米支判平成26・10・23自保ジャーナル1937号59頁〔28231031〕参照)。

(4) 施術の期間について

従前、施術期間の相当性について初療から6か月が目安という考え方があり、6か月内については頻回、高額な治療が行われ、6か月を過ぎると施術が終了する、というようなケースがありました。しかし、6か月はあくまで目安で、この範囲内であっても、必要性や有効性が認められないケースも多いことには注意が必要でしょう。

調べるべきこと・情報の提供を求めるべきこと

1 施術開始前

医師の指示・承認の有無が、施術行為と事故の相当因果関係の判断において重要な要素であることは疑いありません。通院中の医療機関が接

骨院への通院を指示・承認しているか、これが施術内容への積極的同意といえるか否かについては、当該医療機関への照会等をもって確認することが望ましいです。また、被害者が接骨院での施術を希望している場合には、これに対する医師の見解のほか、医療機関及び接骨院の診療時間と位置関係、就業時間との兼ね合い、施術費用の単価等も確認して、相当因果関係の有無を判断することになるでしょう。

　これに対して、医師による指示・承認がない場合で、施術と事故の相当因果関係に疑義がある場合には、受傷の内容が施術による効果が期待できる内容か、医療に代えて又は医療と並行して施術を受けることにより治療効果が期待できるような事情があるかについて、検討することになります。診断書、診療報酬明細、医療機関への照会書等が基礎資料となります。

2　施術開始後

　施術開始前と同様の事項に加えて、施術を受けている部位、施術の結果、症状の緩和効果が見られるか、施術内容に合理性があるか（症状と施術の部位、施術内容の適正）、通院の頻度、日数、施術費の妥当性等を調査する必要があります。

　このために、医療機関からの資料に加えて、施術証明書、施術費明細書、接骨院への照会書等が基礎資料となりますが、このほかに、必要であれば、診療録、看護記録、検査記録、画像資料、施術録等の資料を取り寄せることも検討するべきでしょう。

　場合によっては、施術内容を踏まえての担当医や顧問医などへの照会も必要と思われます。

想定問答

[Q] 病院に通う代わりに接骨院に通院して、50万円の施術費がかかった。当然に支払われると考えているが、どうか。

[A] 接骨院（整骨院）、鍼灸院での治療については、施術効果を科学

Ⅲ　人身事故

的・合理的に説明できませんので、医療機関による指示なしに接骨院で施術を受けられた場合には、施術の必要性、有効性、相当性等が認められる必要があります。

こうした事情が不明な場合には、申し訳ありませんが、お支払することはできませんので、本件でもお支払できるかはお約束できません。

Q　首と肩が痛いので、接骨院に通院したい。医者には接骨院に通院することについて言ってある。治療費を立替払してほしい。

A　担当医療機関に事情を伺わせていただいたうえで、立替払をさせていただくか、後日回答させていただきます。

ただ、施術費を立て替えさせていただいた場合でも、後日施術費についてご返還をお願い申し上げる可能性もございますので、この点についてはあらかじめご了承ください。

Q　そんなことを言っても、今痛いから接骨院に行きたいんだ。すぐに立て替えて払わないのは何でだ。

A　接骨院での施術については、科学的にその効果・必要性が承認されておりません。

このため、施術の必要性、有効性、相当性等、一定の要件を満たさない限り、施術費についてお支払することはできませんし、立替払についても医学的な調査を行ったうえで回答させてください。

なお、ご自身の判断でご通院いただくこと自体はお止めいたしませんし、調査の結果、施術が相当と判断されれば、施術費についてもお支払させていただきます。

Q　医者の指示を受けて通院を始めて、1年間接骨院に通院した。治療費は保険会社で立て替えて払ってもらったが、接骨院に通院した分の慰謝料も払ってほしい。

A　施術の必要性、有効性、相当性等が認められれば、接骨院へのご通

院も踏まえて慰謝料を計算した賠償案を提案させていただきます。仮に施術の必要性、有効性、相当性等が認められず、事故との相当因果関係が認められない場合には、接骨院での施術を含まない範囲での賠償の提案をさせていただきます。

また、施術内容等を調査した結果、事故との相当因果関係が認められないような場合には、相当因果関係がないと判断された部分については、いったん立替払させていただいた施術費について、慰謝料等のその他の賠償金額から差し引かせていただく可能性がございますので、ご了承ください。

裁判例

医師の指示・容認がある場合に施術費等と事故の相当因果関係を認めた裁判例

・大阪地判平成18・6・2交通民集39巻3号712頁〔28131396〕
　医師の了承が得られたことなどから、温熱治療について相当因果関係を認めた。
・神戸地判平成18・12・22交通民集39巻6号1775頁〔28140105〕
　医師との協議を受けて通院していることから、接骨院での施術料について相当因果関係を認めた。
・東京地判平成25・8・9自保ジャーナル1910号64頁〔28220229〕
　整骨院及び接骨院への通院について医師が承知していたことなどから、施術費について相当因果関係を認めた。
・東京地判平成29・7・18自保ジャーナル2021号33頁〔28264022〕
　医師の勧めに基づく鍼灸院への通院治療について、相当因果関係を認めた。

医師の指示・容認がある場合に施術費等と事故の相当因果関係を（一部）認めなかった裁判例

・大阪地判平成18・12・20自保ジャーナル1707号14頁〔28244070〕

Ⅲ　人身事故

　　整骨院での施術費について、症状固定までの施術費のうち50％についてのみ相当因果関係を認めた。
・京都地判平成23・11・18自保ジャーナル1872号80頁〔28181397〕
　　整骨院での施術費について、頻回な施術の必要性はないとして、8割について相当因果関係を認めた。

医師の指示・容認がない場合に施術費等と事故の相当因果関係を認めた裁判例
・東京地判平成16・2・27交通民集37巻1号239頁〔28100455〕
　　整骨院の施術費について、症状固定までの施術費を認めた。
・神戸地判平成26・8・20交通民集47巻4号981頁〔28232954〕
　　医師の指示はなかったものの、一定の効果があったとして接骨院、鍼灸整骨院の施術費について相当因果関係を認めた。
・大阪地判平成26・9・9交通民集47巻5号1118頁〔28233596〕
　　被害者から相談を受けた医師は勧めない旨返答していたが、施術によって一定の効果があったことを認め、通院期間を考慮したうえで、整骨院施術費の一部を相当因果関係のある損害として認めた。
・横浜地相模原支判平成27・11・27自保ジャーナル1977号156頁〔28243986〕
　　医師の指示がなくても、施術の必要性・有効性があり、施術内容が合理的であり、施術期間が合理的であるとの要件を満たす限りで相当因果関係のある損害として認めた。
・横浜地判平成29・5・15自保ジャーナル2003号126頁〔28254810〕
　　病院での治療が整骨院への通院を前提として行われていたことから、整骨院での治療についても相当因果関係を認めた。
・横浜地判平成30・2・28自保ジャーナル2022号163頁〔28264264〕
　　医師の指示はないが、病院への通院に代えて整骨院に通院した事案で、施術の効果を認めて、相当因果関係を認めた。

Q14　整骨院・接骨院や鍼灸院の施術費用と交通事故との因果関係

医師の指示・容認がない場合に施術費と事故の相当因果関係を（一部）認めなかった裁判例

- 東京地判平成14・2・22判時1791号81頁〔28072497〕
  医師の指示のなかった整骨院の施術について因果関係を否定し、慰謝料で考慮した。
- 東京地判平成11・5・10交通民集32巻3号733頁〔28051723〕
  ①鍼灸・整体・カイロプラクティックの施術費について、病院に通院していない期間につき2分の1、病院に通院中の期間につき4分の1の範囲で認め、②マッサージ治療につき2分の1の範囲で認め、③温泉治療のための宿泊料は認めなかった。
- 静岡地浜松支判平成15・1・30自保ジャーナル1483号19頁〔28243800〕
  医師の指示・同意のなかった整骨院の施術費279万円余りについて、保険会社が支払済みの148万円余りについてのみ因果関係を認めた。
- 東京地判平成16・3・29自保ジャーナル1589号3頁〔28244067〕
  医師の指示のなかった整骨院の施術費722万円余りのうち50万円についてのみ因果関係を認めた（控訴審の東京高裁でも判断が支持されている）。
- 大阪地判平成13・8・28交通民集34巻4号1093頁〔28072604〕
  医師の明確な指示のなかった施術費について、120万円余りのうち30万円についてのみ因果関係を認めた。
- 東京地判平成7・9・19交通民集28巻5号1358頁〔28020502〕
  医師の指示のなかった整骨院の施術費について一部を認め、整体治療については全部について否定した。
- 京都地判平成23・5・10交通民集44巻3号577頁〔28174220〕
  医師の指示のなかった整骨院の施術について80％の限度でのみ相当因果関係を認めた。
- 東京地判平成26・7・2平成25年(ワ)14287号等公刊物未登載〔29041934〕
  被害者自らの判断で通院した整骨院の施術費について、事故の翌月、

翌々月については2分の1の限度で認め、それ以降については因果関係を否定した。

・福岡地八女支判平成29・7・20自保ジャーナル2012号24頁〔28261854〕
医師の指示のない事案で、整骨院については因果関係のある損害と認め、整体とカイロプラクティックについては、因果関係を否定した。

・名古屋高判平成30・2・27自保ジャーナル2021号118頁〔28264040〕
医師による加療中止の診断がされた後、医師の指示なく通院した接骨院の施術について、必要性・有効性の立証がないとして、相当因果関係を否定した。

・大阪高判平成30・3・20自保ジャーナル2026号158頁〔28265019〕
医師の同意のない整骨院での施術について事故との相当因果関係を否定した。

・東京高判平成30・7・18自保ジャーナル2032号174頁〔28270808〕
医師の同意のない柔道整復師の骨折等に対する施術について、医師の治療方針に反するものとして必要性・相当性が認められないとして事故との相当因果関係を否定した。

・名古屋地判平成30・8・31交通民集51巻4号1022頁〔28271074〕
同時期に通院していた病院に比べ、高頻度で通院していた接骨院の施術費の5割について、事故との相当因果関係を否定した。

施術金額の相当性を一部認めなかった裁判例

・神戸地判平成13・7・18交通民集34巻4号930頁〔28072589〕
整骨院の施術費について、特別の事情がない場合には自賠責基準に従って算定するのが相当とした。

・千葉地判平成15・10・27交通民集36巻5号1431頁〔28092564〕
柔道整復師の施術費について、特段の事情がなければ共済組合の定める基準によることが前提となっていたとして、既払分の範囲で因果関係を認めた。

・東京地判平成16・3・29自保ジャーナル1589号3頁〔28244067〕

整骨院の施術費について、柔道整復師の施術にかかる療養費の算定基準等を参考に、整骨院の施術費722万円余りのうち50万円についてのみ因果関係を認めた（控訴審の東京高裁でも判断が支持されている）。

・大阪高判平成22・4・27交通民集43巻6号1689頁〔28174735〕

柔道整復師の施術費について、労災算定基準の1.2倍の範囲で因果関係を認めた。

・大阪地判平成30・8・29自保ジャーナル2032号161頁〔28270807〕

整骨院の施術単価が労災保険の算定基準の1.5倍を超える場合には、労災保険の基準の1.5倍を限度として施術費の額を算定するのが相当とした。

施術の必要性・相当性を争うことが許されないとされた裁判例

・福岡地久留米支判平成26・10・23自保ジャーナル1937号59頁〔28231031〕

整骨院への通院について、保険会社の担当者から賠償の対象にならない可能性が告げられず、かえって通院中も十分に治療するよう言われ、施術費が保険会社から整骨院に直接払われていた事案で、施術によって症状が緩和されたことも考慮し、施術の必要性・相当性を争うことは信義則上許されないとした。

（勝又　敬介、長沼　寛之）

Ⅲ 人身事故

会社経営者の事故
―役員報酬部分の考え方・会社の固有損害・反射損害―

> **事例**
>
> 事故の被害者である X_1 は、内装工事の下請を業とする株式会社 X_2 の代表取締役だそうですが、X_1 のほか、社員は経理のみを担当する妻くらいしかいないそうです。現在 X_1 は、弊社に対して、事故により自分の報酬がなくなったことによる休業損害の請求に加え、X_2 社の仕事がなくなったとして、X_1 個人の損害だけでなく、X_2 社の損害も賠償するように求めています。
>
> 弊社は、X_1 と X_2 社のいずれに賠償をすればよいでしょうか。また損害額はどのように計算するのでしょうか。

ポイント

- 交通事故後に役員報酬が一部又は全額支払われなくなった場合、給与所得者と同様に役員個人に対して支払われなくなった報酬と同額の賠償が必要でしょうか。
- 役員が休業しているにもかかわらず、休業期間の役員報酬が事故前と同様に支払われている場合には、会社に対して賠償する必要はないでしょうか。
- いわゆる企業損害について事故後に請求を受けた場合、どのような場合に賠償の請求が認められるでしょうか。

考え方

1 役員個人の休業損害の請求を受けた場合

(1) 休業損害の賠償をすべき範囲

会社の役員が事故により休業し、休業期間の役員報酬が支払われなかった場合、休業の必要性・相当性があれば、役員個人の損害として休業損害の請求が認められる可能性があります。

118

ただし、役員の場合、通常全額が休業損害の対象となる従業員の給与と異なり、報酬の中に労務提供の対価である労務対価部分と、企業利益の分配である利益配当部分の両方が含まれる可能性があるとされます。

そして、判例・学説上、休業損害の対象となるのは、あくまで役員報酬中の労務対価部分に限られるとされています。したがって、休業期間中の役員報酬の中に、実質的に利益配当に相当する部分や同族会社における若年役員の生活保障的部分等があれば、この部分について賠償する必要はありません。

(2) 労務対価部分の判断要素

労務対価部分の有無については、①当該役員の報酬の額、②年齢、③当該役員の地位・職務内容、④会社の規模、⑤利益状況、⑥当該会社が同族会社か否か、⑦当該役員と他の役員らの人的関係、⑧他の役員・従業員の地位・職務内容及び報酬・給料の額、⑨事故後の当該役員及び他の役員の報酬額の推移、⑩同業種で規模の類似した会社の役員報酬や賃金等、そのほか社会情勢など様々な要素を参考にして認定されます。

また、労務対価部分の具体的割合については、報酬額のうち一定の割合と判断される方法が一般的です。

(3) まとめ

役員個人から休業損害の賠償請求を受けた場合には、①当該役員の報酬中に労務対価部分があるかどうか、また、労務対価部分があるとして、②その具体的割合はいくらであるかについて、(2)の判断要素を踏まえ、慎重に検討すべきでしょう。

2 企業の反射損害の請求を受けた場合

(1) 反射損害とは

そもそも、反射損害とは、交通事故の被害者である役員や従業員が交通事故後に休業して、実際に労務を提供していない期間において、

Ⅲ　人身事故

　会社が労務の提供を受けないにもかかわらず役員報酬や給料等を支払ったために会社に生じた損害のことをいいます。
　会社は、当該役員の労務提供がないにもかかわらず労務の対価を支払った場合、本来、加害者が被害者に賠償すべき損害を会社が肩代わりして支払ったものと考えられ、賠償の対象となり得ます。

(2)　反射損害を賠償すべき場合
　会社が休業役員に報酬を支払った場合でも、必ずしも会社が支払った役員報酬をすべて賠償しなければならないというわけではありません。
　実際に会社に賠償すべき損害は、休業により労務の提供を受けられなかった部分、すなわち労務対価部分に限られます。
　反射損害の場合でも、労務対価部分の算定方法は、裁判例上、役員個人の休業損害と同様であると考えられています。

3　企業損害の請求を受けた場合

(1)　企業損害とは
　交通事故の被害者が会社の代表者や役員（以下、「代表者等」といいます）であった場合、当該会社役員の死傷病によって出勤できなくなる等の支障が生じた結果、当該会社や別の主体にも損害が発生することがあります。こうした直接の被害主体以外の者に生じた損害を一般に間接損害といいますが、特に会社に損害が発生した場合を企業損害といいます。

(2)　企業損害を賠償すべき場合
　そもそも、会社とその代表者等は、法律上それぞれが独立した主体として扱われるため、会社の代表者等が事故に遭ったとしても、当然に会社に対する損害賠償義務が発生することにはなりません。
　このことは、大企業等で会社の社長等が何らかの事情で一時的に出社していなくとも、企業の活動が直ちにストップするわけではないことを考えていただければわかりやすいかと思います。

もっとも、会社が非常に小規模であるなど、会社とその代表者等が実質的には経済的に同一の存在とみられるケースでは、代表者等の不在が会社の経営の停止に直結するようなことも考えられ、こうした場合にまで、企業損害について賠償を行わないことは、かえって公平の理念に反するものといえるでしょう。

　そこで、「代表者等と会社の間に当該役員の会社における代替性がなく、経済的に一体をなす関係（以下、「経済的一体性」といいます）があるような場合」には、当該役員の休業により会社に生じた損害についても、交通事故との相当因果関係があるとされ、いわゆる企業損害についても賠償しなければならないとされています。

(3)　経済的一体性の判断要素

　代表者等と会社の経済的一体性の有無は、①会社の規模（資本金額、売上高、従業員数等）、②被害役員の地位・権限及び業務内容、③会社財産と個人財産の関係性、④株主総会・取締役会等の開催状況等を要素として、判断されています。

(4)　裁判実務の状況

　裁判実務上、会社と個人が経済的一体性を持つと判断されることはそれほど一般的ではありません。

調べるべきこと・情報の提供を求めるべきこと

1　休業の事実と必要性・相当性

　役員等以外の個人と同様に、まず、現実の休業の有無及びその必要性について調査する必要がありますが、休業損害証明書については、その作成主体と被害者の密接な関係から、十分に内容を精査するべきです。

2　休業損害・反射損害の労務対価部分

(1)　企業の経営状態、他の役員との比較

　当該会社の経営状態が、事故前後を通じて比較的好調であったとすれば、他の役員・従業員の職務内容に応じた報酬・給料の額も被害者

Ⅲ　人身事故

　　同様に高額となっている等の事情があるでしょう。この場合には、当該役員について比較的高額の役員報酬があってもある程度の合理性はあります。

　　したがって、当該会社の経営状態、他の役員、従業員の給与、報酬も役員報酬の労務対価性判断の要素といえます。

(2)　社内外における報酬等の比較

　　事故前後の当該役員及び他の役員の報酬額の増減についても、考慮事情となります。例えば、事故後に他の役員については減額がない一方で、当該役員について減額がある場合には、当該役員報酬の労務対価性を裏付ける事情となり得ます。

　　また、役員報酬の一部又は全部の労務対価性を認めたうえで、当該役員の報酬が、同一・類似内容の職種の平均賃金と比してどの程度高額又は低額であるかを検討し、当該役員の報酬中に占める労務対価部分を算出していく方法もあります。

(3)　利益配当部分等の控除

　　役員報酬中の利益配当や生活保障的部分の有無について確認するためには、会社が同族会社か否か、すなわち、当該役員と他の役員らの人的関係等を確認する必要が出てきます。

　　また、当該役員の報酬額が、当該役員の地位や権限・職務内容、年齢等と比して高額とみられるようであれば、当該報酬が利益配当や生活保障である、あるいは少なくともこれを多く含むのではないかとみられる事情となります。

(4)　総合判断に必要な資料等

　　最終的には、前記各要素を総合的に判断して、役員報酬中に労務対価部分があるのか、また、あるとして、どの程度の割合が労務対価部分となるのかについて判断していきます。

　　労務対価性の判断については、会社の商業登記簿、決算報告書一式、確定申告書、賃金台帳、源泉徴収票、賃金センサス等の資料を確認すべきです。

3 企業損害

会社と役員の経済的同一性を確認するためには、会社の規模（資本金、売上高、従業員数など）、当該役員の会社における代替性の有無、当該役員の地位や権限・職務内容、会社財産と個人財産の関係、株主総会・取締役会の開催状況等を確認すべきです。

前記内容を裏付ける資料としては、会社の商業登記簿、賃金台帳、会社と役員の通帳等財産の管理・混同の状況に関する資料、株主総会・取締役会の議事録等が代表的資料になります。

想定問答

Q 私X_1は、経営するX_2社から年1000万円の役員報酬を受け取っていましたが、事故で重傷を負ったために会社を休んでいる間の役員報酬が支払われなくなってしまいました。受け取れなかった分の役員報酬全額を賠償してください。

A 会社役員の報酬のうち、損害賠償の対象となるのは、休業損害との評価を受ける労務提供の対価部分のみになります。弊社としましては、労務提供の対価部分については、御社の経営状況や他の役員の方の報酬、X_1様の職務内容等を考慮して、役員報酬の〇〇割程度と考えておりますので、これを超える休業損害の賠償請求にはご対応できません。

Q 今回の事故で社長X_1氏が当社に出勤できていませんが、X_1氏とご家族の生活に配慮して、役員報酬は事故前と同額を1年間支払いました。これについては、事故がなければ不要な支出ですから、当社に対する損害として全額賠償してください。

A 本来、弊社としてX_1様に賠償すべき休業損害については、休業の事実と休業の必要性が認められる限り、御社に対する賠償も検討させていただきます。しかしながら、1年間の休業が必要といえるかは疑問がありますので、お支払できるのは〇〇か月分とさせていた

Ⅲ　人身事故

だきたく存じます。また、御社にお支払できるのは、会社役員の方の毎月の報酬額のうち、X_1様の労務提供の対価部分に限られていますので、ご了承ください。

Q　今回の事故に遭ってから、社長である私が現場に行くことができなくなり、仕事の受注も減って当社の売上げが激減したため、家計も火の車になってしまいました。当社に生じた損害についても賠償してください。

A　法律上、社長と会社は別の主体ですので、原則として、御社の損害については賠償することはできません。賠償できる場合もありますが、御社における具体的事情を裏付け資料と併せてご提示いただく必要があります。そのうえで、ご提示いただいた資料から、会社と社長が実質的・経済的に同一であると評価できるような場合でなければ、会社の損害の賠償には応じることができませんので、その旨ご了承ください。

裁判例
休業損害の労務対価部分を認めた裁判例
・大阪高判平成23・7・22判時2132号46頁〔28175872〕
　建築業の小規模会社について、当該役員が1人で業務を担当していたことにより報酬はほとんど労務対価としたうえ、売上げの増減に応じて報酬額も変動することなどを理由に、平均賃金を参考に840万円の8割について労務対価部分とした。
・浦和地判昭和59・3・29判時1120号93頁〔27490787〕
　事故による役員の稼働能力低下に対応するため臨時の作業員を雇用したこと、役員の報酬については、月額金65万円の報酬を同金55万円に減額したことなどから、労務対価部分を10万円と限定する旨判示した。

・東京地判平成26・3・26自保ジャーナル1923号1頁〔28223353〕
従業員の有無や数などを含む会社の規模、株主や役員の構成、経営実態に鑑み、基礎収入を日額1万4840円（源泉徴収票の支払金額902万8000円の6割）を労務対価部分と認めた。
・大阪地判平成29・3・7自保ジャーナル2003号86頁〔28254806〕
コンビニエンスストアを経営する役員につき、自ら商品の搬入・陳列、レジ打ち、店舗内の清掃等の業務に従事し、役員報酬年額220万円の支払を受けていたことから、役員報酬全額を労務対価部分と認めた。
・神戸地判平成30・4・19自保ジャーナル2027号65頁〔28265305〕
本件事故後、役員の収入が減少し、会社の売上高及び営業利益も減少したところ、役員は、会社の営業や現場作業に従事していたことが認められることに照らし、役員報酬月額24万円（月額報酬30万円の80％）を労務対価部分と認めた。

反射損害を認めた裁判例

・大阪地判昭和52・9・20交通民集10巻5号1338頁〔29005643〕
役員が事故の受傷により就業不能となった期間に対して支給された分の報酬について、損害を会社において肩代わりしたものと評価し、5か月間100万円の限度で反射損害を認めた。
・東京地判平成14・6・25交通民集35巻3号880頁〔28081943〕
役員の月額給与71万4480円に対して、労務対価部分は6割として、対応する期間に相当する反射損害を認めた。
・名古屋地判平成23・7・15交通民集44巻4号932頁〔28174225〕
本来は役員個人の休業損害として請求すべきとしたうえ、実際に会社が役員報酬を支払ったことから会社の損害となったとして、反射損害を認めた。
・横浜地判平成24・12・20交通民集45巻6号1548頁〔28220201〕
役員報酬900万円のうち、8割を労務対価部分としたうえ、休業期間

に相当する部分の反射損害を認めた。

企業損害の賠償を認めた・認めなかった裁判例
・最二小判昭和43・11・15民集22巻12号2614頁〔27000895〕
　法人化以前と同様、会社の実権が代表取締役個人に集中しており、会社の機関としての代替性がないほか、経済的にも代表取締役個人と会社が一体をなす関係にあるものとして、企業損害の賠償を認めた。
・大阪高判昭和56・2・18判タ446号136頁〔27423615〕
　賠償範囲の過度な拡大防止を理由に、個人会社でない場合には、原則、会社独自に不法行為責任を問うことはできないが、加害者が会社に損害を与える目的で代表者らに対し加害行為をしたときに限り、会社に対する関係でも不法行為が成立するとした。
・名古屋地判平成10・4・22交通民集31巻2号593頁〔28041099〕
　会社が法人とは名ばかりのいわゆる個人会社で、役員と会社が経済的に一体で、会社にとって当該役員が代替性のない不可欠な存在であるとまでは推認することはできないとして、企業損害を認めなかった。
・東京地判平成14・6・25交通民集35巻3号880頁〔28081943〕
　他の役員、従業員の存在等から、企業損害は認められないとした。
・東京地判平成23・12・5自保ジャーナル1867号69頁〔28180771〕
　当該会社は、役員1名で他の従業員もいなかったことなどから、代表者に機関としての代替性がなく、経済的にも一体であると認められるとして、企業損害の賠償を認めた。
・東京地判平成27・7・1自保ジャーナル1955号88頁〔28234312〕
　他の役員・従業員が存在していること、当該役員が個人として収入を得ていること、会計処理上、会社名義の財産が別個に管理されていたことなどにより、企業損害の賠償を認めなかった。
・名古屋地判平成27・10・28交通民集48巻5号1324頁〔28243836〕
　中古住宅をリフォームして販売する会社を一人で営む代表者につき、会社の機関として代替性がなく、会社と経済的に一体をなす関係にあ

るとして、代表者が業務に従事できなかった期間に他の会社に外注し支出した工事費用について、企業損害の賠償を認めた。

(勝又　敬介、小出　麻緒)

Ⅲ 人身事故

将来の介護費用の発生と考慮要素及び生命侵害以外の場合における近親者慰謝料

> **事例**
>
> 交通事故被害者であるＸは、高次脳機能障害を原因とする後遺障害等級3級の認定を受けています。Ｘは、日常生活において食事、着替え、入浴、排泄等を他人の介助によらずに行うことは可能ですが、Ｘの妻が食事や着替えの準備をする必要があるほか、日常生活ほぼ全般にわたって随時声かけを行って行動に出ることを促す必要があります。このような場合、将来の介護費用についても支払うべきでしょうか。また、Ｘの妻が、Ｘの後遺障害慰謝料とは別に介護負担等による精神的苦痛に対する慰謝料を支払ってほしいと訴えてきています。Ｘの妻固有の慰謝料も支払うべきでしょうか。

ポイント

- 将来の介護費用は、どのような場合に発生するのでしょうか。
- 将来の介護費用の算定に当たっては、どのような事情を考慮すればよいのでしょうか。
- 生命侵害以外の場合に近親者慰謝料が発生することはあるでしょうか。

考え方

1 将来の介護費用について

(1) 介護費用の発生

　自賠責保険では、将来の介護費用名目の損害項目はなく、個別に将来の介護費用を積算することはありません。しかし、医師の指示や症状の程度等から、将来、付添費用が必要となるといえる場合には、本人の損害として、介護費用の支払が必要となる場合があります。

　自賠責保険の認定基準には、「介護を要する後遺障害」として、後

Q16 将来の介護費用の発生と考慮要素及び生命侵害以外の場合における近親者慰謝料

遺障害等級1級（常時介護）と、後遺障害等級2級（随時介護）が定められています。しかし、訴訟では、後遺障害の内容や程度等の具体的状況に基づいて介護の必要性が認定されますので、後遺障害等級のみから形式的に介護の必要性を判断することはできず、自賠責保険で「介護を要する後遺障害」が認定されたとしても、それのみで直ちに将来の介護費用損害を賠償しなければならないとは言い切れません。他方、認定された後遺障害等級が3級以下の場合であったとしても、具体的状況によっては介護費用が認定される場合もあり得ます。

あくまでも、介護の必要性は、後遺障害の内容・程度等、個別具体的な事情を検討し、判断することが必要です。

(2) 介護費用の算定方法

介護費用の金額は、職業付添人の場合は実費全額、近親者付添人の場合は1日につき8000円程度が目安とされますが、後遺障害の内容・程度、必要とされる介護の内容などの様々な要素を考慮して、具体的な額を算定すべきです。例えば、後遺障害等級3級以下の場合は、被害者の看視的付添が中心と考えられるため、金額は若干低めになるといえます。

職業付添人を依頼することを前提に介護時間相当額の費用が見積もられている場合、当該被害者に対する介護内容に見合う金額であるか再度検討が必要です。介護サービスを利用している場合には、要介護認定の結果や、介護認定審査会で用いられた資料等を提出してもらい、介護の必要性を検討することも有用です。

そのほかにも、将来の治療費、家屋改造費、訪問入浴料等の介護関係費や、近親者の年齢、健康状態、就労の有無等の近親者の事情は、職業的介護の必要性や介護の負担の程度に影響することから、被害者や被害者の近親者から聞き込みを行っておくべき事情といえます。

また、将来の介護費用は、被害者の平均余命まで発生するといえますが、近親者介護の場合、近親者自身の健康・体力を考えると、被害者が亡くなるまで介護を続けられるわけではありません。一般的に

は、近親者付添人については、近親者が就労可能年齢とされる67歳に達するまでとされ、その後は職業介護になると考えられています。

なお、将来の介護費用を、現在の時点で一括して支払う場合には、ライプニッツ係数を使用した中間利息を差し引く必要があります。

2 近親者慰謝料について

被害者の損害が軽度の後遺障害にとどまる場合、自賠責保険では将来の介護費用と同じく、近親者慰謝料も個別に積算することはありません。

しかし、被害者が植物状態や、四肢不全麻痺、高次脳機能障害、寝たきり等で、常時あるいは随時介護を要する後遺障害等級1級や2級等の重度の後遺障害等級が認定され、訴訟に至った場合、近親者固有の損害として近親者慰謝料が認められる可能性があります。最高裁判決によれば、被害者の近親者が、被害者が死亡した場合に比肩するほどの精神的苦痛を受けた場合には、民法709条及び710条に基づき、慰謝料請求ができるとされています（最三小判昭和33・8・5民集12巻12号1901頁〔27002636〕）。

被害者から近親者慰謝料を主張された場合には、客観的にみて、近親者に、被害者が死亡した場合に比肩するほどの精神的苦痛が生じたと評価できるか、慰謝料額の妥当性を争うことになりますので、類似の裁判例等で近親者慰謝料が認められているか、どの程度の慰謝料額が認定されたのかを検討する必要があります。

調べるべきこと・情報の提供を求めるべきこと

- ●被害者の障害の内容・程度、生活状況
  被害者本人から詳細を確認してください。場合によっては、被害者の家族にも確認をとる必要があります。
- ●近親者の年齢、健康状態、就労の有無等の事情
  被害者本人や被害者の家族に詳細を確認してください。

Q16　将来の介護費用の発生と考慮要素及び生命侵害以外の場合における近親者慰謝料

- 将来の治療費・家屋改造費・訪問入浴料等の介護関係費支出の可能性
  被害者本人や被害者の家族のみならず、医師からも情報提供を受けてください。
- 要介護認定の結果、主治医意見書、認定調査表、介護認定審査会資料等
  要介護認定のために介護認定審査会で用いられた資料を集めてください。

想定問答

Q　医師からは、自宅内の日常生活動作は一応できるが、外出の際には他人の介護を必要とするといわれている。しかし、日常生活動作についても不安があるので、できれば職業付添人に常時介護を依頼したい。

A　職業付添費が介護内容に見合うものかを判断させていただく必要があります。場合によっては職業付添人から請求を受けた金額全額をお支払できない場合があります。

Q　職業付添人を頼まず、家族で介護するつもりである。近親者と職業付添人とで介護の負担は変わらないのに、近親者か職業付添人かで金額に差があることに納得がいかない。

A　近親者の介護は、介護のプロとして専門的サービスを供給する職業的介護と質的な違いがあります。職業付添人と近親者で介護費用に差が生じるのは、介護サービスの質に由来するものであり、近親者付添人の介護の負担を軽視するものではありません。

Q　家族が交通事故により死亡した悲しみに対する慰謝料を支払ってほしい。個々の遺族が精神的苦痛を被っているのに、慰謝料を請求する遺族の人数が増えても、慰謝料が増額されないのはおかしい。

Ⅲ 人身事故

A 裁判例などをみましても、必ずしも遺族の人数に比例して慰謝料が増加するとは限りません。弊社（保険会社）の基準に従いご提示しておりますので、ご了解をお願いいたします。

Q 交通事故により、小学校の子どもが脳挫傷を負い、日常生活や学習に支障が出ている。我が子の将来を考えるとつらくてたまらないので慰謝料を支払ってほしい。

A 被害者のご家族については被害者が身体を害されたことによって生命を害された場合に比肩するほどの精神的苦痛を受けたときに限ってお支払することになっております。ご心痛はお察ししますが、今回の交通事故についての慰謝料は被害者であるお子様に対してお支払するものがすべてとなります。

Q 交通事故で重度の後遺障害を負った家族が、事故後に事故とは別の理由で死亡した。事故後にたまたま、被害者が亡くなった場合に、介護費用を支払ってもらえなくなるというのは、加害者が得をするようで許せない。

A 介護費用の賠償は、被害者において将来、現実に支出すべき費用を補塡するものです。被害者が死亡すれば、その時点以降の介護は不要となるため、その費用をなお、お支払するとなると、被害者ないしその遺族に根拠のない利得を与える結果となり、かえって衡平の理念に反することになるといえますのでお支払できません。

Q 私は後遺障害等級3級の認定を受けている。高次脳機能障害のため、看視や声かけがなければ通常の社会生活が困難であるので、将来の介護費用を支払ってほしい。

A 後遺障害等級1級、2級以外の場合に介護費用をお支払しないというわけではありませんが、具体的な病状や医師の意見等を参考に、検討させていただきます。

Q16 将来の介護費用の発生と考慮要素及び生命侵害以外の場合における近親者慰謝料

裁判例

近親者か職業付添人かで金額を区別せず、低額な介護費用を認めた裁判例

・大阪地判平成12・2・9交通民集33巻1号233頁〔28060978〕
（後遺障害等級併合3級の被害者に介護費用日額5000円）

介護用具が備えられ、自宅が改造されていることを考慮して近親者介護費用を低額算定した裁判例

・大阪地判平成10・11・30交通民集31巻6号1789頁〔28050440〕

重度後遺障害事故の近親者慰謝料を認めた裁判例

・大阪地判平成20・7・31交通民集41巻4号981頁〔28152434〕
（後遺障害等級3級の被害者の妻に慰謝料100万円）
・大阪地判平成21・5・19交通民集42巻3号640頁〔28161853〕
（後遺障害等級2級1号の被害者の夫と子に慰謝料各100万円）
・名古屋地判平成23・10・28自保ジャーナル1878号29頁〔28181993〕
（後遺障害等級3級の被害者の両親に慰謝料各100万円）
・名古屋地判平成25・3・13自保ジャーナル1896号37頁〔28212080〕
（後遺障害等級2級の被害者の近親者に慰謝料200万円）
・さいたま地判平成31・3・19交通民集52巻2号321頁〔28273772〕
（後遺障害等級2級の被害者の妻及び同居の子に慰謝料各150万円、同居していない子に100万円）
・札幌高判平成30・6・29判タ1457号73頁〔28265564〕
（高次脳機能障害3級3号の両親に慰謝料各150万円）

（田村　祐希子、遠藤　悠介）

Ⅲ 人身事故

後遺障害による現実的減収がない場合の逸失利益の争い方

> **事 例**
>
> 交通事故でＸは傷害を負い、後遺障害が認定されました。しかし、事故後もＸは事故前と同様又はそれ以上の収入を得ているようです。このような場合でも損害として逸失利益は認められるのでしょうか。

ポイント
- 逸失利益はどのような場合に肯定されるのでしょうか。
- 逸失利益の算定に当たって、減収がない場合にはどのような事情を検討すればよいのでしょうか。

考え方

1 逸失利益の考え方

交通事故賠償実務において、損害とは、不法行為（交通事故）前後の利益状況を比較した際の差額、すなわち、当該事故がなかったら存在したであろう利益状態と、事故の結果、実際にもたらされた利益状態との差であると考えられています（いわゆる差額説）。

交通事故で傷害を負い、後遺障害が残った場合、後遺障害の等級の程度に応じて将来に生じる所得の減少を逸失利益として計算して賠償をする必要があります。

裁判所は、後遺障害が残って労働能力が減少しても、被害者が、その後従来どおり会社に勤務して作業に従事し、格別の収入減を生じていないときは、労働能力減少による損害賠償の請求を否定していますが（最二小判昭和42・11・10民集21巻9号2352頁〔27001021〕）、現実的減収がない場合であっても、「事故の前後を通じて収入に変更がないことが本人において労働能力低下による収入の減少を回復すべく特別の努力をし

ているなど事故以外の要因に基づくものであつて、かかる要因がなければ収入の減少を来たしているものと認められる場合とか、労働能力喪失の程度が軽微であつても、本人が現に従事し又は将来従事すべき職業の性質に照らし、特に昇給、昇任、転職等に際して不利益な取扱を受けるおそれがあるものと認められる場合など、後遺症が被害者にもたらす経済的不利益を肯認するに足りる特段の事情」（最三小判昭和56・12・22民集35巻9号1350頁〔27000112〕）が存在する場合には、後遺症に起因する労働能力低下に基づく財産上の損害の発生を認めているようです。

なお、被害者が年少者であり、事故当時そもそも収入がない場合については Q21（162頁）に詳細を譲りますが、裁判所は、諸種の統計その他の証拠資料に基づき、経験則と良識を活用して、できる限り客観性のある額を算定するとしています（最三小判昭和39・6・24民集18巻5号874頁〔27001902〕）。

2 具体的検討

現実的減収がない場合に逸失利益の有無を左右する「特段の事情」は、後遺障害の程度・内容、被害者の年齢・性別といった被害者側の事情と、現に従事している職種、使用者の対応といった使用者側の事情とを総合考慮して将来的な減収可能性等から判断をする必要があります。

以下では「特段の事情」を左右する事情を、被害者側の事情と使用者側の事情に分けて整理をしました。

逸失利益の請求を受けた場合は、具体的事案に応じて被害者や使用者への聞き取りを行い、客観的資料を収集して賠償の要否を検討してください。

(1) 被害者側の事情

　ア　減収・増収の有無

　　事故後に減収がなければ原則、逸失利益は発生しません。

　　しかし、事故後の復職時から口頭弁論終結時までに減収がないことから直ちに将来も減収が発生しないことを認定できるものではな

く、後遺障害の程度、業務の性質などから減収がない理由、あるいは増収している理由とその継続の見通しから今後の減収可能性が総合的に判断されます。

イ　後遺障害の程度・内容

　後遺障害の程度が軽微であれば、将来の馴化により労働能力の喪失は解消されると考えられるので、現時点で減収が生じていないのであれば、将来の減収可能性も低いといえます。

　後遺障害の内容が外貌醜状（Q26（189頁）参照）や嗅覚障害の場合、労働能力に直接の影響が生じる職種か、将来の職種の限定の程度、就職への不利益の程度を総合して減収可能性が判断されます。

ウ　業務上の支障

　後遺障害により業務に現実の支障が生じていれば、現在に減収が生じていなくても将来の減収可能性が推認されます。

　一方で、後遺障害による現実の支障が馴化して解消されるものであれば、減収の継続可能性は低いといえます。

エ　生活上の支障

　逸失利益は経済的側面の問題であるため、生活上の支障は慰謝料算定の際の考慮要素とすべきです。

オ　本人の努力

　症状改善や悪化防止のための努力や、業務効率向上やスキルアップのための努力により、減収を回避あるいは増収している場合、本来は労働能力喪失により逸失利益が発生しているといえることから、逸失利益の発生が肯定される事情となります。

カ　退職・転職の可能性

　後遺障害の内容・程度にもよりますが、再就職する際には後遺障害の存在により採用、雇用条件の点で不利となる可能性があるため、将来の減収可能性があります。

　もっとも、将来の不確定な事情に左右されるため、退職・転職の

具体的可能性の程度、退職・転職による減収の蓋然性を総合して減収可能性が判断されます。

(2) 使用者側の事情

　ア　勤務先の性質・規模・存続可能性等

　　勤務先が国・公共団体である公務員の場合、勤務先が安定しており、身分保障も手厚いため、定年までは従前どおりの雇用条件が維持される蓋然性が高く、将来の減収可能性は低いといえます。

　　一方で、勤務先が民間会社の場合、勤務継続や雇用条件の維持が保証されるものではないため、将来の減収可能性が推認されます。

　イ　勤務先の配慮

　　勤務先の特別な配慮により収入が維持されている場合、勤務先の経営上の悪化や経営者の交代などで配慮が途絶えるおそれがあり、勤務先の配慮が今後も継続される保証はないため、将来の減収可能性が推測されます。

　　もっとも、後遺障害の程度から馴化により将来的に勤務先の配慮が不要となる可能性もあるため、後遺障害の程度、勤務先の配慮の程度、配慮の継続の必要性などを総合して減収可能性が判断されます。

　ウ　昇進・昇給等における不利益

　　後遺障害により、昇進・昇格に必要な受験資格の喪失による昇進・昇格の機会の喪失が予想される場合、将来の減収可能性が推測されます。

　　また、現に従事し又は将来従事すべき職業の性質から、後遺障害による降格可能性がある場合も同様に将来の減収可能性が推測されます。

　　もっとも、将来の昇進・昇給等における不利益は、将来予測によらざるを得ないため、後遺障害の部位・内容・程度等が業務に支障を及ぼす程度や将来の馴化の可能性などを総合して減収可能性が判断されます。

Ⅲ 人身事故

調べるべきこと・情報の提供を求めるべきこと

- 被害者の職種・業務内容と後遺障害部位・内容・程度との関連性
  後遺障害があっても、業務との関連性や支障の程度が低いのであれば、将来の減収可能性が低いといえますので、被害者及び勤務先の双方から聞き取りを行ってください。
- 被害者による努力の有無
  業務への支障を回避するために被害者が継続的に行っている努力の内容について、収入の維持ないし増収に役立っているのか判断するために、被害者から具体的に聞き取ってください。
- 勤務先の対応
  被害者の収入の維持ないし増収が勤務先の配慮によって生じているものか、今後の昇給ないし昇格へ影響が生じる可能性があるか、被害者及び勤務先の双方から勤務先の対応、運用について聞き取ってください。

想定問答

Q 後遺障害が認定されたのだから、当然に逸失利益も支払ってもらえるはずでしょう。

A 損害賠償は現実の損害のてん補を目的としていますので、減収が生じていることが原則となります。

Q 今は会社の協力と私の努力で減収はありませんが、今後の保証はありませんので逸失利益を支払ってください。

A 減収が生じていない場合は、後遺障害が業務に及ぼす影響などから将来において減収が生じる蓋然性を立証していただく必要があります。

Q 顔に外貌醜状の後遺障害が残りました。これからの日常生活での支障や、今後の職業の制約など不利益は数え切れないほどあります。

Q17　後遺障害による現実的減収がない場合の逸失利益の争い方

逸失利益は支払ってもらえますよね。
A　逸失利益とは後遺障害による所得の減少という経済的側面に着目したものです。外貌醜状による職種への制限の程度や、職種の制限による賃金格差、事故前後の稼働状況の差異等を具体的に立証していただき、不利益の現実化の程度を検討させていただく必要があります。

Q　仕事は何とかできており減収もないが、後遺障害により通勤や私生活での不便は山ほどあるのだから逸失利益を支払ってほしい。
A　逸失利益とは後遺障害による所得の減少という経済的側面に着目したものです。私生活上の不便が直接労働に影響を及ぼしているのであれば、私生活上の不便の程度や私生活上の不便が業務に及ぼす影響を具体的に立証していただく必要があります。

裁判例
現実的減収がない場合に逸失利益の発生を否定した裁判例
・京都地判平成25・7・25自保ジャーナル1911号112頁〔28220531〕
　障害等級併合14級（14級9号・14級9号）の公務員の被害者について、事故後も減収はなく、将来の具体的な昇任への影響が曖昧であることから逸失利益の発生を否定した裁判例。
・神戸地判平成25・1・24自保ジャーナル1896号112頁〔28212087〕
　障害等級14級9号の公務員の被害者について、事故後も業務内容に変動がないこと、被害者に収入維持のための特別の努力は認められないこと、将来の昇給、昇任、転職等に際して不利益な取扱いを受けるおそれがあるとの事情は認められないとして逸失利益を否定した裁判例。
・大阪地判平成10・11・10交通民集31巻6号1720頁〔28050408〕
　障害等級併合14級（14級9号・14級9号）の公務員の被害者について、事故後も通常業務をこなしていること、昇進、昇格への影響が不

明確であることから逸失利益を否定した裁判例。
・京都地判平成15・1・24自保ジャーナル1489号13頁
　障害等級12級5号のスーパー店長の被害者について、将来の馴化により労働能力の喪失は比較的短期に解消されるとして逸失利益を否定した裁判例。
・金沢地判平成28・9・15自保ジャーナル1998号30頁〔28253367〕
　障害等級12級14号の電話オペレーターの女性の被害者について、額の線状痕は前髪で隠すことが可能であること、接客業への転職が具体的に予定されているとまでは認められないことから、労働に直接的な影響を及ぼすものであるとはいえないとして逸失利益を否定した裁判例。
・京都地判平成29・2・15交通民集50巻1号162頁〔28253366〕
　障害等級9級16号の小学校1年生の女児の被害者について、額の線状痕は髪型や化粧で隠すことが可能であること、性格形成への悪影響や職種制限の可能性はあくまで将来の抽象的な不安にすぎないことから、具体的に将来の労働能力に直接的な影響が及ぶ蓋然性は認められないとして逸失利益を否定した裁判例。
・名古屋高判平成5・9・30判タ865号251頁〔27826421〕
　障害等級併合6級（7級12号・12級）の10歳の女児の被害者について、顔面醜状自体は身体の労働能力の喪失を来すものではないこと、女子の場合は、醜状の程度、年齢、希望する職業との賃金格差、事故前後における稼働状況の差異等により、顔面醜状それ自体による逸失利益が認められる場合もあるが、不利益の現実化の程度等から逸失利益を否定した裁判例。
・大阪地判平成21・7・30交通民集42巻4号955頁〔28162562〕
　障害等級7級4号の市立幼稚園教諭の被害者について、減収がないこと、将来の就労継続への不安や転職後の減収の可能性はいつの時点で顕在化するかは明らかではないことから逸失利益を否定した裁判例。

現実的減収がない場合に逸失利益の発生を肯定した裁判例

・神戸地判平成 8・6・13交通民集29巻 3 号873頁〔28022191〕
　障害等級14級（現10級 2 号）の歯科医師について、減収はないが、業務に具体的な不都合が生じていることが認められ、被害者の職業上、後遺障害がある程度の影響を及ぼすこと、被害者の格別の努力によって現在の収入を維持できていると推測されるとして逸失利益を肯定した裁判例。

・大阪地判平成23・4・13交通民集44巻 2 号535頁〔28174449〕
　障害等級併合10級（12級 7 号、12級 7 号、12級）の栄養士の被害者について、後遺障害による具体的な仕事への支障を認定したうえで、減収はなく定期昇給もあるが、これは被害者の相当な努力と職場の理解によるものとして逸失利益を肯定した裁判例。

（田村　祐希子、池戸　友有子）

Ⅲ 人身事故

Q18 公的収入資料のない者、公的資料にない所得を主張する者の休損・逸失利益

> **事例**
>
> 　Xは、自動車を運転している際に、他の車両から追突されるという事故に遭い、左肘の可動域制限の傷害を負いました。その後、Xは弊社に対し、休業損害・逸失利益の賠償を請求していますが、基礎収入を算定するための資料の提出に非協力的です。
> 　そもそも、基礎収入を算定するためにはどのような資料の提出を求めるべきでしょうか。また、資料の提出に協力してもらえない場合はどのように対応するべきでしょうか。

ポイント

- 基礎収入については、法律上、被害者側が立証責任を負うと解されています。資料の提出に協力してもらえない場合、損害額を算定できないため、賠償対応をお断りせざるを得ません。
- 基礎収入は、事故前の収入を参考に算定します。算定資料の提出は、確定申告書の写しなど典型的な書類によることが多いですが、このような、収入に関する直接的な資料がないことにつき合理的理由がある場合、他の資料により生活実態を把握し、収入を推測することになります。
- 十分な資料が集まらない場合、賃金センサスなどの統計を用いて算定することとなりますが、個別事情に応じて一定の修正を検討する余地があります。

考え方

1　基本的な考え方

　法律上、交通事故の被害者に対する賠償は、「実際に交通事故により生じた損害を埋め合わせする」ことを目的としています。したがって、

Q18 公的収入資料のない者、公的資料にない所得を主張する者の休損・逸失利益

基礎収入の算定についても当該事故の被害者に関する個別事情を踏まえ、実際に事故前にどれだけの収入を得ていたかを調査することになります。

賃金センサスなど、統計を用いた算定方法もあります。しかし、この方法は、資料の不足などの理由により、具体的な基礎収入額を算定できないが、被害者が事故前に全く就業していなかった（今後全く就業しない予定だった）ともいえず、休業損害・逸失利益をゼロとするのは不合理な場合に補充的に用いられるものです。

したがって、被害者の稼働実態が第一次的な検討対象であり、安易に賃金センサスを用いることは控えるべきです。仮に賃金センサスを参考にするとしても、被害者の個別事情を踏まえた修正を行う必要があります。

以下では、被害者が個人事業主であることを前提に、個別に場合分けして検討します。

2 資料は存在するが、被害者が提出に協力しない場合

被害者が資料提出の手間を惜しみ、損害の算定に協力しない場合など、資料の不存在・不提出につき合理的な理由が認められない場合、保険会社として就業の実態を把握することは困難です。

また、資料が提出されない場合は、そもそも就業の事実自体も認定することは困難と思われますので、この場合、保険会社としては休業損害・逸失利益の賠償をお断りすることも検討する必要があります。

3 就労の実態はあるが、収入を基礎付ける直接的な資料がない場合
(1) 着目すべき資料

被害者が個人事業主の場合、確定申告書の写しにより算定することが一般的です。しかし、開業して1年を満たない場合や収入を申告していない場合など、事故により収入が減少しているにもかかわらず、収入に関する確定申告書が提出できない場合もあり得ます。この場合

は、売上げや経費に関する間接的な資料から月々の収入を推計することとなります。売上げに関する資料としては、通帳・伝票・日計帳・レジの控え等が考えられます。また、経費に関しては、通帳・取引先が発行する請求書・領収書・仕入帳・在庫管理表等が考えられます。

このように収入に着目する方法のほかに、家計簿や銀行通帳の写しの提出を求め、月々の生活費・支出額を明らかにし、これに近い収入を得ていたと認定する方法もあり得ます。

なお、医師等の自由業者・ホスト・ホステス・プロスポーツ選手など、事業の内容によっては、時期によって大きく売上額・仕入額・支出額が変動する業種もありますので、この場合は数か月・数年分にわたる資料の提出を求め、その平均を出すなどして平準化を図ることになります。

(2) 検討の際の注意点

(1)で挙げたような、収入に関する間接的な資料は公的なものではないため、ともすれば偽造・改ざんすることが可能です。そのため、各資料の信用性は慎重に吟味しなければなりません。

帳簿等の写しの提出を受けた場合、可能であるならば一度原本を確認させてもらい、写しと相違ないか確認しておくとよいでしょう。また、領収書も綴りを確認し、前後の作成日・ナンバーなどに矛盾がないか確認することが考えられます。

また、提出された資料の量も重要です。提出された資料が膨大であるにもかかわらず記載に矛盾がみられないならば、偽造・改ざんのおそれは小さいといえます。一方で、提出された資料がわずかならば、矛盾なく記載内容を偽造することも容易であるため、直ちに信用することはできません。

4 間接的な資料すら存在しない場合

帳簿が記載されていないなど、間接的な資料すらも存在しない場合、賃金センサス等の統計を参考とすることになります。しかし、あくまで

Q18　公的収入資料のない者、公的資料にない所得を主張する者の休損・逸失利益

賃金センサスは、これに記載されている収入に近い収入を得ていた（あるいは将来得るであろう）という高度の可能性が認められる場合に採用できるものです。

被害者の職業・学歴・資格・月々の支出額・事業内容やその規模・事業開始から事故に至るまでの実績等を考慮して、賃金センサス記載の収入を得ていた（あるいは得るであろう）とは考え難いといえるならば、賃金センサス記載の収入を割り引いた数字を基礎収入額として採用することを検討します。

そもそも、一定規模以上の事業を経営する者は、税理士等の助力を得て税務申告を行うことが通常ですから、会計資料が適切に作成されていないという事情自体が、当該事業規模が大きいものではないことを推認させる事情として評価できると考えられます。

5　無申告所得・過少申告所得

被害者が税務申告額以上の基礎収入額を主張したため、被害者の稼働実体・実収入額を調査した結果、申告額以上の収入を得ていたと認められる場合、被害者の主張どおりの金額を基礎収入としなければならないのでしょうか。無申告所得・過少申告所得は、いわゆる脱税であるため、このような違法な所得を損害賠償額の算定において考慮してよいのかが問題となります。

この点、法律上、損害賠償制度が「実損害のてん補」を目的としていることや、税務上違法な所得であり、何らか制裁の対象になる場合であっても、当然に当該収入を放棄しなければならないわけではないことなどから、違法な所得であっても直ちに基礎収入額に含まれないと判断することはできません。

しかし、無申告所得・過少申告所得は、その存在を基礎付ける公的な資料が存在しないことが一般的です。そのため、そのような所得が存在したか否かが大きな問題となりますが、自己矛盾の主張であることから、裁判実務上、その認定は厳格に行われます。仮に、何らかの所得の

Ⅲ 人身事故

存在を認めたとしても、限られた資料によりその金額を算定することは困難な場合が多いため、このような場合にも、基本に立ち返り、資料の信用性を検討することが重要です。

6 まとめ

　以上のように、裁判においては、当該被害者が被った損害の実態を追求するために多角的な検討が加えられることになります。そのため、「資料が存在しないから休業損害はゼロ円である」「資料が存在しないから、賃金センサスを用いるべきだ」などと即断することはできません。

　このように、様々な要素を総合的に考慮するため、最終的には裁判所の判断を仰ぐ必要があるケースも多いかと思います。しかし、いずれにしろ、裁判所も被害者の方の経済活動の実態を知りたいと考えていますので、収入に関する直接的な資料が存在しない場合でも、早期に間接的な資料の提出を求める必要があります。

　また、裁判に至っている場合には、調査嘱託等の裁判上の手続を利用することで、資料を求めていくことも考えられます。

調べるべきこと・情報の提供を求めるべきこと

- ●収入に関する直接的な資料を提出できない理由及びその合理性
  確定申告書を提出できないことにつき、やむを得ない事情があるか、この事情を裏付けられるかが問題となります。開業間もないということであれば、店舗等の初期設備を調達した際の資料があるはずですので、この提出を求めます。
- ●被害者の事業内容・規模、これらを基礎付ける帳簿・領収書・請求書・銀行通帳などの資料の記載
  細かい費目ごとに分析できればよりよいですが、少なくとも銀行通帳等により月々の収入・支出額やその変動の有無・程度を調査する必要があります。個人事業主の場合、私生活上の収支が同一通帳に記載されている場合もありますので、不定期かつ多額の金銭の移動

Q18 公的収入資料のない者、公的資料にない所得を主張する者の休損・逸失利益

については、個別に内訳を聴取する必要があります。
●資料相互間の矛盾・誤記の有無
公的書類でない場合、偽造・変造が容易ですので、鉛筆書きか否か、訂正した痕跡はあるか、被害者以外の者により認証・確認を受けているか（受けている場合は、その者と被害者の関係）、誤記・矛盾はないかにつき留意する必要があります。

想定問答

Q 自分は就労しており、これを基礎付ける資料も持っている。しかし、膨大な資料を整理して提出することは面倒だ。保険会社の方で、資料がなくても支払える金額を提案してほしい。

A 交通事故に関する賠償は、交通事故により実際に生じた損害を埋め合わせするものですので、弊社としても就労の事実や収入を確認できないことには、休業損害・逸失利益を算定することができません。大変恐縮ではございますが、資料の提出にご協力ください。

Q 最近開業したばかりで確定申告をまだ行っていない。どのような資料が必要になるのか。

A 帳簿・領収書・請求書・銀行通帳など、経済活動に関する資料をご提出ください。また、時期による偏りを修正するため、できるだけ長い期間にわたって資料を提出してください。なお、内容によっては後日弊社担当者が原本を直接確認させていただくようお願いする場合がございますので、その場合もご協力くださいますようお願いします。

Q 事故さえなければ事業はもっとうまくいっており、収入も倍増していたはずだ。現在の収入は少ないかもしれないが、賃金センサスに記載されている程度の補償はしてもらうぞ。

A 賃金センサスは、基礎収入を適切に算定できない場合に補充的に用

いるものですので、基本的には事故直前の実収入を参考に基礎収入額を算定することとなります。賃金センサスを基準とした賠償をご請求される場合は、賃金センサスと同額程度の収入を得たであろう高度の可能性が必要となりますので、この点に関する資料やご説明をいただき、弊社にて検討させていただきます。

裁判例

・青森地判平成7・12・21交通民集28巻6号1812頁〔28020954〕
被害者である原告が、政治結社の最高相談役として、月70万円の無申告収入を得ていた旨を主張したのに対し、裁判所は無申告収入を得ていたに足りる証拠はないとして、原告の基礎収入を賃金センサスの2分の1の金額を採用した事例。

・東京地判平成8・10・30交通民集29巻5号1559頁〔28030411〕
被害者である原告が、焼き肉店を経営することにより無申告収入として月100万円近くの収入を得ていたとの主張に対し、裁判所は、原告提出の資料の信用性を否定し、賃金センサスの金額を採用した事例。

・東京地判平成27・1・28平成25年(ワ)27218号公刊物未登載〔29044530〕
被害者が、請負業的な業務に従事しており、月58万9375円の収入を得られたはずであるとの主張に対し、裁判所は、業務の内容に照らし安定的かつ継続的に業務があるものとは言い難いこと、経費額その内訳について具体的な立証がないこと等から、賃金センサスの6割相当額を採用した事例。

・大阪地判平成25・1・29交通民集46巻1号162頁〔28212320〕
被害者が、申告外所得を含む基礎収入600万円の主張をしたのに対し、申告外所得と申告所得額の関係等を的確に示す証拠がないことを理由に、申告所得額の約355万円の収入にとどまるとした事例。

・大阪地判平成27・7・31交通民集48巻4号933頁〔28243184〕
被害者である原告が、イラスト制作業に従事しており、申告所得額40万6220円に加えて200万円の収入が得られるはずであったと主張した

Q18 公的収入資料のない者、公的資料にない所得を主張する者の休損・逸失利益

のに対し、原告が事故当年の申告所得のほかに収入を得ていたとは認められないとして、申告所得額のみを基礎収入とした事例。

・東京地判平成27・3・18平成25年（ワ）26089号公刊物未登載〔29025324〕
被害者である原告が、解体業に従事しており、事故直前の3か月間の収入は203万8300円と主張したのに対し、原告は確定申告をしておらず、全証拠によっても原告の主張する収入があった事実は認められないとして事故前の収入は全く不明としながら、控えめに賃金センサスの6割程度を基礎収入とした事例。

・東京地判平成25・6・24自保ジャーナル1903号45頁〔28213174〕
被害者は、ホストクラブに勤めており、事故前に3か月間で合計365万円の収入を得ていたと主張したのに対し、平成19年分以降、確定申告をした形跡がないことから、本件事故前3か月間の報酬額の6割を基礎収入とした事例。

（米山 健太、田中 隼輝）

Ⅲ 人身事故

 外国人が被害者となった場合の注意点全般、外国人の逸失利益

> **事例**
> 交通事故被害者であるXは外国人です。在留資格はあるようです。逸失利益や慰謝料は日本人と同じように、同じ基準で支払えばよいでしょうか。何か気をつけるところはあるでしょうか。

ポイント

- 外国人が被害者の場合、在留資格や今後の滞在期間に差があるため、日本人が被害者となった場合とは別の配慮が必要となります。
- 治療費、通院費は日本人と同様に考えてよいでしょう。外国への渡航費や通訳費用の支払はケースバイケースですので、事前に被害者と協議が必要です。休業損害は、一般的には就労資格を問わず立証できた金額は支払の対象です（ただし立証が困難な場合もあります）。
- 逸失利益、慰謝料については、個別に考慮が必要となります。

考え方

1 初動ですべきこと

日本国内で起きた外国人の交通事故には、原則として日本法が適用されます（法の適用に関する通則法17条本文）。また、日本の裁判所で審理することが可能です（民事訴訟法3条の3第8号）。

外国人が事故当事者の場合、まずはどのような資格で在留をしているのか、また今後どの程度の期間日本に在留する予定なのかを確認する必要があります。本国に帰国した後は示談交渉が困難になることもありますので、示談のスケジュールを考えるうえでも、正確に把握する必要があります。

また、被害者が国際運転免許証にて車両を運転していた場合は、有効期間内であるかどうかなど、免許証の有効性についても確認する必要が

Q19 外国人が被害者となった場合の注意点全般、外国人の逸失利益

あります。免許の有効性は過失割合に大きく影響するからです。

2 通訳費用の請求対応

被害者の日本語理解力が不十分な場合、適切に説明を行うため、通訳費用も賠償の対象となることはあり得ます。しかし、通訳費用は言語の希少性や通訳人の経験、職業としての通訳人か単なる友人かで金額は大きく異なり、相場といえるほどの事例の集積もありません。事前に通訳人と協議し、通訳費用の金額、支払方法、通訳をしたことの証明方法について合意しておくべきでしょう（例えば30分○○○○円、以後10分ごとに○○○○円、交通費は別途など）。

3 外国人の逸失利益、慰謝料の特殊性

損害額算定においては、逸失利益や慰謝料について、外国人であることを理由として、日本人よりも低い金額を支払うべき場面があるのではないか、との検討が必要となります。

例えば来日中の中国人実習生が死亡した事案において、①逸失利益については、滞在予定期間中は日本での収入を基礎とし、滞在予定期間経過後は本国での予想収入を基礎として算出すべきとし、②死亡慰謝料については、遺族の生活基盤がある国、支払われた慰謝料が主に費消される国、貨幣価値などを考慮にいれて算出すべきとした裁判例があります（千葉地判平成26・9・30判時2248号72頁〔28224972〕）。

そして滞在予定期間は、来日目的、事故時点における本人の意思、在留資格の内容、在留期間、在留期間更新の実績、蓋然性、就労資格の有無、就労の態度等を考慮するものとされます（最三小判平成9・1・28民集51巻1号78頁〔28020337〕）。

例えば永住者、日本人の配偶者等、永住者の配偶者等、定住者などの在留資格を有する場合は、逸失利益や慰謝料についても原則として日本人と同じ基準で算定され、滞在予定期間もまず問題となりません。

一方、就労ビザで滞在している場合は、まさに上記裁判例の考え方が

III 人身事故

妥当し、滞在予定期間がいつまでか、また本国での予想収入がどの程度かを検討していくこととなります。

他方で、短期滞在の在留資格で在留している場合や、既にオーバーステイ（在留期間超過による不法滞在）となっている場合は、日本における就労資格を有しないので、滞在予定期間中であっても本国での予想収入をもとに逸失利益を算定すべきと考えられます。

なお、国によっては都市部と地方で物価や平均給料が著しく異なることもあります。本国の平均給料だけでなく、被害者の実際の就職予定先、被害者が就こうとしていた職種や都市の平均給料も参考にする必要があります。また、来日前に本国で就労をしていたのならば、来日前の平均給料を基準に算出する方法はわかりやすく、説明の一貫性、客観性を保ちやすくなります。

死亡慰謝料又は後遺障害慰謝料について決まった基準はありませんが、永住者、日本人の配偶者等、永住者の配偶者等、定住者などの在留資格を有する場合を除き、在留予定期間や本国における所得水準などの事情をもとに、事案ごとに算定することになります。算定に当たっては、過去の裁判例が参考となります（前述の中国人実習生の死亡事案では、死亡慰謝料を1300万円、遺族固有慰謝料を別途合計100万円と認定しています）。

調べるべきこと・情報の提供を求めるべきこと

- ●被害者の運転資格
  国際運転免許を有するのか否かを確認する必要があります。
- ●被害者の在留資格、被害者の今後の在留予定
  外国人といっても、日本での活動内容に応じて多様な在留資格があります。今後どのようなスケジュールで賠償を行うのかを検討する必要があります。また、逸失利益を算定するに当たっては、滞在予定期間が重要になります。
- ●被害者の本国と日本の物価の差

Q19 外国人が被害者となった場合の注意点全般、外国人の逸失利益

重大な事故の場合、賠償の段階で検討するのではなく、早期に、将来的に物価の差が賠償金額の差になることを認識し、相手方の本国の物価水準や所得水準を調査する必要があります。
- 被害者が帰国後に働く予定の都市、職種、被害者の本国での収入
 この点は帰国後など連絡がとりづらくなる前に、事前に情報を収集する必要があります。面談での聞き取り、近親者への聞き取り、給料明細取得などを進めます。
- 類似裁判例での慰謝料認定額における一般的な日本人の事案との差
 損害提示の際に、日本人との違いを示すには類似の裁判例を根拠とするのが最も説得的です。複数の裁判例を調査し、検討します。

想定問答

Q 不法滞在中だったが収入があった。けがにより働けなくなったので、その間の休業損害は補償してほしい。

A 不法滞在であるからといって直ちに休業損害の支払を拒むわけではありません。しかし、適切な立証をしていただく必要があります。休業損害証明書を取得していただくほか、事業者への聞き取り等を行わせていただくことがあります。立証ができていない場合、お支払できないことがあります。

Q 示談提示が日本人の場合と異なるという考え方は納得できない、不当な差別ではないのか。

A 損害賠償の支払は、本国での物価や今後の就労予定等を総合的に考慮して決めるとするのが裁判例の考え方です。損害賠償金額は裁判例の考え方に沿って提示させていただいております。

Q 交通事故の示談交渉のため、通訳費用が必要となっている。事前に支払ってほしい。

A 通訳費用が賠償の対象となることも理論的にはあり得ます。しか

Ⅲ 人身事故

し、無条件にお支払できるわけではありませんので、通訳人の方と当方とで事前に通訳費用の算定方法とその上限について合意をさせてください。また、過失割合に応じた自己負担が最終的に生じることはご了承ください。

Q 在留資格がないため、強制送還される可能性がある。在留資格が認められるよう手配してほしい。

A 加害者側は、金銭的な賠償はいたしますが、在留資格について関与することまではいたしかねます。ご自身で弁護士に相談をしてください。

Q 日本語が不自由であるため、日本人の友人を交渉の代理人としたい。

A 日本語の得意なご友人に同席いただいたり、通訳をしていただくことは可能です。しかしあくまであなたの治療やお金の話ですので、交渉自体はあなた自身と行わせていただけますでしょうか。

裁判例
外国人の被害者が自国で治療を受けた際の帰国渡航費及び伝統医学による治療費について、治療の有効性・相当性が定かではないなどとして相当因果関係を否定した裁判例
・東京地判平成30・8・30自保ジャーナル2037号40頁〔28271832〕

中国人留学生の死亡事案につき、遺族が保険会社との交渉時に要した通訳料をすべて損害と認めた裁判例
・名古屋地判平成25・7・19自保ジャーナル1908号87頁〔28220032〕

日本人と異なる計算方法があるとの一般論を判示した裁判例
・最三小判平成9・1・28民集51巻1号78頁〔28020337〕

・千葉地判平成26・9・30判時2248号72頁〔28224972〕

留学生の事案につき、大学卒業から10年間は日本国での就労を前提とし、その後67歳までは本国での就労を前提として損害を算定した裁判例
・神戸地判平成18・11・24交通民集39巻6号1645頁〔28140098〕

事故時31歳の留学生につき、日本国で就労する蓋然性があるとは認められないとしつつ、被害者の日本語能力や専門的能力を考慮して、本国の平均賃金ではなく日本人の賃金センサスの2分の1を基礎収入とした裁判例
・奈良地判平成29・9・8自保ジャーナル2011号45頁〔28261647〕

治療継続等の理由で仮放免許可の更新を受けていた不法滞在者につき、逸失利益算定の基礎収入を本国の平均賃金とした裁判例
・東京地判平成30・7・25平成29年(ワ)15683号公刊物未登載〔29055200〕

本国の日系企業の給与を参考に基礎収入を算出した裁判例
・東京地判平成22・10・13交通民集43巻5号1287頁〔28174511〕

(服部 文哉、丸山 浩平)

Ⅲ 人身事故

 知的障害者の後遺障害逸失利益における基礎収入

> **事例**
>
> 弊社の契約者Yが起こした事故の相手方Xは知的障害があり養護学校に通学する女性の学生でしたが、事故によって、顔面に傷跡が残ってしまいました。
> その後、Xは、自賠責保険の後遺障害等級認定を受け、外貌醜状について9級を認定されました。
> 弊社は、Xから、後遺障害逸失利益として、賃金センサスの産業計・企業規模計・男女計・学歴計・全年齢の平均賃金を基礎収入とし、自賠責保険の9級に相当する労働能力喪失率35％、労働能力喪失期間49年間として、約3000万円の後遺障害逸失利益を請求されています。
> 本当にこんなに多額の損害賠償義務があるのでしょうか。

ポイント

- そもそも顔に傷跡が残ったからといって、収入が減るということがあるのでしょうか。
- 未就労の未成年女性について、賃金センサスの産業計・企業規模計・男女計・学歴計・全年齢の平均賃金を基礎収入とすることは相当なのでしょうか。
- 知的障害者について、賃金センサスの産業計・企業規模計・男女計・学歴計・全年齢の平均賃金を基礎収入とすることは相当なのでしょうか。

考え方

1 外貌醜状の後遺障害について

外貌醜状の後遺障害については、労働に直接影響を及ぼすおそれがあ

156

る場合を除いては、通常の労働にとって特段影響を及ぼさないので、逸失利益は発生しないと考えられています。

　また、例外的に、労働に直接影響を及ぼすおそれがあるとして後遺障害逸失利益が発生する場合においても、その労働能力喪失率は、自賠責保険の後遺障害等級における労働能力喪失率よりも低いものとなることが一般的です。

　これらの点の詳細については、Q26（189頁以下）を参照してください。

2　未就労の女性の基礎収入について

　未就労の女性年少者については、賃金センサスの全労働者（男女計）・全年齢・学歴計の平均賃金又は女性・全年齢・学歴計の平均賃金を基礎収入とすることが一般的です。

　しかし、個別の事案ごとに、賃金センサスの全労働者の平均賃金を基礎とすることが相当でない事情がある場合には、それぞれの事案に応じた被害者の蓋然性のある想定される賃金額を基礎収入とすることが必要となります。

　これらの点の詳細については、Q21（162頁以下）を参照してください。

3　知的障害者の後遺障害逸失利益算定の基礎収入

(1)　事故当時に就業していた場合には、障害者についても、後遺障害逸失利益は、現実収入を基礎として算定すべきであり、特に健常者と異なるところはありません。

(2)　問題は、知的障害者が、事故当時に就業していなかった場合です。
　知的障害者が事故当時に就業していなかった場合でも、就業の可能性があれば後遺障害逸失利益は認められます。
　ただし、基礎収入について、当該障害者の労働能力が健常者よりも劣っている場合に、どのように考えるかが問題となります。

(3) この点、人間の価値が平等であるとの観点から、賃金センサスの全労働者（男女計）・全年齢・学歴計の平均賃金を基礎収入とすべきという考え方や、少なくとも当該地域における不法行為時の最低賃金を基準とすべきという考え方もあり得るところです。

(4) しかし、一般に、後遺障害逸失利益のような消極的損害の賠償請求については、裁判所が、あらゆる証拠資料に基づき、経験則と良識を十分に活用して、可能な限り蓋然性のある額を算出すべきであり、その額に疑いが生じる場合には、被害者側にとって控えめな算定方法（例えば、収入額につき疑いがあるときはその額を少なめに、支出額につき疑いがあるときはその額を多めに計算し、また遠い将来の収支の額に懸念があるときは算出の基礎たる期間を短縮する等の方法）により算出されるべきである、と考えられています（Q21（162頁）参照）。

このような考え方の背景には、被害者は不法行為によって現実に被った損害のみが賠償されるべきであり、不法行為を原因として利益を得てはならないという考え方があると説明することも可能です。

なお、知的障害者について、可能な限り蓋然性のある額を算出しようとしない場合、既存障害として労働能力喪失率において減額調整のされる身体障害者と比較した場合のアンバランスも生じます。

(5) 前記(4)のように、可能な限り蓋然性のある額を算出するという場合、障害の内容や本人の稼働能力を証拠資料によって調べる必要があります。そのうえで、本人の稼働能力が全労働者（男女計）・全年齢・学歴計の平均賃金や当該地域における不法行為時の最低賃金を稼ぐことのできるものに足りないのであれば、やはり本人の実際の稼働能力から可能な限り、実際に稼ぐことのできる蓋然性のある額を算出していくべきことになると考えられます。

(6) 具体的には、被害者の通学している特別支援学校（養護学校）が対象としている生徒の知的障害の程度、卒業生の進路内容、被害者の知能指数、被害者の職業訓練等の結果、厚生労働省の障害者雇用実態調

査の結果等から被害者の実際の稼働能力や実際に稼ぐことのできる蓋然性のある額を評価していくべきです。

4 後遺障害慰謝料における考慮

知的障害者の基礎収入について、可能な限り蓋然性のある額を算出した結果、基礎収入がゼロとなったり、非常に低額になったりした場合には、後遺障害慰謝料において、認定された等級における標準的な金額を上回る金額を認定している事案もあります（慰謝料の補完的機能）。

交渉に当たっては、慎重な対応が必要です。

調べるべきこと・情報の提供を求めるべきこと

- 被害者の通学する特別支援学校の対象とする生徒
  当該特別支援学校のホームページ等を調査します。
- 被害者の通学する特別支援学校の卒業生の進路
  当該特別支援学校のホームページ等を調査します。
- 被害者の知能指数等
  療育手帳の写しの提出を求めます。
  療育手帳の発行者に対する弁護士会照会等の調査を行います。
- 障害者の雇用実態
  厚生労働省が公表している障害者雇用実態調査の結果を調査します。

想定問答

Q 知的障害者に対して後遺障害逸失利益の基礎収入を平均賃金で出さないのは障害者差別じゃないか。

A 一般に、後遺障害逸失利益のような消極的損害の賠償請求については、裁判所が、あらゆる証拠資料に基づき、経験則と良識を十分に活用して、可能な限り蓋然性のある額を算出すべきであり、その額に疑いが生じる場合には、被害者側にとって控えめな算定方法によ

り算出されるべきである、と考えられています。人それぞれに、収入の金額は異なるのであり、被害者様の後遺障害逸失利益について、実際に見込まれる収入額を基礎収入額として算定することが障害者差別に当たるとは考えません。

裁判例
知的障害者の基礎収入についてゼロとした裁判例
・東京地判平成2・6・11判時1368号82頁〔27807599〕
・岡山地判平成27・10・22自保ジャーナル1962号58頁〔28241056〕

知的障害者の基礎収入について障害者作業所の賃金を基準とした裁判例
・横浜地判平成4・3・5判時1451号147頁〔27811825〕
・仙台高判平成23・10・26平成22年(ネ)684号等公刊物未登載

知的障害者の基礎収入について当該地域における不法行為時の最低賃金で月22日労働するとの前提で算出した額の9割と算定した（年収約100万円）裁判例
・東京高判平成6・11・29判時1516号78頁〔27826513〕（前掲横浜地判の控訴審）

知的障害者の基礎収入について当該地域における不法行為時の最低賃金で月20日労働するとの前提で算出した（年収約120万円）裁判例
・青森地判平成21・12・25判時2074号113頁〔28161001〕

知的障害者の基礎収入について厚生労働省の障害者雇用実態調査の結果に基づく知的障害者の平均賃金月額を年額換算した数値（年収約130万円）を用いた裁判例
・名古屋地判平成30・3・16自保ジャーナル2021号54頁〔28264025〕
・名古屋高判平成30・10・23平成30年(ネ)314号等公刊物未登載（前掲名古屋地判の控訴審）

知的障害者の基礎収入について賃金センサス第1巻第1表・女性・高卒の平均賃金の70％の額（年収約210万円）と算出した裁判例
・さいたま地判平成27・12・11平成25年(ワ)2894号公刊物未登載〔28234639〕

知的障害者（男性）の基礎収入について賃金センサス第1巻第1表・男女計・学歴計・19歳までの平均賃金により算出した（年収約240万円）裁判例
・東京地判平成31・3・22労働判例1206号15頁〔28273950〕

知的障害者の基礎収入について賃金センサス第1巻第1表・男性・中卒40歳〜44歳の平均賃金の70％の額と算出した（年収約340万円）裁判例
・東京地八王子支判平成15・12・10判時1845号83頁〔28090733〕

（檀浦　康仁）

Ⅲ 人身事故

 学生が被害者となった場合の逸失利益

> **事例**
>
> 交通事故被害者であるＸは学生です。現在収入を得ているわけではありませんが、逸失利益の基礎収入についてはどのように考えればよいでしょうか。

ポイント

- 年少者においては、基本的には賃金センサスを用いて、基礎収入の算出を行うことになります。
- 女性については、女性の賃金センサスを用いて、基礎収入の算出を行うこともあります。
- 特定の職業への就業や、大学卒業等については、高度の蓋然性が認められる場合には、それに応じた基礎収入が認められる場合があります。
- 特定の職業への就業について高度の蓋然性が認められる場合においても、得られる高度の蓋然性がある収入がいくらであるかについては、具体的な検討が必要となります。

考え方

1 年少者についての基本的な考え方

(1) リーディングケースと一般的な傾向

年少者の逸失利益の損害賠償については、最三小判昭和39・6・24民集18巻5号874頁〔27001902〕が、次のとおり判断しています。

「年少者死亡の場合における右消極的損害の賠償請求については、一般の場合に比し不正確さが伴うにしても、……できうるかぎり蓋然性のある額を算出するよう努め、ことに右蓋然性に疑がもたれるときは、被害者側にとつて控えめな算定方法（例えば、収入額につき疑が

あるときはその額を少な目に、支出額につき疑があるときはその額を多めに計算し、また遠い将来の収支の額に懸念があるときは算出の基礎たる期間を短縮する等の方法）を採用することにすれば、……損失の公平な分担を窮極の目的とする損害賠償制度の理念にも副うのではないかと考えられる。」

　上記の判例を踏まえて、蓋然性のある逸失利益については、年少者・学生といった、現在は収入を得ているわけではないが将来収入を得る予定の者については、賃金センサスを基礎として基礎収入が算定されるのが一般的な傾向です。

　なお、上記の判例は、損失の公平な分担という不法行為における基本的な理念に基づき、被害者の損害を控えめに算定することを示しています。基本的な理念に基づいていた判断であることから、この算定方法は、被害者の損害一般について妥当するといえるでしょう。特に、事故がなければ被害者が得られた利益（逸失利益）は、いずれについても一定の仮定に基づいて算定がなされる点で共通することから、逸失利益一般に控えめな算定方法の手法は妥当するといえるでしょう。

(2) **男子年少者**について

　男子年少者については、用いられる統計として、賃金センサス第1巻第1表の男性・全年齢・学歴計の平均賃金を基礎とすることが原則となります。

(3) **女子年少者**について

　女子年少者については、特に年齢の低い被害者の逸失利益について、賃金センサス第1巻第1表の全労働者・全年齢・学歴計の平均賃金を基礎とすることが最近の下級審裁判例の傾向と指摘されることもあります。

　しかしながら、最高裁判所は、全労働者ではなく、女性・全年齢・学歴計の平均賃金を基礎とする算定方法を否定していないため（女性の平均賃金による算定方法を用いた東京高判平成13・10・16判時1772

Ⅲ　人身事故

号57頁〔28062189〕の判決を維持）、女性・全年齢・学歴計の平均賃金を基礎とする算定方法は、誤りとはいえないと考えられます。

　また、具体的に蓋然性を考慮して、女性・被害者の職業・被害者の学歴の賃金センサスが用いられる裁判例も多く見受けられますし、ある程度進路が固まってくる高校卒業後になると特にこの傾向が強くなるようです（女性の平均賃金が用いられたものとして、東京地判平成25・9・6交通民集46巻5号1174頁〔28224279〕、大阪地判平成28・7・15交通民集49巻4号886頁〔28252977〕、名古屋地判平成28・4・27自保ジャーナル1973号1頁〔28243307〕等多数）。

　実際に、男女の平均賃金の格差は大きいというのが実情ですので、女性の平均賃金による算定方法を用いることは合理的といえると考えます。

2　例外的な場合

(1)　例外的な基礎収入が認められる場合

　年少者と異なり、大学生などで将来の進路が定まっている場合等においては、上記とは異なる賃金を主張されることがあります。

　内定を得ているなど特定の職種に就く蓋然性が高い場合や、大学等への進学が確実といった場合には、それに応じた基礎収入が認められる場合があります。

　もっとも、この蓋然性については、具体的に考える必要があります。

　大学の教育学部1年生の事案で、将来、高校教師になる高度の蓋然性があるため、逸失利益の基礎収入を、高校教師ないし教職員の給与を基準とすべきとの主張に対して、被害者はいまだ1年生であって将来の進路変更の余地がないではないこと、被害者の在籍するコースの卒業生の大半が教員になるものと認めるに足りる証拠はないとして、主張を排斥している裁判例があります（岡山地判平成17・11・4交通民集38巻6号1517頁〔28130078〕）。

また、高校生等について、大学卒業の賃金センサスを平均賃金とした裁判例がありますが、被害者の成績や、被害者の教育環境等を具体的に判断しています（仙台地判平成24・3・26自保ジャーナル1885号98頁〔28210073〕等）。

このように、高度の蓋然性が認められるか否かは、個々の事案に応じて、具体的に検討を行う必要があります。

(2) 具体的な基礎収入

特定の職業につく高度の蓋然性が認められる場合においても、その基礎収入について具体的に検討を行う必要があります。

警視庁警察官の採用が内定している大学生の事案において、警視庁警察官の平均年収は、賃金センサス・男性・大学生・全年齢平均年収額の1.2倍に相当するものの、約1割の者が1年で警視庁警察官を退職していることや、離職者全体のうち定年退職者の占める割合は50％をわずかに超える程度にすぎない等を理由として、1.2倍の収入を得られた蓋然性が高いとまでは認められないとして、1.1倍に当たる金額を基礎収入とした裁判例があります（東京地判平成23・8・2自保ジャーナル1859号47頁〔28175884〕）。

このように、特定の職業につく高度の蓋然性が認められる場合においても、その収入を得る高度の蓋然性が認められるか否かについて具体的に検討を行う必要があります。

(3) 例外的な基礎収入を用いる場合の注意点

将来の進路に基づく基礎収入による計算を行う場合は、その分稼働開始が遅くなるため、稼働期間もその分短縮して計算を行う必要がありますので、必ずしも、損害額が多くなるとは限りません。

例えば、高校生の被害者の場合に、大学卒業の賃金センサスを用いて損害額の算定を行う場合は、稼働開始が、高校卒業の賃金センサスを用いて損害額の算定を行うよりも、4年間遅くなるため、稼働期間を4年分短縮する必要があります。

Ⅲ　人身事故

3　定期金賠償について

　後遺障害逸失利益について、一時金による支払ではなく、定期金賠償による賠償方法を認めるものとして、最一小判令和2・7・9裁判所時報1747号14頁〔28281917〕があります。この項目で取り扱ったケースはまさに定期金による賠償が求められることが多くなることが予想されます（詳しくは、Q23（173頁）を参照してください）。

調べるべきこと・情報の提供を求めるべきこと

- 被害者の進路の予定
- 被害者の在籍する学校の卒業生の進路
- 被害者の成績
- 被害者の教育環境
- 被害者の内定の有無
  例外的な基礎収入が得られる蓋然性が認められるか否かを判断する際に必要となります。
- 内定先の収入、離職率
  実際に得られる蓋然性のある具体的な収入を算出する際に必要となります。

想定問答

Q 私は、将来大学は卒業していたと思うので、大学卒業を前提として基礎収入を算出してほしい。

A 大学を卒業するという高度の蓋然性がなければ、大学卒業を前提とした計算を行うことはできません。

Q 私は、将来弁護士になる予定であった。弁護士になることを前提として基礎収入を算出してほしい。

A 将来弁護士になる高度の蓋然性がなければ、弁護士を前提とした計算を行うことはできません。

可能性があるというだけでは、高度の蓋然性があるとはいえません。

裁判例

・東京高判平成13・10・16判時1772号57頁〔28062189〕
　全労働者ではなく、女性の平均賃金による算出方法を行った。
・岡山地判平成17・11・4交通民集38巻6号1517頁〔28130078〕
　大学の教育学部の1年生について、高校教師の逸失利益の基礎収入を、高校教師ないし教職員の給与を基準とすべきとの主張を排斥した。
・仙台地判平成24・3・26自保ジャーナル1885号98頁〔28210073〕
　被害者の成績や、被害者の教育環境等を具体的に判断して、大学卒業の賃金センサスを平均賃金とした。
・東京地判平成23・8・2自保ジャーナル1859号47頁〔28175884〕
　蓋然性のある収入について、離職率等を加味して、判断を行った。
・東京地判平成25・9・6交通民集46巻5号1174頁〔28224279〕
　中学卒業後進学せず居酒屋で稼働していた女性について女子学歴計全年齢の平均賃金を用いて逸失利益を算定した。
・大阪地判平成28・7・15交通民集49巻4号886頁〔28252977〕
　20歳の美容専門学校生の女性について、女子・高専短大卒の平均賃金を用いて逸失利益を算定した。
・名古屋地判平成28・4・27自保ジャーナル1973号1頁〔28243307〕
　24歳の女子大学生について、女子・大卒の平均賃金を用いて逸失利益を算定した。

（水野　憲幸、岩田　雅男）

Ⅲ　人身事故

Q22 若年の非正規労働者が被害者となった場合の逸失利益

事例

交通事故被害者であるＸは、非正規労働者の若者です。賃金センサスに相当する収入を得ているわけではありませんが、賃金センサスを基礎とした請求がされています。基礎収入についてどのように考えればよいでしょうか。

ポイント

- 原則として、比較的若年の被害者で生涯を通じて全年齢平均賃金又は学歴別平均賃金程度の収入を得られる蓋然性が認められる場合については、基礎収入を全年齢平均賃金又は学歴別平均賃金によることとし、それ以外の者の場合は、事故前の実収入額によることとなります。
- 判断要素は、①事故前の実収入が全年齢平均賃金よりも低額であること、②比較的若年であることを原則として、おおむね30歳未満であること、③現在の職業、事故前の職歴と稼働状況、実収入額と年齢別平均賃金又は学歴別かつ年齢別平均賃金との乖離の程度及びその乖離の原因などを総合的に考慮して、将来的に生涯を通じて全年齢平均賃金又は学歴別平均賃金程度の収入を得られる蓋然性が認められることです。

考え方

1　基礎収入算定の基本

給与所得者の場合、基本的に事故前の給与額を基礎として、基礎収入を算出します。しかし、若年の労働者の場合には、必ずしも事故前の給与額を基礎収入とするとは限りません。

2 若年労働者の場合

(1) 平成11年11月22日に、東京、大阪、名古屋の地方裁判所の３庁の交通部総括判事が行った「交通事故による逸失利益の算定方式についての共同提言」というものがあります。これによれば、交通事故による逸失利益の算定において、原則として、幼児、生徒、学生の場合、専業主婦の場合、及び、比較的若年の被害者で生涯を通じて全年齢平均賃金又は学歴別平均賃金程度の収入を得られる蓋然性が認められる場合については、基礎収入を全年齢平均賃金又は学歴別平均賃金によることとし、それ以外の者については、事故前の実収入額によることとするとされています。

(2) 当該共同提言によれば、若年の労働者についての基礎収入は、生涯を通じて全年齢平均賃金又は学歴別平均賃金程度の収入を得られる蓋然性が認められる場合には、基礎収入は、賃金センサスによることになってしまいます。

(3) 判断要素としては、①事故前の実収入が全年齢平均賃金よりも低額であること、②比較的若年であることを原則として、おおむね30歳未満であること、③現在の職業、事故前の職歴と稼働状況、実収入額と年齢別平均賃金又は学歴別かつ年齢別平均賃金との乖離の程度及びその乖離の原因などを総合的に考慮して判断します。

(4) 共同提言については、実務において、若年労働者は基本的には、その後、収入の増加が期待できるので、事故時の実収入を基礎収入とするのは妥当でない場合もあること、学生等についても賃金センサスを基礎収入として算定することとの均衡からしても、生涯を通じて平均賃金程度の収入を得られる蓋然性がある場合に賃金センサスを基礎収入とするとの考えは受け入れられてきています。一方で、具体的事情によることとなりますが、労働者の年齢が30歳を超えるときには、既に社会人として成熟しているとされ、生涯を通じて全年齢平均賃金程度の収入を得られる蓋然性は認められにくいとされてきているようです。

Ⅲ　人身事故

(5)　したがって、若年の労働者の基礎収入を考えるに当たっては、具体的な事情を丁寧に検討して、将来的に生涯を通じて平均賃金程度の収入を得られる蓋然性があるかどうかを検討することが重要になってきます。

(6)　なお、裁判例には、事故前の収入か賃金センサスによる平均賃金かのどちらかになるとは限らず、具体的な事情を考慮して、賃金センサス平均賃金の7割等のように判断しているものもあります。また、労働能力喪失期間が5年間といった比較的短い場合には、年齢別平均賃金によることが合理的といえる場合が多いと思われます。

3　若年の非正規労働者の場合

(1)　非正規労働者の場合においては、この蓋然性を判断するに際して、正社員となる可能性があったかどうかが大きな判断材料となると考えられます。

(2)　正社員と、非正規労働者の間で、大きな賃金格差が存在することが現実であることを考えると、正社員となる可能性がない場合は、将来平均賃金程度の収入を得られる蓋然性は認め難いと思われます。

(3)　ただし、非正規労働者であっても、特別な専門技術を有する場合においては、将来的に収入が増加する可能性は存在すると思われますので、このような特別な専門技術を有している場合は、上記蓋然性が認められる場合があると考えます。

(4)　他方、若年非正規雇用者で、実収入が年齢別平均賃金に比べて相当低額な者については、収入増を期待できる専門技術、技能、資格の取得、職歴、収入、正規雇用による就労の意思、機会の有無等を考慮し、全年齢平均賃金程度の収入を得られる蓋然性が認められない場合には、全年齢平均賃金ではなく、その相当割合による方法を採ることが相当であると思われます。

(5)　この点について、裁判例においても、具体的に判断が行われています。

症状固定時21歳の非正規雇用従業員の事案において、将来、正社員として会社勤めをするなどして、通常の社会人として就労する意思も能力もあったとして、男子・学歴計・全年齢の賃金センサスを用いて、基礎収入を算定している裁判例があります（札幌地判平成21・10・20自保ジャーナル1819号99頁〔28174847〕）。

　大学卒業後、専門職につくために、アルバイトをしながら、独学で専門的知識を学んでいた23歳男性の死亡逸失利益算定に当たり、新たな資格取得の勉強を始めるなど、近い将来に正社員として就労することを視野に入れて進路を考えていたことがうかがわれること等を考慮して、本件事故に遭わなければ、遅くとも一般に新卒扱いとして採用可能性のある大学卒業後3年程度を経るまでには就職し、その後は大学卒男子全年齢平均程度の収入を得る蓋然性があったとみるのが相当であるとして、大学卒男子全年齢平均の賃金センサスを用いて基礎収入を算定している裁判例もあります（山口地判平成30・2・28交通民集51巻1号247頁〔28261229〕）。

　これらの裁判例においては、単に、若いということだけを理由とせず、正社員として就労する意思・能力について判断されています。

(6)　以上のように、平均賃金程度の収入を得られる蓋然性が認められるか否かについては慎重な判断が必要であり、それが認められない場合においては、事故前の給与額を基礎として基礎収入を算出すべきと考えます。

調べるべきこと・情報の提供を求めるべきこと

- 事故前の収入
  事故前の実際の収入を確認することがすべての基本になります。
- 事故前の職歴・学歴・専門技術・資格の有無
- 非正規労働を行っている理由
- 正社員でなく、非正規労働を行うことになった経緯
- 正社員となる見込み

Ⅲ　人身事故

●給与が増加する見込み

これらは、収入が増加する蓋然性を判断する際に必要となります。

想定問答

Q 事故前は、たまたま給料が低かったが、本当はもっと給料が上がるはずだった。基礎収入をもっと高くしてほしい。

A 将来的に給料が上がる蓋然性が認められない限りは、事故前の収入より高い金額を基礎収入とすることはできません。

裁判例

・横浜地判平成26・12・16自保ジャーナル1943号124頁〔28232082〕
　賃金センサスの7割に相当する金額を基礎収入として認定した事例。

・札幌地判平成21・10・20自保ジャーナル1819号99頁〔28174847〕
　若年非正規労働者について、通常の社会人として就労する意思も能力もあったとして、男子・学歴計・全年齢の賃金センサスを用いて、基礎収入を算定した事例。

・山口地判平成30・2・28交通民集51巻1号247頁〔28261229〕
　若年の大卒アルバイトについて、新たな資格取得の勉強を始めるなど、近い将来に正社員として就労することを視野に入れて進路を考えていたことなどから、大学卒男子全年齢平均の賃金センサスを用いて基礎収入を算定した事例。

（水野　憲幸、牧村　拓樹）

Q23 定期金賠償
―最高裁令和2年7月9日判決の考え方―

事例

X（事故当時4歳）は、道路を横断中にYの運転する大型貨物自動車に衝突される事故に遭い、脳挫傷等の傷害を負い、自動車損害賠償保障法施行令別表第二第3級3号相当の高次脳機能障害等の後遺障害が残存しました。

Xは、Yに対して後遺障害逸失利益を請求する際、将来Xが18歳になって以降、毎月支払う方法による賠償を求めていますが、このように定期金として支払う方法は認められるのでしょうか。

ポイント

- 定期金賠償とは何でしょうか。どのような場合に定期金賠償によることが認められるでしょうか。
- 後遺障害逸失利益は定期金賠償の対象となるでしょうか。また、被害者が就労可能年数までの間に死亡した場合に、その後も定期金賠償を継続しなければならないでしょうか。

考え方

1 定期金賠償とは

定期金賠償について明確な定義はありませんが、簡単にいえば、将来にわたって定期的に支払を行う賠償の方法です。

交通事故による身体傷害に対する賠償請求権は、交通事故時に発生すると考えられており、交通事故訴訟の判決では、将来にわたって経時的に発生していく損害であっても一時金として算定して賠償を命じることが通常です。

例えば、事故により介護を要することになった場合の介護費用や、労働能力を喪失したことによる逸失利益については、具体的損害としては

III 人身事故

将来にわたって随時発生していくものといえますが、これを事故時に発生した一時金として、中間利息を控除して計算することとされています。

　もっとも、民法では、交通事故による損害賠償について、金銭賠償によることは定めているものの、支払方法について、一括して支払わなければならないと定めているわけではありません。一方、民事訴訟法117条では定期金による賠償を命じた確定判決の変更を求める訴えについて規定しており、裁判所が判決において、定期金賠償の方法によって支払を命じることができることを当然の前提としています。定期金賠償の方法による場合、将来にわたる事情変更に対応して、被害者の損害の実態に即した賠償が実現できるとされています。

　そこで、裁判所は、将来にわたり時間の経過とともに具体化する性質の損害費目については、将来にわたる事情変更の可能性や加害者側の資力（賠償能力）など、様々な事情を総合的に考慮し、損害の公平な分担の理念に照らして、相当と認められる場合には定期金賠償の方法を命じることができると考えられています。

　とはいえ、示談交渉も含めた交通事故における賠償実務において、定期金賠償の方法は一般的とはいえませんし、定期金賠償による場合、支払管理上の負担も無視できません。被害者と賠償義務者側との接触が将来にわたって続いていくため、紛争解決の方法として疑問視する見方もあり得ます。被害者側から定期金賠償を求められたとしても、賠償義務者側としては直ちに応じることはできず、争わざるを得ない場合が少なくないと思われます。

2　定期金賠償の対象となる損害費目

　将来にわたって時間の経過とともに現実化する損害費目として、典型的には将来介護費と逸失利益があります。民法には定期金賠償がどのような損害費目について認められるかについては規定がないため、これらの損害費目について定期金賠償の方法によることができるのかが問題と

なります。

　この点、将来介護費用についてはこれまでも定期金賠償の方法によることが一般に認められてきました。将来介護費が定期金賠償に適する理由として、被害者が死亡するまでの間発生する損害費目であるため、事故後被害者が現実に死亡するまでの間の介護費用について実態に即した賠償がなされるといえる点が指摘できます。一時金賠償による場合、平均余命を参照して賠償額を算定することが多く、被害者が平均余命よりも早期に死亡した場合などに実態と賠償額の乖離が生じる余地があります（逆に被害者が平均余命よりも長生きをした場合も同様です）。

　他方、逸失利益のうち死亡逸失利益については、本人が死亡したときに発生し、かつその額も確定して具体化しており、将来具体化するものでもなく変動するものでもないことから、一般に定期金賠償の方法によることは認められないと考えられます。

　では、後遺障害逸失利益についてはどうでしょうか。後遺障害逸失利益は、将来にわたって発生する損害である点で将来介護費と変わりがありませんが、その終期は一般に就労可能年限（通常67歳まで）とされ、被害者が事故後に死亡したとしても、交通事故の時点でその死亡の原因となる具体的事由が存在し、近い将来における死亡が客観的に予測されていたなどの特段の事情がない限り、死亡の事実は就労可能期間の算定上考慮すべきではないとされています（最一小判平成8・4・25民集50巻5号1221頁〔28010503〕、最二小判平成8・5・31民集50巻6号1323頁〔28010653〕）。

　平成8年の各最高裁判例を前提とすると、後遺障害逸失利益について定期金賠償を認めてよいかについては議論がありましたが、最一小判令和2・7・9裁判所時報1747号14頁〔28281917〕（以下、「令和2年最判」といいます）は次のとおり判示して、後遺障害逸失利益についても定期金賠償の対象となることを認めました。

　「不法行為に基づく対象賠償制度は、被害者に生じた現実の損害を金銭的に評価し、加害者にこれを賠償させることにより、被害者が被った

不利益を補填して、不法行為がなかったときの状態に回復させることを目的とするものであり、また、損害の公平な分担を図ることをその理念とするところである。このような目的及び理念に照らすと、交通事故に起因する後遺障害による逸失利益という損害につき、将来において取得すべき利益の喪失が現実化する都度これに対応する時期にその利益に対応する定期金の支払をさせるとともに、上記かい離が生ずる場合には民訴法117条によりその是正を図ることができるようにすることが相当と認められる場合があるというべきである。以上によれば交通事故の被害者が事故に起因する後遺障害による逸失利益について定期金による賠償を求めている場合において、上記目的及び理念に照らして相当と認められるときは、同逸失利益は、定期金による賠償の対象となるものと解される。」

　この判例により、一般的に後遺障害逸失利益についても定期金賠償の対象となり得ることが明らかになったといえます。

3　後遺障害逸失利益の定期金賠償の終期

　後遺障害逸失利益が定期金賠償の対象となり得るとして、終期をどのように考えればよいでしょうか。

　後遺障害逸失利益は就労が不能又は一部不能となったことによる損害ですから、就労可能期間の終期が到来した場合には、定期金賠償も終わると考えることには異論はありません。しかし、裁判所が定期金賠償を命じる際に、就労可能期間の終期より前に被害者が死亡した場合を定期金賠償の終期としておかなければならないかは問題です。被害者が死亡した以上、被害者が以降就労することもあり得ず、就労できなかったことによる損害が現実化することもないと考えれば、被害者の死亡により定期金賠償も終了しなければならないと考えても違和感はありません。しかし、上記のとおり、判例では原則として交通事故後被害者が死亡した場合であっても後遺障害逸失利益の算定において影響を及ぼさないとの立場をとってきましたので、被害者の死亡により定期金賠償が終了す

ることは判例の立場と整合しないとも考えられます。

　令和2年最判は、この点について、「後遺障害による逸失利益につき定期金による賠償を命ずるに当たっては、交通事故の時点で、被害者が死亡する原因となる具体的事由が存在し、近い将来における死亡が客観的に予測されていたなどの特段の事情がない限り、就労可能期間の終期より前の被害者の死亡時を定期金による賠償の終期とすることを要しないと解するのが相当である。」と判示し、就労可能期間の終期より前の被害者の死亡を定期金賠償の終期としない結論を認めました。

4　後遺障害逸失利益について定期金賠償が認められた場合の対応

　判決において、就労可能期間の終期までの定期金賠償を命じられた場合、その間に被害者が死亡したとしても、以降も被害者の相続人に対して就労可能期間の終期まで定期金賠償を継続する必要があります。賠償義務者側としては、相続人が確定できない場合や、相続人間で紛争が生じた場合などには支払手続が大変煩雑になることなどの問題もあります。

　後遺障害逸失利益について定期金賠償が命じられた際には、あらかじめ、被害者との間で、被害者が死亡した場合の支払方法等について協議しておき、合意をしておく対応も考えられると思われます。

　また、令和2年最判には小池裕裁判官の補足意見が付されていますが、補足意見において「被害者の死亡によってその後の期間について後遺障害等の変動可能性がなくなったことは、損害額の算定の基礎に関わる事情に著しい変更が生じたものと解することができるから、支払義務者は、民訴法117条を適用又は類推適用して、上記死亡後に、就労可能期間の終期までの期間に係る定期金による賠償について、判決の変更を求める訴えの提起時における現在価値に引き直した一時金による賠償に変更する訴えを提起するという方法も検討に値するように思われ」るとの指摘がなされています。そこで、被害者死亡後に、被害者死亡時の現在価値に引き直した一時金賠償に賠償方法を変更することについて、被害

者遺族との間で示談交渉を行い、交渉がまとまらない場合には、民事訴訟法117条に基づき、一時金賠償に変更する訴えを提起することも検討すべきと思われます。

　令和2年最判についてはまだ評価も定まっておらず、そもそも定期金賠償自体がどのような場合に認められるか自体に確たる基準が定立されているものではありません。また、令和2年最判ではどの程度の後遺障害であれば定期金賠償が認められるかについては明確に判示しておらず、被害者が成人の場合、高次脳機能障害以外の後遺障害の場合、労働能力喪失率100％に至らない後遺障害の場合等に射程が及ぶかについては議論の余地があります。

　とはいえ、令和2年最判を契機として、少なくとも未成年者、若年者の重度後遺障害事案において、定期金賠償による支払を求められるケースが増えてくるものと思われます。

　今後の賠償実務においても、定期金賠償の問題は一層重要な問題となるものといえるでしょう。

調べるべきこと・情報の提供を求めるべきこと
- 被害者の後遺障害の性質や程度、介護の状況
- 被害者の状況について、今後の事情変更の可能性

想定問答
Q 事故により仕事ができなくなったのであるから、年払での賠償を認めてほしい。

A 定期金賠償については様々な事情を考慮して裁判所が相当と判断した場合に認められていますが、当社としては、一時金での賠償が相当と考えております。

裁判例

後遺障害逸失利益について定期金賠償を肯定した裁判例
・最一小判令和2・7・9裁判所時報1747号14頁〔28281917〕

後遺障害逸失利益について事故後に被害者が別原因で死亡したとしても特段の事情がない限り就労可能期間の認定上考慮すべきものではないとした裁判例
・最一小判平成8・4・25民集50巻5号1221頁〔28010503〕
・最二小判平成8・5・31民集50巻6号1323頁〔28010653〕

死亡逸失利益について定期金賠償を否定した裁判例
・千葉地判平成24・12・6交通民集45巻6号1440頁〔28210829〕
・東京地判平成23・10・4交通民集44巻5号1257頁〔28180402〕
・大阪高判平成19・4・26自保ジャーナル1715号2頁〔28252314〕

(渡邊 健司)

Ⅲ 人身事故

定年後の高齢者の逸失利益基礎収入

> **事例**
>
> 弊社の契約者のＹの事故相手のＸは70歳の定年退職後の一人暮らし男性でしたが、事故によって、重い後遺障害を負い、再び働くことはできない状況になってしまいました。
>
> 弊社は、Ｘから、後遺障害逸失利益について、基礎収入を賃金センサスの平均賃金額、就労可能年数を70歳の平均余命である約15年として、請求されています。
>
> 弊社は、そのような主張を受け入れて、それを前提とした後遺障害逸失利益を支払わなければならないのでしょうか。

ポイント

- Ｘは現在働いていませんが、そのような方について、逸失利益は認められるのでしょうか。
- 仮に、一般的には、無職であっても直ちに逸失利益が否定されるわけではないとしても、定年退職をした後の方についても、同じように考えてよいのでしょうか。
- 仮に、逸失利益が認められるとした場合、基礎収入はどのように考えればよいのでしょうか。

考え方

1 無職者につき、逸失利益が認められるか

(1) 一般的には、現時点では無職であっても、稼働期間終期まで無職であるとは限らないうえ、どこかの段階で就職等をして、稼働を開始することが通常であるため、これを理由に逸失利益が否定されることはなく、原則的には逸失利益は肯定されることになります。

(2) この場合には、基礎収入は、失業前の収入実績や、賃金センサスの

平均賃金額を参考にして、認定されることになると考えられます。

2　定年退職した者につき、逸失利益が認められるか

(1)　しかし、一般的に、定年退職後の高齢者の場合、将来に稼働を再開することは予定されていません。

(2)　したがって、原則として、逸失利益は否定されることになり、今後就労の機会を得られる高度の蓋然性がある場合にのみ、逸失利益は肯定されることになると考えられます（東京地判平成8・1・31交通民集29巻1号190頁〔28021258〕等参照）。

なお、高齢主婦の逸失利益については、別の問題があるため、ここでは触れません（Q25（184頁）参照）。また、ここでは、家事労働については考慮しないこととします。

(3)　具体的には、当該高齢者の健康状態や資格・技能の有無等の稼働能力、稼働の意思（就職活動をしていたか等）、年金の受給状況その他の不労所得の有無・金額、当該高齢者の生活にかかる費用などから、今後就労の機会を得られる高度の蓋然性があるかを判断することが、必要になると考えられます。

保険会社としては、原則としては逸失利益は否定されることに留意しつつ、請求を受けた場合には、上記のような具体的事情の説明を求め、それに基づいて判断をすることになると考えられます。

3　逸失利益が肯定される場合の、基礎収入の考え方

仮に、上記考慮の結果、逸失利益が認められると判断した場合には、平均賃金を参考にしつつ、当該高齢者の上記具体的状況に照らして、適切な基礎収入を判断すべきことになります。

一般的には、一度定年退職をした者が平均賃金程度の収入を再び獲得することは困難であると考えられるため、平均賃金を下回る基準になることが多いでしょう。

Ⅲ 人身事故

調べるべきこと・情報の提供を求めるべきこと

- 被害者の年齢・性別
- 被害者の健康状態・生活状況
- 被害者の資格・技能の有無
- 被害者の稼働の意思の有無

 例えば、職業安定所に通っていたような場合には、記録が残っているものと考えられます。

- 被害者の年金の受給状況
- 被害者の他の不労所得の有無

 いずれも、今後就労の機会が得られる蓋然性があるかを判断するため、また、基礎収入の算定をするため、必要になります。

想定問答

Q 高齢者だからといって、一般の無職者と異なる取扱いをするのは、年齢によって差別をするものであって、許されないのではないですか。

A 後遺障害逸失利益は、あくまで後遺障害により稼働ができなくなった（又は、稼働に制限がかかった）ことによって、現実に減収が生じることを原因として、認められるものです。

 したがって、たとえ若年の無職者であっても、もともと、将来稼働する可能性が全くないような場合（例えば、多くの不動産を持っていて、不労所得のみで生活に全く問題がなく、本人も働くつもりがないような場合など）には、逸失利益は認められません。したがって、高齢者であるために、差別的な取扱いをしているわけではないのです。

裁判例

失業前の収入実績を参考にした裁判例

・神戸地判平成29・9・14交通民集50巻5号1168頁〔28253435〕

賃金センサスの平均賃金額を参考とした裁判例

・京都地判平成26・6・27交通民集47巻3号813頁〔28232327〕

基礎収入を認定した裁判例

・東京地判平成13・9・25交通民集34巻5号1315頁〔28072971〕
・大阪高判平成15・9・30交通民集36巻5号1161頁〔28090952〕
・京都地判平成26・6・27交通民集47巻3号813頁〔28232327〕
・神戸地判平成28・1・20交通民集49巻1号23頁〔28243310〕
・神戸地判平成29・12・20交通民集50巻6号1524頁〔28263389〕

逸失利益を否定した裁判例

・東京地判平成5・12・16交通民集26巻6号1513頁〔29006335〕
・東京地判平成8・1・31交通民集29巻1号190頁〔28021258〕
・神戸地判平成10・8・28交通民集31巻4号1257頁〔28042577〕
・名古屋地判平成17・1・21交通民集38巻1号116頁〔28110998〕
・大阪地判平成28・2・3自保ジャーナル1972号49頁〔28243108〕

（佐藤　康平、加藤　耕輔）

Ⅲ 人身事故

 高齢主婦の逸失利益
―高齢主婦の家事労働の逸失利益性、高齢者特有の問題点―

> **事例**
>
> 弊社の契約者のYの事故相手のXは70歳の主婦でしたが（同い年の夫との2人暮らしでした）、事故によって亡くなってしまいました。
> 弊社は、Xの遺族から、死亡逸失利益を、基礎収入を賃金センサスの平均賃金額、就労可能年数を70歳の平均余命である約15年として、請求されています。
> 弊社は、そのような主張を受け入れて、それを前提とした死亡逸失利益を支払わなければならないのでしょうか。

ポイント

- Xの家事労働は、逸失利益として考慮されるものなのでしょうか。
- 高齢者なので、もともと家事を通常の主婦と同程度に行うことはできていなかったのではないでしょうか。
- 生活費控除について、高齢者特有の問題はあるのでしょうか。

考え方

1 家事労働は、逸失利益として考慮されるか

古くは、家事労働は無償であり、事故によって家事ができなくなってしまっても、主婦には現実の減収はないとして、逸失利益性を否定する考え方もありました。

しかし、現在では、家事労働は、それが他人のため（同居する家族等）にするものである場合には、逸失利益を認めることに争いはないものと考えられます（最二小判昭和49・7・19民集28巻5号872頁〔27000426〕は、「結婚して家事に専念する妻は、その従事する家事労働によつて現実に金銭収入を得ることはないが、家事労働に属する多くの

184

労働は、労働社会において金銭的に評価されうるものであり、これを他人に依頼すれば当然相当の対価を支払わなければならないのであるから、妻は、自ら家事労働に従事することにより、財産上の利益を挙げている」として、逸失利益性を肯定し、「家事労働に専念する妻は、平均的労働不能年令に達するまで、女子雇傭労働者の平均的賃金に相当する財産上の収益を挙げるものと推定するのが適当」として、原則的な計算方法を明らかにしています）。

なお、家事労働者の場合には、算定の基礎となる収入額は、一般的には、男性であっても女性の平均賃金が用いられることが通常です。

2　高齢主婦の家事労働特有の問題

⑴　高齢主婦（夫と2人で暮らしているような場合）の家事労働については、上記基準に照らして、その家事労働が「他人のための家事」といえるのか、あるいは、自分の生活のために過ぎないのか、評価が難しい場合があります。

⑵　したがって、まずは、当該高齢者の従前の具体的な生活状況に照らして、日常家事を夫の分まで行っていたのか、夫の稼働状況や生活状況はどうかなど、「他人のための家事」といえるのかについて、判断をする必要があります。

⑶　また、高齢者の場合には、もともと、病気や体力の低下等により、家事労働につき通常の主婦と同程度の金銭的な評価を与えてよいかという問題もあります。

⑷　これらの問題につき、東京・大阪・名古屋の各地方裁判所の交通専門部による「交通事故による逸失利益の算定方式についての共同提言」では、基礎収入は原則として全年齢平均賃金による、ただし、年齢、家族構成、身体状況及び家事労働の内容などに照らし、生涯を通じて全年齢平均賃金に相当する労働を行い得る蓋然性が認められない特段の事情が存在する場合には、年齢別平均賃金を参考にして適宜減額すると述べられています。

(5) これを前提とすると、金銭的評価の判断の際にも、当該高齢者の従前の具体的な生活状況を、詳細に検討したうえで、具体的な事案について、金銭的評価につき全年齢平均賃金を基準とするのか、そうではなく、減額したものとするのか、決定する必要があります。

3 就労可能年数についての考え方
(1) 就労可能年数は、原則として、67歳までとされ、高年齢者については、67歳までの年数と平均余命年数の2分の1のいずれか長期の方とするものとされています。
(2) そのため、本事例では、平均余命年数である15年ではなく、平均余命年数の2分の1である、7.5年を就労可能年数とすべきことになります。

4 生活費控除に関する高齢者特有の問題
(1) 次に、年金の逸失利益について、年金が唯一の収入となるような場合、比較的高い割合の生活費控除を認めている裁判例が、多くみられます（Q33（237頁））。
(2) 裁判例が生活費控除率を高めに認めることについては、一般的に、年金は日々の生活のために支給されているという性質によるものであると考えられています。したがって、交渉に当たっても、比較的高い割合の生活費控除を行うことを前提とすることになります。

調べるべきこと・情報の提供を求めるべきこと
- 被害者の年齢・性別
- 同居の家族の有無・人数
  他人のための家事といえるのかを判断するため、必要になります。
- 同居の家族の稼働状況・職業
  これも、他人のための家事といえるのかを判断するため、必要になります。

同居の家族が家事労働を行っているような場合、他人のための家事とは評価できない可能性があります。
- 同居の家族の事故以前の具体的な家事の負担状況（時間や内容等）
- 同居の家族の事故後の具体的な家事の負担状況（時間や内容等）
- 被害者の事故以前の具体的な家事の負担状況（時間や内容等）

事故前後で、同居の家族の具体的な家事の負担状況が同じであれば、他人のための家事をしていたとは評価できない可能性があります。

- 被害者の事故以前の健康状況・持病の有無

家事労働の金銭的評価のため、必要になります。

想定問答

Q 高齢者だからといって、普通の主婦と異なる取扱いをするのは、年齢によって差別をするものであって、許されないのではないですか。

A 家事労働の逸失利益は、あくまでも従前実際に行っていた家事労働が、金銭的に評価することができるものであることを前提に、それが失われた場合に認められるものです。したがって、従前実際に行っていた家事労働の内容によっては、通常の主婦と同様に考えることができないのは、むしろ自然であって、年齢により差別をしているわけではありません。

Q 私は、専ら自分のために家事労働を行っていたのですが、その場合には逸失利益が認められることはないのですか。

A 事故により後遺症が残ってしまい、自分で家事をすることができなくなってしまった場合で、家政婦を雇わなければならなくなったような場合には、必要性と相当性が認められる限りにおいて、別途損害として認められる可能性はあります。

Ⅲ　人身事故

裁判例

逸失利益性を否定した裁判例
・大阪地判平成7・11・15判タ910号173頁〔28010904〕
・大阪地判平成28・2・2自保ジャーナル1975号94頁〔28243647〕

高齢主婦の逸失利益の算定において、基礎収入を全年齢平均賃金よりも減額した裁判例
・東京地判平成27・3・11交通民集48巻2号376頁〔28241355〕
　（88歳女性、賃金センサス女性学歴計70歳以上の8割）
・東京地判平成25・10・25交通民集46巻5号1401頁〔28224285〕
　（85歳女性、賃金センサス女性学歴計全年齢の7割）
・名古屋地判平成27・8・28交通民集48巻4号1042頁〔28240409〕
　（90歳女性、賃金センサス女性学歴計70歳以上の7割）
・金沢地判平成30・9・26自保ジャーナル2039号103頁〔28272404〕
　（60歳女性　賃金センサス女性学歴計全年齢の85％）

　　　　　　　　　　　　　　　　　　（佐藤　康平、服部　文哉）

被害者の顔面に醜状痕が残った場合における後遺障害逸失利益

事例

弊社の契約者Yが起こした事故の相手方Xは大学生でしたが、事故によって、顔面を強打し、歯を8本折るとともに、治療後もひどい傷跡が残ってしまいました。

その後、Xは、自賠責保険の後遺障害等級認定を受け、外貌醜状について9級、歯牙障害について12級として、併合8級を認定されました。

弊社は、Xから、自賠責保険の8級に相当する後遺障害逸失利益として、労働能力喪失率45%、労働能力喪失期間45年間であるとして、約5000万円を請求されています。

本当にこんなに多額の損害賠償義務があるのでしょうか。

ポイント

- そもそも顔に傷跡が残ったからといって、収入が減るということがあるのでしょうか。
- 歯が折れていると、収入が減るということがあるのでしょうか。
- まだ就職していない学生の場合、どのように考えるべきなのでしょうか。

考え方

1 外貌醜状の後遺障害についての基本的考え方

(1) 外貌醜状の後遺障害については、自賠責保険では、その程度に応じて12級14号、9級16号、7級12号に認定されますが、それ自体から減収や労働能力の減退に直ちに結びつけることが難しい障害です。

(2) そのため、外貌醜状は、容姿が重視される職業に就いている場合等、労働に直接影響を及ぼすおそれがある場合を除いては、通常の労

働にとって特段影響を及ぼさないので、逸失利益は発生しないというべきです。

(3) 被害者が未就労の場合には、一般的に、労働に直接影響を及ぼすおそれがあるということはできないと考えられます。

　これに対し、被害者が未就労の場合、外貌醜状の存在により、将来の職業選択が狭められたり、学業や就職訓練に消極的になったり、就業後の円満な対人関係の構築や円滑な意思疎通の妨げとなる蓋然性があるとして、広く後遺障害逸失利益を認めるべきとする考え方もあります。

　しかし、一般に、後遺障害逸失利益のような消極的損害の賠償請求については、裁判所が、あらゆる証拠資料に基づき、経験則と良識を十分に活用して、可能な限り蓋然性のある額を算出すべきであり、その額に疑いが生じる場合には、被害者側にとって控えめな算定方法（例えば、収入額につき疑があるときはその額を少なめに、支出額につき疑いがあるときはその額を多めに計算し、また遠い将来の収支の額に懸念があるときは算出の基礎たる期間を短縮する等の方法）により算出されるべきである、と考えられています（Q21（162頁）参照）。

　このような考え方からすれば、労働に直接影響を及ぼすおそれがあるという場合を除いては、逸失利益が発生しないというべきです。労働に直接影響を及ぼすおそれがある場合としては、既に容姿が重視される職業に就職することが内定していたり、容姿が重視される職業への就職を具体的に志望して、そのために勉強をしており、その職業に就職する蓋然性がある場合が典型的です。

2　例外的に外貌醜状の後遺障害について労働能力喪失が認められる場合と労働能力喪失率

(1) 容姿が重視されている職業としては、俳優、モデル、ホステス、ホスト等が典型的です。生命保険外交員、百貨店勤務のように、接客等の対人関係が重視される職業においても、労働能力喪失が認められて

いる事案もあります。
(2) ただし、労働能力喪失が認められている事案であっても、自賠責保険の後遺障害等級における労働能力喪失率に相当する労働能力喪失率を認めている事案は、極めてまれです。
　実際、俳優、モデル、ホステス、ホスト等の一部の職種を除けば、自賠責保険の後遺障害等級における労働能力喪失率を大きく下回る労働能力喪失率を認めている裁判例がほとんどです。
(3) 労働能力喪失率は、醜状の位置及び具体的形状、被害者の年齢、性別、職種、勤務先の規模、雇用形態等を総合考慮したうえ、前記のような被害者側にとって控えめな算定方法によって評価されるべきであると考えられます。

3　外貌醜状の後遺障害と男女差

(1) 従前は、自賠責保険の後遺障害等級において、男女に差があり、女性について男性よりも重い後遺障害等級が認められていましたが、平成22年6月10日以降に発生した事故に基づいて生じた外貌醜状の後遺障害については、男女共通の等級が認められることとなったという経緯に注意が必要です。
(2) ただし、男性の労働については、女性ほどに外貌醜状の与える影響が大きくないという社会の評価が直ちに変わったということはできず、等級表改訂後の裁判例では、その差はかなり小さくなっているとの評価もあるものの、いまだ、男性については、女性以上に、外貌醜状による労働能力喪失が認められにくい現状があると思われます。

4　後遺障害慰謝料における考慮

　裁判例の中には、後遺障害逸失利益を否定しつつも、後遺障害慰謝料において、認定された等級を上回る金額を認定している事案も多数あります。
　特に、被害者が未就労の場合に、労働に直接影響を及ぼすおそれがあ

るとはいうことはできないとして後遺障害逸失利益を否定するケースでは、後遺障害慰謝料において考慮されるケースが多いです。

ただし、後遺障害慰謝料による考慮（＝後遺障害慰謝料の増額）は、労働に直接影響を及ぼすおそれがあるとの評価まではできないが、具体的な労働能力の喪失としてはとらえきれない間接的な影響があると評価でき、後遺障害等級に応じた通常の慰謝料額では足りないと評価される場合に、はじめてなされていると考えられます。

したがって、外貌醜状があるものの逸失利益が否定された場合に、常に慰謝料を増額すべきというものではなく、後遺障害等級に応じて通常想定される事情を超えて労働能力への間接的影響があるかどうかを慎重に判断する必要があります。

交渉に当たっては、以上を踏まえた慎重な対応が必要です。

5　歯牙障害の後遺障害についての基本的考え方

(1) 歯牙障害についても、自賠責保険では、歯科補綴を加えた歯の数によって、14級2号、13級5号、12級3号、11級4号、10級4号に該当する後遺障害とされています。しかし、歯牙障害については、歯科補綴により、歯の機能が回復するため、直ちに労働能力の喪失には結びつかない障害であると考えられます。

(2) したがって、歯を強く食いしばることが必要不可欠な職業に関して、労働能力に影響を与えることが皆無であるとまではいえないものの、一般的には、労働能力喪失は否定されます。

(3) ただし、労働能力喪失が認められない場合でも、外貌醜状と同様、後遺障害慰謝料において、慰謝料の増額事由として斟酌されることはあり得ますので、慎重な対応が必要です。

調べるべきこと・情報の提供を求めるべきこと ─────

●被害者の職業

被害者から聴取します。

Q26 被害者の顔面に醜状痕が残った場合における後遺障害逸失利益

- 被害者の具体的職務内容

  被害者から聴取します。
- 被害者の事故以前の収入

  被害者に勤務先の源泉徴収票・給与明細等の提出を求めます。
- 被害者の事故以後の収入

  被害者に勤務先の源泉徴収票・給与明細等の提出を求めます。
- 外貌醜状による実際の仕事への不具合の有無及び不具合がある場合の内容

  被害者から聴取します。
- 被害者の外貌の実際の状態

  ・被害者と面談します。

  ・被害者に醜状の写真の提出を求めます。

  ・後遺障害診断書の作成時と比較して、示談成立に向けた交渉時に、外貌醜状がかなり改善されているケースもあります。なるべく示談を成立させようとする時期に間近い時期の状態を知ることが大切です。
- 歯牙障害による実際の仕事への不具合の有無及び不具合がある場合の内容

  被害者から聴取します。

想定問答

Q 自賠責の後遺障害等級認定で、8級が認められたのだから、それに応じた後遺障害逸失利益が認められるべきではないですか。

A 逸失利益は、あくまでも労働能力が喪失した場合に認められる損害です。したがって、後遺障害等級が認められても、労働能力に影響があるという事情がない限り、後遺障害逸失利益は認められません。

Q 私は学生なので、顔に醜い傷跡が残っていることで、就職で不利に

Ⅲ　人身事故

扱われることがあると思うのですが、それについては、賠償の対象とならないのですか。

A　現に就職ができなかったとか、本来得られるはずであった収入が得られなくなったという場合を除き、後遺障害逸失利益として、賠償額を考慮することは難しいと考えています。慰謝料として、考慮することはできるかもしれません。

裁判例
9級以上の外貌醜状の後遺障害について逸失利益を否定した近時の裁判例

・神戸地判平成25・3・14自保ジャーナル1904号34頁〔28213351〕
　（7級12号・24歳男性会社員（建設現場監督）、後に会社役員（職務内容は建設現場監督等））
・横浜地判平成26・9・12交通民集47巻5号1152頁〔28230797〕
　（7級12号・43歳女性歯科衛生士兼店舗従業員）
・名古屋地判平成27・3・27自保ジャーナル1950号154頁〔28233163〕
　（9級16号・17歳男性高校生）
・大阪地判平成27・7・17自保ジャーナル1956号60頁〔28234580〕
　（9級16号・37歳男性会社員（技術職））
・大阪地判平成28・3・24自保ジャーナル1977号88頁〔28243979〕
　（9級16号・32歳男性会社員（土木作業、後に事務職））
・大阪地判平成28・7・8交通民集49巻4号859頁〔28250833〕
　（9級16号・43歳男性会社員（営業課課長））
・東京地判平成28・12・16自保ジャーナル1993号91頁〔29020692〕
　（9級16号・33歳女性会社員）
・京都地判平成29・2・15交通民集50巻1号162頁〔28253366〕
　（9級16号・7歳女性小学生）
・名古屋地判平成29・8・18平成28年（ワ）2600号公刊物未登載
　（9級16号・23歳男性大学院生）

・横浜地判平成29・12・4自保ジャーナル2018号75頁〔28263385〕
（9級16号・22歳男性会社員（梱包制作、後に事務職に転職））
・名古屋地一宮支判平成30・12・3自保ジャーナル2041号38頁〔28272848〕
（9級16号・10歳男性小学生）
・横浜地判令和2・2・10自保ジャーナル2068号56頁〔28282816〕
（9級16号・35歳女性主婦兼パートタイム労働者）

自賠責保険における後遺障害等級9級の後遺障害について口頭弁論終結時までの時点で醜状の程度が同級に相当するものでなくなっていたとして逸失利益を否定した近時の裁判例
・名古屋地判令和2・3・13自保ジャーナル2075号25頁〔28284200〕

9級以上の外貌醜状の後遺障害について後遺障害等級と比して低い労働能力喪失率を認めた近時の裁判例
・東京地判平成22・8・31自保ジャーナル1833号124頁〔28174640〕
後遺障害等級7級の26歳女性主婦について、67歳まで16％の労働能力喪失を認めた。
・神戸地判平成25・9・19交通民集46巻5号1268頁〔28220233〕
後遺障害等級9級の46歳男性ヘルパーについて、9年間10％、その後12年間5％の労働能力喪失を認めた。
・大阪地判平成25・1・16交通民集46巻1号63頁〔28212315〕
後遺障害等級7級の23歳女性芸能事務所所属兼ホステスについて、67歳まで20％の労働能力喪失を認めた。
・大阪地判平成26・3・27自保ジャーナル1927号92頁〔28223979〕
後遺障害等級7級の事故時19歳女性短大生（症状固定時は23歳無職）について、67歳まで20％の労働能力喪失を認めた。
・東京地判平成27・1・20自保ジャーナル1943号86頁〔28232079〕
後遺障害等級7級の25歳女性販売職会社員について、67歳まで10％の

労働能力喪失を認めた。

- 大阪地判平成27・7・3交通民集48巻4号836頁〔28234581〕
  外貌醜状の後遺障害等級9級（他の後遺障害（嗅覚脱失及び顔面知覚鈍磨で各12級）と合わせて併合8級）の40歳男性僧侶について、73歳まで14％の労働能力喪失を認めた。
- 東京地判平成28・1・25自保ジャーナル1969号54頁〔29016371〕
  後遺障害等級7級の54歳女性介護職員について、67歳まで10％の労働能力喪失を認めた。
- 東京地判平成29・4・25交通民集50巻6号1681頁〔28262636〕
  後遺障害等級9級の19歳男性大学生（卒業後公務員）について、症状固定の3年後から67歳まで2.5％の労働能力喪失を認めた。
- 名古屋地判平成30・3・16自保ジャーナル2021号54頁〔28264025〕
- 名古屋高判平成30・10・23平成30年（ネ）314号等公刊物未登載（上記名古屋地裁の控訴審）
  後遺障害等級9級認定の18歳女性養護学校生について、67歳まで14％の労働能力喪失を認めた。
- 福岡高判平成30・12・19自保ジャーナル2041号24頁〔28272845〕
  後遺障害等級9級認定の19歳男性専門学校生について、67歳まで9％の労働能力喪失を認めた。
- 東京地判令和2・2・21自保ジャーナル2073号34頁〔28283684〕
  後遺障害等級9級認定の19歳男性高校生について、10年間5％の労働能力喪失を認めた。

例外的に外貌醜状の後遺障害について後遺障害等級における労働能力喪失率どおりの率を認めた近時の裁判例

- 名古屋地判平成26・5・28交通民集47巻3号693頁〔28223819〕
  後遺障害等級9級認定の33歳女性の空港ラウンジで接客業に従事する派遣社員について、67歳まで35％の労働能力喪失を認めた。
  労働能力喪失率の認定に当たっては事故後マネージャーの仕事を外さ

れ退職し、その後転職したアルバイト先も上司に傷に言及されて退職したことが根拠とされている。

後遺障害等級における労働能力喪失率どおりの率を認めるに当たり、かなり事案における特別の事情が認定されている事案であり、一般化することはできない裁判例である。

・さいたま地判平成27・4・16自保ジャーナル1950号84頁〔28233157〕

後遺障害等級9級認定の41歳男性のトラック運転手について、67歳まで35％の労働能力喪失を認めた。

職業のいかんを問わず、外貌醜状があるときは原則として当該後遺障害等級に相応する労働能力の喪失があるというのが相当である、と判示しているが、多くの裁判例の傾向と大きく異なる、かなり特殊な裁判例であると考えられる。

歯牙障害の後遺障害について逸失利益を否定した近時の裁判例

・大阪地判平成20・10・21自保ジャーナル1786号11頁〔28244072〕
・東京地判平成22・10・13交通民集43巻5号1287頁〔28174511〕
・鹿児島地判平成23・10・6自保ジャーナル1863号37頁〔28180242〕
・横浜地判平成25・2・28自保ジャーナル1896号144頁〔28212090〕
・千葉地判平成25・10・18交通民集46巻5号1365頁〔28221194〕
・東京地判平成25・11・13交通民集46巻6号1437頁〔28221448〕
・神戸地判平成26・3・7自保ジャーナル1926号117頁〔28223817〕
・神戸地判平成27・3・10自保ジャーナル1948号61頁〔28232921〕
・大阪地判平成27・11・27自保ジャーナル1965号86頁〔28241469〕
・大阪地判平成28・5・27自保ジャーナル1983号136頁〔28250500〕
・名古屋地判平成29・8・18平成28年(ワ)2600号公刊物未登載
・横浜地判平成29・12・4自保ジャーナル2018号75頁〔28263385〕

（檀浦　康仁）

Ⅲ 人身事故

 医学の絡む後遺障害
―後遺障害に関する医療調査のポイント―

> **事例**
>
> 自転車同士の事故の被害者であるXが、医師の後遺障害診断書を取得して、後遺障害を主張しています。
> しかし、これまでの治療の経過や、事故の状況、Xと実際に話した感触からしても、後遺障害が残ったことには疑問があります。
> そこで、Xの後遺障害について医学的に争う場合、どのような調査や検討が必要でしょうか。

ポイント
- 後遺障害について医学的に争うのはどのような場合があるでしょうか。
- 医学的な調査はどのような視点で行えばよいでしょうか。

考え方

1 後遺障害等級の認定

(1) 自賠責保険における後遺障害等級の認定システム

　事故により被害者に後遺障害が残った場合、後遺障害の有無と、その後遺障害等級を認定する必要がありますが、後遺障害の有無については、まずは医学的見地から、被害者の状態や症状が上記後遺障害と評価できるものかを判断する必要があります。

　通常、被害者が加害者の自賠責保険会社から自賠責保険金を受けられる事故であれば、自賠責保険による後遺障害等級の認定システムがあり、被害者が後遺障害診断書を取得し、自賠責保険会社への被害者請求によって、後遺障害等級の認定を受けることができますし、任意保険会社が一括払の対応をしている場合には事前認定の手続によっても、後遺障害等級の認定を受けることができます。

自賠責調査事務所による後遺障害等級認定結果の影響は大きく、訴訟に至った場合にも、自賠責調査事務所による後遺障害等級認定結果に沿った認定がなされることがほとんどです。

(2) 労災保険における後遺障害等級の認定システム

事故が労災保険の労働災害に該当する場合、労災保険によって、医師の意見書等に基づいて後遺障害等級（労災保険では「障害」と呼びます）の認定がなされます。労災保険による等級の認定基準は、おおむね自賠責保険の認定基準と共通ですが、一部異なる点もありますので注意が必要です。

(3) 等級認定システムを利用できない場合

自賠責保険も労災保険も適用されない場合、被害者は、後遺障害の有無について医師の診断等に基づいて主張を行い、賠償義務者側では、被害者の主張する後遺障害の有無や等級について、評価検討し、判断しなければなりません。

2 後遺障害について医学的に争いが生じる場合

実務上、後遺障害について医学的に争いが生じる場合としては、上記後遺障害の認定システムを利用してその結果が出たが、被害者や賠償義務者においてその結果に異議がある場合や、自賠責保険と労災保険で後遺障害等級の認定結果が異なる場合、そもそも後遺障害認定システムを利用できず、被害者と賠償義務者側で、後遺障害の有無や等級についての見解が異なっている場合が挙げられます。

また、医学的な争いの生じやすい後遺障害として、高次脳機能障害やMTBI、脳脊髄液減少症、CRPS、外傷性てんかん、PTSDなどがありますが、そもそも当該疾病の意義や診断基準等について医学的に見解が定まっていない場合もあり、事故によって当該疾病が後遺障害として残存したといえるかを医学的知見に照らして慎重に検討する必要があります。

3 後遺障害についての医療調査

後遺障害についての医療調査には、大きく分けて、診療経過や症状等の事実の調査と、医学的知見の調査があります。

(1) 事実の調査

被害者にどのような症状があるか、症状の推移や行われた検査、治療について、事故から症状固定日までの経過を把握しなければなりません。

自賠責保険や労災保険の後遺障害認定システムを利用する場合、被害者において主治医による後遺障害診断書やこれに付随する書類が作成されますし、治療費一括払の対応をしている場合、通常1か月単位で診断書と診療報酬明細書が作成され、患者の症状や検査所見、行われた治療内容などを知ることができます。

またこれらのほかにも、賠償義務者側で医療調査を行い、神経学的所見の推移等を把握したり、XPやCTなどの画像を医療機関から取得していることが多いと思われます。

しかし、被害者の診療経過のすべてを漏れなく把握するためには、通院した医療機関の全診療記録を取得すべきです。診療記録には、被害者の医師への主訴の内容や医師の判断、入院中の看護師の観察所見や判断、理学療法士（PT）や作業療法士（OT）、言語聴覚士（ST）等によるリハビリテーションの経過や各種検査の結果の詳細が記載されていることがあります。

これらの資料に基づき、後遺障害等級認定の前提となる診療経過や現在の症状について適切に把握することが重要です。

診療経過とは別に、被害者の日常生活の状況において、後遺障害認定や後遺障害診断書の内容と矛盾した行動などが見られる場合（例えば、右上肢の廃用とされているにもかかわらず右手で傘を持っている事実や、肩関節に高度の可動域制限があるとされているにもかかわらず、日常生活において肩を回している事実等）、その事実を証拠として収集することが考えられます。

被害者の行動等については調査会社による調査報告書を作成してもらい、後に証拠とすることを検討します。

(2) 医学的知見の調査

医学的知見については、まず医学文献等によって一般的な医学的知見を収集する必要があります。

整形外科学や脳神経外科学、精神科学等の一般的な教科書、医学論文、各学会が作成している診療ガイドラインなどを参照し、一般的に当該疾病がどのような病態と考えられているか、どのような症状や検査所見が揃えば、当該疾病を疑い、確定診断するとされているかを確認します。

また、当該疾病の発症を否定する症状や検査所見としてどのようなものがあるかなども確認することが必要です。

例えば、PTSD については、米国精神医学会の「精神障害の診断と統計マニュアル」(DSM) や世界保健機関の「疾病及び関連保健問題の国際統計分類」(ICD) などの権威のある基準が存在し、訴訟においてもこれらの基準に照らして PTSD を発症したかが判断されることが多いと思われます。被害者から PTSD を発症したと主張された場合、これらの基準に照らして被害者の症状が PTSD といえるものかを確認する必要があります。

一般的な医学的知見が揃ったとしても、なお当該被害者について一般論を適用してよいか悩ましい場合もあり得ます。その場合、診療記録等の資料に基づき、顧問医、協力医等と相談し、医学的見地から、当該被害者について後遺障害の有無や等級について見解を得ておくべきでしょう。

調べるべきこと・情報の提供を求めるべきこと

- ●診療記録

診療の全経過を漏れなく把握するためには診療記録全部の取得が望ましいです。

Ⅲ　人身事故

- 医学文献

  後遺障害に関する一般的な診断基準などの医学的知見を把握しておくことが必要です。

- 医師の見解

  一般論だけではなく、当該被害者について後遺障害の有無、等級について医師の見解を得ておくことが望ましいです。

想定問答

Q 後遺障害等級認定されたのだから、そのとおり支払うのが当たり前だろう。

A 今回の後遺障害等級認定については、弊社としては疑問を持っております。弊社においてさらに調査をさせていただき、弊社の考える適正な賠償提示をさせていただきます。

Q なぜ、被害者が、そちらの都合でカルテを取り付けるのに協力しなければならないのか。

A 当方において適正な賠償をさせていただくうえで必要不可欠な調査と考えております。

（渡邊　健司）

Q28 交通事故と医療過誤の競合事案を検討する際の視点

事例

交通事故の被害者であるXが救急車で病院に搬送されたところ、病院で医師Y₂による不適切な治療がなされたため死亡する事故が発生しました。Xの遺族は、交通事故の加害者であるY₁に対し、Xの死亡に基づく損害を請求しています。

しかし、Y₂もXが死亡した責任を負うはずであり、Y₁だけが損害を全額請求されるのはおかしいと思います。この場合、Y₁、Y₂がXに対して負う責任はどのようなものになるのでしょうか。

ポイント

- 共同不法行為はどのような場合に成立し、どのような責任を負うのでしょうか。
- 共同不法行為が成立する場合、どのような主張・事情が問題となるでしょうか。
- 交通事故加害者と医療事故加害者との責任分担をどのように考えるべきでしょうか。

考え方

1 共同不法行為とは

本来、事故の加害者は、自らの加害行為と因果関係のある損害を賠償する責任を負い、第三者による加害行為により生じた結果については責任を負いません。

しかし、自らの加害行為と第三者の加害行為が一体となって1つの結果を引き起こしたといえる程度に、密接な関連性がある場合は、第三者の加害行為によって生じた損害についても相当因果関係が認められ、賠償責任を負うことになります（共同不法行為責任）。

例として、被害者がY_1による交通事故により入院を余儀なくされ、その入院費用が30万円程度で済むはずだったにもかかわらず、入院直後のY_2の治療ミスにより入院が長期化し、結果として60万円の入院費用が発生したケースについて考えます。

この場合、Y_1の交通事故とY_2の医療事故が共同不法行為となる限り、被害者はY_1に対して入院費用60万円を請求することができます。Y_1としては、被害者への60万円の支払後、Y_2の責任割合に応じ、求償請求することになります。

2　共同不法行為の争い方

では、被害者が共同不法行為に基づき、Y_1に対して全損害の賠償を請求するとき、加害者側の保険担当者としてどのような点を検討する必要があるのでしょうか。

(1) 共同不法行為の成否と責任範囲

　ア　総論

　　　共同不法行為責任の成否については関連共同性の有無やその内容など、責任範囲については相当因果関係の有無、「通常損害」該当性、確率的心証論、割合的因果関係論、寄与度減責の抗弁などの様々な理論的な問題が存在します。

　　　ここで、これらをあえて簡潔化すれば、①自らの加害行為が第三者の加害行為を引き起こしたとはいえない（各加害行為間の関連性が希薄）場合も責任を負うのか、②自らの加害行為が、損害の発生に寄与したとはいえない（加害行為と結果・損害との関連性が希薄）場合にも責任を負うのかという問題に言い換えることができます。

　イ　各行為の関連性に着目した検討

　　　上記①に関しては、第三者による加害行為の異常性・悪質性を検討する必要があります。

　　　現在の医療実務を前提にすると、些細なものも含めれば医療過誤

は常に発生する可能性があることや、交通事故に遭わなければそもそも病院で治療も受けなかったという関係がある以上、両者の間に何らの関連性がないと即断することはできません。大阪地判平成25・3・27交通民集46巻2号491頁〔28212584〕も、「交通事故の被害者は、事故による受傷に対して診療行為を受けることを余儀なくされるところ、診療行為については、症状が悪化する危険性が一定程度あるのは明らかであるから、交通事故の被害者の症状が医師の診療行為後に悪化した場合には、その悪化が医師の重大な過誤など通常では予測し得ないような事情により生じたものでない限り、交通事故と悪化した症状との間にも相当因果関係があるとするのが相当である」としています。

　一方で、Y_2の医療過誤が通常であれば発生し得ないような、極めて重大な過失により発生した場合や、（考え難いことですが）故意に被害者を死亡させた場合は、Y_1の交通事故によりY_2の行為が引き起こされたという関係が認められないため、Y_1の交通事故によって生じた損害についてのみ責任を負うこととなります。

ウ　加害行為と結果・行為の関連性に着目した検討

　前記②を検討するためには、自らの加害行為が結果に与えた影響と第三者の加害行為が結果に与えた影響を比較する必要があります。

　医療者側に認められ得る過失の内容は、①治療手技上の過失、②早期の治療・検査を怠った過失、③転送義務違反、④説明義務違反など様々なものが考えられますが、適切な責任範囲を検討する観点からは、被害者に生じた重大な結果に対して大きく寄与した過失を優先的に検討することになります。

　そのために、各加害行為の寄与度を、被害者の容態の変化、回復状況、各行為から結果が発生する医学的な機序に着目して、顧問医の意見も踏まえて検討します。

(2) 裁判例の紹介
　ア　神戸地判平成5・10・29交通民集26巻5号1345頁〔29006045〕
　　　交通事故により入院している被害者が頭部外傷に起因する精神障害を発症し、その結果、病室の窓から飛び降り死亡した事案で、担当医らに被害者の異常行動を防止するための安全配慮義務に違反した過失を認めました。
　　　そのうえで、医師の過失が、被害者の身体に直接影響を与える治療行為に関するものではなく安全配慮義務違反であり異質性は顕著であることを理由に、共同不法行為を否定し、交通事故加害者と医師の各行為の違法性の程度を比較し、前者は全損害の7割、後者は全損害の3割につき個別の賠償責任を認めました。
　イ　東京地判平成19・9・27交通民集40巻5号1271頁〔28142060〕
　　　交通事故により左下腿骨開放性骨折を負った被害者が、左足関節固定術・右腸骨移植術を受けたところ、事故より2年9か月後に受けた抜釘術により内側足底神経を損傷したという事例です。両者は、時間及び場所、侵害する部位を異にする異質の行為であるため、共同不法行為の関係は成立しないと判断しています。
　ウ　最三小判平成13・3・13民集55巻2号328頁〔28060500〕
　　　被害者は、交通事故により急性硬膜外血腫（放置すれば死亡するが、適切な治療を受ければ救命できるけが）を負ったが、医師 Y_2 は、簡単な処置を施したのみで、頭部CTや経過観察を行わず、被害者を帰宅させたところ、被害者が死亡した事例です。
　　　これにつき判例は、「各不法行為者の結果発生に対する寄与の割合をもって被害者の被った損害の額を按分し、各不法行為者において責任を負うべき損害額を限定することは許されない」と判示して、共同不法行為責任を限定する根拠の1つである寄与度減責の抗弁を否定しています。
　　　もっとも、同判例は、交通事故の加害者 Y_1・Y_2 いずれの行為も単独で被害者を死亡させ得るだけの危険性を有していた事案に関す

るものであり、被害者の死という結果に対し専らY_2の行為のみが寄与している事案や共同不法行為の成立が否定される事案についてまで、寄与度を考慮することを否定したものではないとの評価もあり、寄与度減責の抗弁については十分議論が尽くされたとはいえない状況です。

(3) 過失相殺の主張

　交通事故と医療事故により共同不法行為が成立する場合の過失相殺・求償割合は、原則としてそれぞれとの関係者間で相対的に判断されます。

　ア　被害者に対する過失相殺の主張

　　共同不法行為の主張に対する過失相殺については、絶対的過失相殺や相対的過失相殺などの方法が考えられますが、この点につき判断した代表的な判例である、前記平成13年最高裁判例は、後者を採用しています。

　　したがって、交通事故につき被害者に重大な過失が認められる場合でも、医療事故との関係では被害者に過失はないと判断されるケースもあり得ます。

　　この場合、過失相殺は各加害行為者と被害者との間で行われます。前述の平成13年最高裁判例は、過失割合につき、交通事故では、被害者：Y_1＝3：7、医療事故では、被害者：Y_2＝1：9と判断しています。

　　仮に被害者が交通事故と医療事故により1000万円の損害を被ったとすると、被害者はY_1に対して700万円（＝1000万円×0.7）、Y_2に対して900万円（＝1000万円×0.9）円の賠償請求が可能であり、Y_1及びY_2は700万円の範囲内で連帯責任を負うこととなります。なお、一方の不法行為者の弁済が、他方の損害賠償責任にどのような影響を及ぼすかは未解決の問題であり、実務上も明らかではない点も残されています。

　イ　Y_1とY_2との求償関係

前述したとおり、Y_1とY_2は一定の範囲で連帯責任を負うため、Y_1とY_2の間で求償関係が生じます。

しかし、この求償割合はY_1とY_2の両者の過失内容、関連性の程度に応じて別個に判断されるものであり、被害者との関係で認められた過失割合と一致するとは限りません。前記平成13年最高裁判例は、Y_1とY_2の責任割合は5：5としています。

つまり、金額にすると前述した例についていえば、700万円の範囲で連帯責任が認められていますので、Y_1とY_2は、内部的には350万円ずつ負担することになります。

3　まとめ

交通事故と医療事故が競合した場合、交通事故加害者が負うべき責任は、医療事故との共同不法行為が成立するか否かにより変わります。従来は、Y_1とY_2の過失の内容が異質であることから、交通事故と医療事故が競合した場合、共同不法行為の成立を否定する見解も有力でした。しかし、現在は、このような場合にも共同不法行為の成立が認められており、交通事故加害者と医療事故加害者との間で責任を公平に分担するためには、事実的にも理論的にも多くの問題点が生じます。

そのため、被害者がY_1のみに対して責任追及している場合にも、早期の段階でY_2の事故に対する認識を確認すべきです。また、訴訟段階では、訴訟告知や補助参加など、Y_1とY_2の両者が賠償問題の解決に関与するための制度の利用も検討することになります。

このように、共同不法行為が成立した場合の法律関係・求償関係については、裁判実務上も未解決の問題が多く含まれているため、早期に弁護士に相談し協議のうえ、事件処理方針を決定する必要が高い類型といえます。

調べるべきこと・情報の提供を求めるべきこと

- ●交通事故、医療事故の態様と発生原因

医療事故が発生した場合、病院から被害者への事情説明が行われることが通常ですので、被害者を介して医療事故の発生経緯、原因につき聴取する必要があります。

- それぞれの事故による受傷部位とその内容
  医療事故に関する部分も含め、被害者の診療録、看護記録、検査画像等の一切の医療記録を取り付け、各事故による被害者の症状と、これに対する通常の治療期間・治療方法を把握し、医療事故により追加で必要となった治療費等の損害を検討します。
  もっとも、医療記録はプライバシー性が高い情報ですので、同意書に記載された開示範囲や目的を逸脱しないように注意する必要があります。
- 交通事故と医療事故が発生した時期、両者の関連性
  両事故が発生した経緯を踏まえ、過去の裁判例や被害者の治療経過等を参考に両者の間に密接な関連性が認められるか検討します。例えば、事故による症状は急性期を脱した後、医療事故により容態が急変したような場合は、交通事故による傷害に関して入院している間に発生したものだとしても、医療事故を別個独立の事故と評価する余地があります。

想定問答

Q そもそも事故がなければ、病院にも行かなかったのだから医療事故にも遭わなかったはずだ。医療事故による損害も責任をとってもらうぞ。

A （関連性を否定する場合）今回の医療事故は、発生した時期や原因からして、別個の事故ですので、対応はいたしかねます。
（関連性の有無が不明な場合）現在、交通事故と医療事故が被害者様に及ぼした影響を調査中ですので、現時点で賠償できる範囲はお答えしかねます。

Ⅲ 人身事故

裁判例

・大阪地判平成25・3・27交通民集46巻2号491頁〔28212584〕
　交通事故と医療事故の関係につき、原則として交通事故と治療後に悪化した症状との間に相当因果関係がある旨を示した事例。
・神戸地判平成5・10・29交通民集26巻5号1345頁〔29006045〕
　交通事故後の入院中、異常行動により病院の窓から被害者が飛び降りたケースにつき、交通事故と医療事故の関連性が否定された事例。
・東京地判平成19・9・27交通民集40巻5号1271頁〔28142060〕
　医療事故が交通事故より長期間経過して発生しており、その過失内容も異質であることを理由に共同不法行為の成立を否定した事例。
・最三小判平成13・3・13民集55巻2号328頁〔28060500〕
　医師が、交通事故による頭部外傷を見逃した結果、被害者が適切な治療行為を受けられずに死亡したケースにつき、共同不法行為の成立を認め、医師による寄与度減責の抗弁を否定した事例。
・鹿児島地判平成16・9・13判時1894号96頁〔28101454〕
　医師 Y_2 は、自らの過失と相当因果関係のある損害（拡大損害部分）に限って交通事故の加害者 Y_1 と共同不法行為関係にあるものとして、連帯して被害者に対する賠償責任を負うとしたうえで、Y_2 と Y_1 の負担部分は当該損害の発生に寄与した割合によって定まると判断した求償例。
・横浜地判平成27・7・15交通民集48巻4号862頁〔28234100〕
　Y_1 による交通事故と医師 Y_2 の重過失ある医療事故が生じた事案につき、本件傷害に対する通常の治療行為として想定されるものと本件医療事故における Y_2 の過失の性質・内容は著しく異なることなどから、各事故の客観的関連共同性は認め難いとして共同不法行為の成立を否定した事例。

（米山　健太、黒岩　将史）

頭部外傷による精神症状
—高次脳機能障害の対応—

> **事例**
>
> 　交通事故の被害者であるXが、頭を強く打って救急搬送されましたが、一命はとりとめました。事故後3か月経って、Xの家族から性格が荒っぽくなった、記憶力が悪くなったとの訴えが出ています。
> 　医師からは、脳外傷による高次脳機能障害との診断が出ています。
> 　どのような対応が必要でしょうか。

ポイント

- 高次脳機能障害とはどのような後遺障害でしょうか。
- 高次脳機能障害が疑われる事案について、どのような調査、検討が必要でしょうか。

考え方

1　高次脳機能障害とは

　高次脳機能障害は、外傷による脳損傷後に、記憶力、注意力の低下、感情や行動が抑制できない等の症状を呈する障害で、交通事故では、頭部外傷により高次脳機能障害の後遺障害が残る場合があります。

　高次脳機能障害は、見過ごされやすい後遺障害といわれており、脳神経外科的な治療が終了し、一見して何の問題もなく回復したようにみえる被害者について、周りの家族や友人などからの指摘で判明することも多く、慎重な対応が必要となります。

　高次脳機能障害の調査においては、脳の器質的損傷の有無や、症状の推移、既往障害の有無などについて医学的観点からの調査が必要となります。

Ⅲ 人身事故

　損害保険料率算出機構は、脳外傷による高次脳機能障害の後遺障害認定について、脳神経外科、精神神経科等の専門医や医療ソーシャルワーカー、弁護士を構成員とする「自賠責保険における高次脳機能障害認定システム検討委員会」を設置し、同委員会は、平成23年3月4日に「自賠責保険における高次脳機能障害認定システムの充実について」と題する報告書を発表しました。平成30年5月31日にも同名の報告書を発表しており、その中で、最新の医学的な知見を踏まえ、脳外傷による高次脳機能障害に関する医学的な考え方が整理されており、大変参考になります。なお、近時、高次脳機能障害と合わせて主張されることが多くなってきた軽度外傷性脳損傷（MTBI）についても、WHOの診断基準などを参照しつつ、言及されています。

2　脳の器質的損傷の有無

　実務では、高次脳機能障害と同様の症状を訴えているものの、初診時の意識障害や、画像所見がみられず、客観的に脳の器質的損傷であることの裏付けがない事案があり、特に被害者と賠償者側で、高次脳機能障害があるかが大きな争いとなる場合があります。

　高次脳機能障害は、脳の器質的損傷によって生じる後遺障害であり、非器質性精神障害とは区別されるものですから、まずは、脳の器質的損傷が生じたことが客観的に裏付けられているかを調査する必要があります。特に、初診時の意識障害の有無と、画像所見を中心に調査を進める必要があります。

(1)　初診時の意識障害

　脳の器質的損傷が生じたかについて、脳外傷による高次脳機能障害は、意識消失を伴うような頭部外傷後に起こりやすいことが知られており、まずは初診時の意識レベルが重要となります。意識レベルの評価方法として日本では、ジャパン・コーマ・スケール（JCS）やグラスゴー・コーマ・スケール（GCS）が用いられることが多いと思われます。

意識障害の程度については、自賠責保険の、高次脳機能障害審査会の審査対象基準の1つとして、「当初の意識障害（半昏睡～昏睡で開眼・応答しない状態：JCSが3～2桁、GCSが12点以下）が少なくとも6時間以上、もしくは、健忘あるいは軽度意識障害（JCSが1桁、GCSが13～14点）が少なくとも1週間以上続いていることが確認できる症例」が挙げられていることが参考になります。

(2) 画像所見

　脳の器質的損傷を判断するための資料として、頭部CT、MRIの所見が有用と考えられています。特に受傷後3か月以降の、脳室拡大、脳萎縮の所見について確認する必要があると考えられます。

　典型的な高次脳機能障害の画像所見がみられない被害者に対して、拡散テンソル画像（DTI）、fMRI、MRスペクトロスコピー、PET、SPECT等様々な検査が行われることがありますが、現時点では、これらの所見のみをもって必ずしも脳損傷による高次脳機能障害であると判断できないとされています。

　また、様々な神経心理学的検査の結果が示されることもありますが、脳の器質的損傷の有無を客観的に示すものとはいえません。

3　症　状

　高次脳機能障害の症状については、被害者やその周囲の者からの申告、後遺障害診断書や、医師の神経学的所見、日常生活状況報告書等によって把握できることが多いと思われます。しかし、被害者やその周囲の者による申告や日常生活状況報告は、重要ではあるものの客観的な資料とはいえず、やはり医療機関による神経心理学的検査の結果を中心に把握されるべきです。

　裁判例などでも重視されている点として、症状の推移が挙げられます。脳の器質的損傷による高次脳機能障害の場合、当初重篤な症状を呈していても、その後時間の経過やリハビリテーションによって症状が改善するものとされています。したがって、当初と比較して症状が

増悪している場合には、高次脳機能障害ではないと判断する根拠となり得ます。ただし、そもそも高次脳機能障害は記憶力や行動抑制、感情抑制の低下等の症状を呈するもので、被害者自身において容易に自覚できないことも特徴として挙げられますので、当初症状の訴えがなく、後に被害者や周囲の者が症状を自覚したことのみをもって、高次脳機能障害ではないとか、事故と因果関係がないと即断することはできません。

4 既存障害の有無

　高次脳機能障害は、認知症や、脳梗塞や脳出血等の脳血管障害などでも生じ得ることが知られています。特に交通事故被害者が高齢である場合、既存障害として高次脳機能障害や高次脳機能障害と類似した症状がなかったかを調査する必要があります。

5 損害評価

　高次脳機能障害として後遺障害が認定された場合であっても、現実にどの程度の労働能力喪失が将来にわたって残存するか、現実にどの程度の介護が必要となったか等の具体的損害評価に当たっては、単純に自賠責保険の認定した後遺障害等級のみにとらわれることなく、被害者の具体的状況に基づいて慎重な評価が必要となります。
　裁判例においても、高次脳機能障害の場合、症状の内容や減収の有無、就労の状況等を具体的に認定し、一般的な労働能力喪失率よりも低率の労働能力喪失率を認定した事例もみられます。

6 裁判例の動向

　高次脳機能障害の事案では、自賠責保険の等級認定で高次脳機能障害について非該当とされた事案であっても、訴訟において後遺障害の有無をめぐって争いとなることも珍しくありません。
　裁判例の動向としては、おおむね自賠責保険の等級認定が踏襲されて

いますが、自賠責保険において高次脳機能障害が認定されている場合でも、高次脳機能障害を否定したり自賠責保険の認定よりも低い等級を認定している事例も少なくありません。逆に、自賠責保険において非該当とされながら、高次脳機能障害が認定された事例や、独自に非器質性精神障害を認定している事例があることにも注意が必要です。

裁判所において自賠責保険と異なる判断が出される可能性があることも念頭において資料の収集を行う必要があります。

調べるべきこと・情報の提供を求めるべきこと

- 脳の器質的損傷の有無

  意識障害の有無と画像所見が特に重要です。

  必要であれば、診療録やリハビリテーションの記録を取り付けるべきです。

- 症状の推移

  症状が悪化傾向にある場合には高次脳機能障害は否定されやすいです。

- 既存障害の有無

  高齢者の場合、脳卒中、認知症等の既往に注意が必要です。

- 現在の生活状況

  生活への支障の程度は、認定された等級と必ずしも相関しません。

想定問答

Q 事故で頭を打ったから高次脳機能障害が残るといわれている。その分も賠償してくれるんだろうな。

A 一般的に、高次脳機能障害については、頭を打ったことで直ちに認められるものではなく、様々な検査の結果等を確認する必要がございます。高次脳機能障害として賠償が可能かにつきましては、当方においても詳細な調査をさせていただき回答いたします。

Ⅲ　人身事故

Q　医者は高次脳機能障害だと診断している。医者の判断だから高次脳機能障害として賠償してほしい。

A　主治医の先生のご判断のみで高次脳機能障害と判断できるわけではありません。症状が客観的に裏付けられているかを調査させていただきます。

Q　自賠責保険で高次脳機能障害で7級と認定された。当然、将来の仕事に支障が出るから35％労働能力を喪失したものとして逸失利益を認められるのではないか。

A　労働能力喪失率は、後遺障害等級のみで形式的に決まるものではなく、現実のお仕事への支障の程度を検討させていただきます。

裁判例

自賠責が高次脳機能障害について非該当としたにもかかわらず高次脳機能障害を認定した裁判例

・名古屋地判平成30・3・20交通民集51巻2号330頁〔28263811〕
　自賠責で後遺障害非該当と判断されたが、高次脳機能障害を認めた（等級についての判断はなく、後遺障害慰謝料として420万円、労働能力喪失率20％を認めた）。

・大阪高判平成28・3・24自保ジャーナル1972号1頁〔28243107〕
　初診時の意識障害がなく画像所見もなかったが、7級の高次脳機能障害を認めた。

自賠責が高次脳機能障害として等級を認定したにもかかわらず高次脳機能障害を否定した裁判例

・横浜地判令和元・7・30自保ジャーナル2057号1頁〔28280921〕
　自賠責で9級10号高次脳機能障害が認定されたが、画像所見、意識障害等から高次脳機能障害が発症したことを肯定し得る事情は認められないとした。

・名古屋高判平成30・9・21自保ジャーナル2035号1頁〔28271505〕
　自賠責で7級4号高次脳機能障害が認定されたが、画像所見、意識障害の有無、症状の推移等から高次脳機能障害を認めなかった（第一審名古屋地判平成29・9・19自保ジャーナル2002号1頁〔28254530〕も同旨）。
・津地四日市支判平成28・8・3自保ジャーナル1978号15頁〔28244146〕
　自賠責で5級2号高次脳機能障害が認定されたが、受傷後の状況、その後の生活状況等から高次脳機能障害が生じているとはいえないとした。
・新潟地判平成28・3・25自保ジャーナル1973号22頁〔28243308〕
　自賠責が高次脳機能障害として5級を認定したが、医師の意見や症状の推移などから高次脳機能障害が生じたとは認められないとした。
・東京高判平成25・2・14自保ジャーナル1893号1頁〔28211501〕
　自賠責が高次脳機能障害として5級を認定したが、高次脳機能障害とは認められないとして14級と認定した。

自賠責が認定した高次脳機能障害の等級よりも低い等級を認定した裁判例

・福岡地判令和2・7・3自保ジャーナル2075号1頁〔28284199〕
　自賠責で5級2号高次脳機能障害と認定されたが、9級10号と認定した。
・大阪地判令和元・9・27自保ジャーナル2058号1頁〔28281109〕
　自賠責で9級10号高次脳機能障害が認定されたが、12級13号と認定した。
・福岡高判令和元・6・13自保ジャーナル2051号1頁〔28274652〕
　自賠責で5級2号高次脳機能障害が認定されたが、7級4号と認定した。
・神戸地伊丹支判令和元・5・30自保ジャーナル2054号1頁〔28280350〕
　自賠責で7級4号高次脳機能障害が認定されたが、9級10号と認定し

- 大阪地判平成30・9・10交通民集51巻5号1070頁〔28271063〕
  自賠責で5級2号高次脳機能障害が認定されたが、高次脳機能障害については、それのみでは12級程度と認定し、右上下肢不全麻痺と合わせて7級4号と認定した。
- 大阪地判平成30・6・28自保ジャーナル2029号1頁〔28270036〕
  自賠責で3級3号高次脳機能障害が認定されたが、5級2号と認定した。
- 東京地判平成30・2・8自保ジャーナル2019号1頁〔29048189〕
  自賠責で2級1号高次脳機能障害が認定されたが、12級13号と認定した。
- 静岡地判平成30・1・23自保ジャーナル2018号26頁〔28263381〕
  自賠責で7級4号高次脳機能障害が認定されたが、9級10号と認定した。
- 大阪地判平成28・10・3自保ジャーナル1985号19頁〔28250827〕
  自賠責で5級2号高次脳機能障害が認定されたが、7級4号と認定した。

高次脳機能障害を否定し、独自に非器質性精神障害を認定した裁判例
- 福岡地判平成31・2・1自保ジャーナル2046号19頁〔28273773〕
  自賠責12級認定の症状について、自賠責診断基準等に照らし高次脳機能障害と認めるに足りる証拠はないとしつつ、非器質性精神障害として9級10号を認定した。
- 京都地判平成31・1・29交通民集52巻1号106頁〔28273608〕
  自賠責非該当の症状について、高次脳機能障害を発症したと認めることはできないとしつつ、非器質性精神障害として12級相当と認定した。

（渡邊 健司、小宮 仁）

脳脊髄液減少症とは?
―診断基準と調査方法―

> **事例**
>
> 　交通事故被害者であるXは、事故から1年以上が経過した今も頭痛や頸部痛などがあるといって通院を続けています。Xからは「脳脊髄液減少症（低髄液圧症候群）の疑い」と記載された診断書が提出されました。
> 　いつまで治療費の立替払を行う必要があるのでしょうか。また、どのように対応すればよいのでしょうか。

ポイント

- 脳脊髄液減少症（低髄液圧症候群）の病態はどのようなものでしょうか。
- 診断基準の概要はどのようなものでしょうか。
- 症状の具体的内容、症状の発症時期、画像等の他覚的所見といった確認点はどのようなものでしょうか。

考え方

1　脳脊髄液減少症（低髄液圧症候群）とは

　脳と脊髄は、髄膜（硬膜・くも膜・軟膜）によって包まれ、無色透明の脳脊髄液で満たされた空間に浮かんだ状態で存在します。

　脳脊髄液減少症（低髄液圧症候群）とは、硬膜又はくも膜に何らかの理由で、穴があき、脳脊髄液腔内から脳脊髄液（髄液）が持続的・断続的に漏れ出すことによって、脳脊髄液が減少し、頭痛、頸部痛、背部痛、めまい、耳鳴り、だるさ、吐き気、倦怠など様々な症状が生じる疾患のことをいいます。このような疾患に対し、脳脊髄液減少症、低髄液圧症候群、脳脊髄液漏出症という異なる病名があり、それらは厳密には異なるものとされています。しかし、病態として重なり合う部分が多

Ⅲ　人身事故

く、厳密に区別されていないことが多いため、以下では脳脊髄液減少症（低髄液圧症候群）として記載します。

　最近では、医療機関のホームページなどで、図や絵を示してわかりやすく解説されていますので、まずは、これらを見て脳脊髄液減少症（低髄液圧症候群）のイメージをつかんでください。

　脳脊髄液減少症（低髄液圧症候群）は、その病態、治療法、診断基準などが確立していないため、裁判上、認定をめぐって激しく争われていましたが、令和元年12月に『脳脊髄液漏出症診療指針』[注1]が関連8学会（日本脊髄障害医学会、日本脊椎脊髄病学会、日本脊髄外科学会、日本脳神経外傷学会、日本頭痛学会、日本神経学会、日本整形外科学会、日本脳神経外科学会）の承認の下、12年間の研究の成果として発刊されました。今後は、病態、症状、診断法、治療法などに関し、この診療指針が重要な指標となるものと考えられます。

　また、裁判例上は、脳脊髄液減少症（低髄液圧症候群）を理由として後遺障害が認定されたとしても、後遺障害等級14級、12級相当であると判断しているものが多数です。

2　診断基準

　公表されている脳脊髄液減少症（低髄液圧症候群）の主な診断基準としては、以下のものがありました。

・日本脳神経外傷学会「外傷に伴う低髄液圧症候群」の診断基準[注2]
・『脳脊髄液減少症ガイドライン2007』[注3]
・「脳脊髄液漏出症画像判定基準・画像診断基準」[注4]
・『国際頭痛分類〈第3版〉』「7.2　低髄液圧による頭痛」[注5]

　ただし、今後は、前記1でも挙げましたが、令和元年12月に発刊された『脳脊髄液漏出症診療指針』が重要になってくるものと考えられます。

3　ブラッドパッチ（硬膜外自家血注入）

　ブラッドパッチ療法とは、脊椎硬膜外腔に患者自身の血液（自家血）

を注入して、硬膜外腔組織の癒着・器質化によって穴をふさぎ、髄液の漏出を止める治療方法です。脳脊髄液減少症（低髄液圧症候群）に対する有効な治療の1つとされています。

これについても、医療機関のホームページなどで、図や絵を示してわかりやすく解説されていますので、まずは、これらを見てブラッドパッチのイメージをつかんでください。

平成24年、厚生労働省は、ブラッドパッチ療法について、費用の一部が保険適用される「先進医療」として認めるとの発表を行いました。また、平成28年4月からは保険適用が認められました。従来は、高額な医療費負担が問題となっていましたが、今後は、ブラッドパッチ療法は積極的に行われていくことになると思われます。

調べるべきこと・情報の提供を求めるべきこと

前記2（特に、『脳脊髄液漏出症診療指針』）を参考に、起立性頭痛の有無、脳脊髄液の漏出所見又は低髄液圧に起因する所見（頭部MRI、脊髄MRI、RI脳槽シンチグラフィー、CTミエログラフィーなど）、髄液圧測定（60mmH$_2$O未満か）、症状の発症時期（外傷後30日以内か）、ブラッドパッチ（硬膜外自家血注入）の治療効果、その他の自覚症状・他覚所見を確認します。

これらについて、医療機関から診療記録全般（特に、画像や検査結果等の他覚的所見）を取り付けて、前記2に照らして、脳脊髄液減少症（低髄液圧症候群）に該当するかどうかを、検討することになります。

医学的専門知識が必要となり、また、前記2を参考にしつつ裁判上立証が可能かどうかを検討する必要があるため、顧問医や弁護士と協議して検討すべきです。

想定問答

Q　まだ頭痛やしびれが継続しており、ブラッドパッチ療法も行っています。事故から1年が経ったからといって治療費立替払の打切りに

Ⅲ 人身事故

は納得できません。

Ⓐ あなたが主観的に痛みを訴えていることは理解しています。しかし、医療照会の回答と治療経過から考えて、少なくとも病状に大きな変化はないものといわざるを得ず、症状固定と判断させていただきました。

Ⓠ 医師が脳脊髄液減少症（低髄液圧症候群）の疑いがあると診断しているにもかかわらず、なぜ保険会社は脳脊髄液減少症（低髄液圧症候群）ではないと判断するのか。主治医の意見に従うべきではないか。

Ⓐ 主治医の意見は確認しておりますが、弊社としましては、治療費立替払を終了させていただき、後遺障害の事前認定手続に移行させていただきたいと考えております。現段階では、あくまで「疑い」であって脳脊髄液減少症（低髄液圧症候群）と認定できるとの判断に至っておりません。

Ⓠ ブラッドパッチ療法については保険適用を受けられることとなったのだから、これは国が交通外傷と脳脊髄液減少症との医学的因果関係を認めたということではないのでしょうか。

Ⓐ 保険適用を受けるようになったことと、民事上、交通外傷と脳脊髄液減少症との相当因果関係が認められ、損害賠償の対象となるかは別の問題です。

裁判例

・東京高判平成27・2・26自保ジャーナル1940号15頁〔28231460〕
22歳男性の脳脊髄液減少症を否定した事例（なお、第一審裁判所は「脳脊髄液減少症によるとの相当程度の疑いがある」として9級10号を認定）。

（第一審　横浜地判平成24・7・31判時2163号79頁〔28181991〕）

・東京高判平成25・1・24自保ジャーナル1896号14頁〔28212079〕
27歳女性の脳脊髄液減少症発症と事故との因果関係を否認した事例。
（第一審　さいたま地判平成24・1・27交通民集45巻1号109頁〔28180971〕）
・東京高判平成25・10・30自保ジャーナル1907号1頁〔28214141〕
45歳女性の脳脊髄液減少症を否定した事例。
（第一審　新潟地長岡支判平成24・12・19自保ジャーナル1891号5頁〔28211177〕）
・東京地判平成28・6・10交通民集49巻3号729頁〔29018992〕
交通事故によって脳脊髄液減少症になったと認めることはできず、後遺障害として14級10号に該当すると判断した事例。

出典情報

注1　嘉山孝正監修『脳脊髄液漏出症診療指針』中外医学社（2019年）
注2　一般社団法人日本脳神経外傷学会ホームページ参照
注3　脳脊髄液減少症研究会ガイドライン作成委員会編著『脳脊髄液減少症ガイドライン2007』メディカルレビュー社（2007年）
注4　平成22年度厚生労働科学研究費補助金障害者対策総合研究事業（神経・筋疾患分野）脳脊髄液減少症の診断・治療法の確立に関する研究班作成
注5　一般社団法人日本頭痛学会ホームページ参照

（木村　環樹、小宮　仁）

Ⅲ 人身事故

 要因が判然としない複雑な疼痛（CRPS や RSD）の主張がされた場合の対応

> **事例**
>
> 交通事故被害者であるXは、交通事故により右肩を打撲し、腱板損傷の傷病名で3か月通院をしました。弊社としましては事故から3か月ほどで症状固定になるけがと考えておりましたが、Xから右肩が上がらない、手指にしびれがある、などの主張がされ、病院から取得した「CRPSの疑いがある」との診断書が提出されました。今後も治療費の立替払を続ける必要があるでしょうか。CRPSの疑いがあるとの診断書が提出された場合、どのような対応をとればよいのでしょうか。

ポイント

- 複合性局所疼痛症候群（CRPS）という名称で呼ばれる症例は症状や経過が多彩で、一括りにパターン化することはできません。疾患概念が明確ではなく、しかし大きな機能障害を残すため、訴訟に移行しやすい類型です。
- 医師は医療者としての立場から、CRPSの可能性があればCRPSの疑いがあると診断書に記載します。しかし賠償義務者の立場からは、医師の意見は重要な資料として尊重しつつも、被害者の生活状況、被害者の既往症、裁判例の認定方法等を総合考慮し、医療照会、弁護士会照会を用い、賠償義務があるのかを独自に判断する必要があります。

考え方

1 CRPSの呼称の変遷、意味

外傷や神経損傷の後に疼痛が残存する病態に対しては、Causalgia、RSD、Sudeck萎縮、肩手症候群など、各臨床背景により様々な名称が

Q31 要因が判然としない複雑な疼痛（CRPSやRSD）の主張がされた場合の対応

付けられています。国際疼痛学会によりCRPSへと呼称が統一され、従来RSDと呼ばれた神経損傷なく発症する場合をCRPS Type 1、従来Causalgiaと呼ばれた神経損傷があり、発症する場合をType 2と呼ぶこととされていますが、現在でも、Causalgia、RSDという呼称を用いる医療者も多く、また、複雑な疼痛、神経ブロックで緩和しない痛みなどに広く用いられており、名称の使い方が一貫しているとは言い難いのが、現状です。

CRPSのCは「Complex」、つまり、複雑に症状が混ざり合っている、という意味です。また、Rは「Regional」の頭文字で、より広い範囲での現象を意味します。Pは「Pain」、つまり痛みです。Sは「Syndorome」、症候群という意味です。複雑に広い範囲で痛みが生じる症候群、という意味で幅広く用いられています。

以上の名称使用の現状から、RSDやCRPSなどの呼称が重要なのではなく、その実際の病状から、治療の必要性や症状固定時期、そして後遺障害残存の有無を判断していく必要があります。

2 医療照会にて尋ねるべき事柄

具体的には、医療照会において、①受診に至った経緯、②具体的な診断書記載内容の説明、③患者が訴える疼痛の発症時期や改善経過、④既往症の有無、⑤臨床用CRPS判定指標の臨床的特徴の有無（皮膚、爪、毛の萎縮性変化、関節可動域制限、筋力低下、持続性ないしは傷病と不釣り合いな痛みの訴え、針で刺すような痛みの訴え、知覚過敏、発汗の亢進ないし低下、浮腫、皮膚変色）、⑥その他CRPSの疑いがあると診察をした根拠、⑦神経ブロックや薬物療法の有無、⑧理学療法の方法、など尋ね、顧問医や弁護士と、CRPSに該当すると評価できるかを協議する必要があります。

なお、労働者災害補償保険の障害等級別認定基準によれば、神経損傷なく発症するCRPS Type 1（RSD）については、㋐関節拘縮、㋑骨萎縮、㋒皮膚の変化（皮膚温の変化、皮膚の萎縮）という慢性期の主要な

225

3つの症状が、いずれも健側（健康な側の意味。例えば右肩のけがをしたのなら右が患側、左が健側となる）と比較して明らかに認められる場合に限り、後遺障害と認定するとされています。

　上記のように、⑤臨床用CRPS判定指標には、④骨萎縮は入っていないことから、医師においてCRPSと診断されても、自賠責保険からは後遺障害として認定されず、医師の診断と自賠責保険の判断に齟齬が生じ得ることとなります。

　なお、自賠法に基づく損害賠償請求に係る裁判例（福岡地小倉支判平成30・4・17判タ1455号187頁〔28270253〕等）では、自動車損害賠償保障法に基づく損害賠償請求においては、自動車損害賠償保障法施行令が準拠する労災認定基準（同法16条の3、自動車損害賠償責任保険の保険金等及び自動車損害賠償責任共済の共済金等の支払基準の第3）により判断するのが相当であること、臨床用CRPS判定指標には、補償や訴訟などにおいて患者の症状がCRPSによるものであるかを判断する状況で使用するべきではないことや、後遺障害の有無の判定指標ではないことが明記されていることなどから、労働者災害補償保険の障害等級別認定基準（⑦関節拘縮、④骨萎縮、⑨皮膚の変化（皮膚温の変化、皮膚の萎縮）という3つの症状を満たすか否か）を採用する旨判示されています。

3　準備すべき事柄

　また、CRPSは原因が判然としない痛みが続くため、被害者側の立場からは症状固定であると判断し難く、後遺障害の認定に至るまでが長期化する傾向にあります。賠償義務者としては、①被害者本人から過去の事故歴や既往症の聞き取りを行う、②事故の瞬間の受傷機序を今一度詳細に整理する、③物的損害から衝撃の大きさを把握する、④弁護士に依頼をしたうえで過去の交通事故歴の弁護士会照会を行う、⑤過去に交通事故歴があるのならば通院歴の情報取得の可否を検討する、⑥生活状況や就労状況の調査、旅行や運動の有無や被害者が感じる不都合の調査、

Q31 要因が判然としない複雑な疼痛（CRPSやRSD）の主張がされた場合の対応

聞き取りなど、医療照会以外にできることを、同時並行で進めていく必要があります。

CRPSなどの、原因が一見して明らかではない疼痛を被害者が主張する場合、実際にそのような症状が生じることもあり得ることは前提に、公平の観点から認定できるのかも丹念に調査し、判断する必要があります。

調べるべきこと・情報の提供を求めるべきこと

- 被害者の既往症、過去の事故歴

  被害者本人に聞き取りを行うことが最も簡便です。その他、正当な理由があれば弁護士会照会を用い調査をする方法もあります。賠償金額の高額化も想定し、早期の対応が必要です。

- 被害者の症状とCRPS判定指標との対比

  医療照会にて何を尋ねるのかを整理し、医師が回答をしやすい表にしたうえで医療照会をすべきです。漫然と「CRPSでしょうか」と尋ねても医師は回答しにくく、「CRPSの可能性がある」との回答だけが返ってきます。結論を聞くのではなく、CRPSの各判断指標を尋ねるようにしてください。

- 被害者が受傷をした機序

  実際に身体のどの部分が接触をしたのか、けがをしたのかは、交通事故と症状との整合性を検討するうえで重要となります。

- 被害者本人、家族、就労先から、事故前の就労状況の聞き取り

  交通事故前から何らかの傷病を抱えていることもありますので、交通事故前と交通事故後の違いを聞き取る必要があります。

- 被害者本人、家族、就労先から、事故後の就労状況の聞き取り

  被害者の症状と就労状況は密接に関連するため、詳細な聞き取りが必要です。

- 生活状況の調査

  被害者の日常的な生活状況について、聞き取り等を行う必要があり

Ⅲ 人身事故

ます。

想定問答

Q まだ痛みもしびれも継続している。腕も上がらなくなっており、神経ブロック注射も打っている。事故から1年での治療費立替払の打切りには納得できない。

A あなたが主観的に痛みを訴えていることは認識しております。しかし医療照会の回答と通院経過から考えまして、少なくとも病状に大きな変化はないものといわざるを得ず、症状固定と判断いたしました。

Q 医師がCRPSの疑いがあると診断しているにもかかわらず、なぜ保険会社がCRPSではないと判断するのか。医師の意見に従うべきだ。

A 医師の意見ももちろん存じ上げておりますが、弊社としましては、治療費立替払を終了させていただき、後遺障害の事前認定手続に移行させていただきたいと考えております。現段階では、CRPSと認定できるのか否か、当社では判断しかねるとしかいいようがありません。

Q 事故から1年半が経過したが、現在も仕事ができず、就労に復帰できていない。休業損害を支払うべきだ。

A 客観的な画像所見のみで判断すると、急性期を除けば就労が可能な状態となっております。主観的な訴えを中心とする現在の資料では、就労が困難か否か判断することができず、これ以上の休業損害のお支払はいたしかねます。

Q31　要因が判然としない複雑な疼痛（CRPSやRSD）の主張がされた場合の対応

裁判例

CRPSを肯定した裁判例
・横浜地判平成26・4・22自保ジャーナル1925号1頁〔28223693〕

CRPSを否定した裁判例
・京都地判平成23・11・11自保ジャーナル1871号29頁〔28181274〕
・東京地判平成24・11・27自保ジャーナル1891号40頁〔28211178〕
・名古屋地判平成28・1・27自保ジャーナル1970号97頁〔28242817〕
・横浜地判平成30・7・17交通民集51巻4号840頁〔28271335〕
・福岡地小倉支判平成30・4・17判タ1455号187頁〔28270253〕
・千葉地判令和元・8・23自保ジャーナル2057号19頁〔28280922〕

（米山　健太、黒岩　将史）

Ⅲ 人身事故

 被害者死亡事故をめぐる問題①
―死亡被害者の葬儀費用―

事 例

弊社の契約者のYがAとBの2人を死亡させる交通事故を起こしてしまいました。

Aの相続人 X_1 からは、葬儀費や仏壇購入費・墓碑建立費・香典返し等が合計500万円かかったから、500万円を支払えといわれています。

Bの相続人 X_2 からは、葬儀費相当費用として150万円を支払うよう請求されていますが、「今どき、葬儀費用について150万円くらいかかるのは当たり前だ。」といって資料を出してもらえません。

これらの請求は、正当なのでしょうか。

ポイント

●賠償すべき葬儀関係費用には何が含まれるでしょうか。
●実務における葬儀費の定額方式とはどのようなものでしょうか。
●定額の場合にも損害の立証は必要でしょうか。

考え方

1 葬儀費は賠償すべき損害に当たるか

人は、遅かれ早かれ死ぬのであるから、葬儀費用は交通事故によって賠償すべき損害に当たらない、と加害者側が争った事例もありましたが、一般に、葬儀費について、特に不相当なものでない限り、加害者側の賠償すべき損害と解するのが相当であるとされています。

2 賠償の対象となる葬儀関係費用の範囲はどこまでか

(1) 一般に、葬儀費のみならず、その後の法要・供養等を執り行うために必要な費用、仏壇や仏具の購入費用、墓碑建立費用等の葬儀費用等

についても、社会通念上相当と認められる限度において、不法行為により、通常生ずべき損害として、その賠償を請求することができるとされています。

(2) 香典返しについては、儀礼的に死者や遺族を慰謝する趣旨で贈与される香典に対する返礼として賠償の対象となる葬儀関係費用には含まれないものとされています。また、香典についても、損益相殺の対象として賠償すべき金額を減らすことは認められていません。

3 葬儀関係費用の定額方式

(1) **定額方式150万円原則**

葬儀費は、実際にかかった金額が150万円より多くても、特別の事情がない限り、交通事故を理由として、賠償をすべき金額は、150万円とされることが多いです（なお、自賠責保険では、葬儀費は、2020年3月31日以前の事故については原則60万円とされ、例外的に証拠によって60万円を超えることが明らかな場合に100万円の範囲内の実費が支払われることとされていますが、2020年4月1日以降の事故については、例外なく100万円とする基準に改定されました）。

葬儀については、被害者及び遺族の社会的地位などに応じて、実際にかかる費用が大きく異なるところ、そのような社会的地位などを理由として葬儀費用の額の相違を正面から認めれば、不公平を生じさせることとなるためです。

(2) **実際にかかった葬儀費が150万円に達しない場合**

実際にかかった葬儀費が150万円に達しない場合には、実際にかかった葬儀費の範囲内でのみ、賠償が命じられることとなります。

裁判官によっては、実際にかかった葬儀費の具体的な立証をしなくても、150万円の定額の賠償を認めるという進め方もあるようです。しかし、そのような進行がされる場合でも、実際にかかった葬儀費用等が150万円未満であることが明確になった場合には、実際にかかった費用までしか賠償を認めない扱いがされていることが多いです。

(3) 実際にかかった葬儀費が150万円を超える場合

裁判例の傾向としては、特別の事情を認めて、150万円を超えて葬儀費用を認める例はあまり多くはありません。圧倒的多数の裁判例は、実際にかかった葬儀費用が150万円を超える場合であっても、150万円の範囲でしか葬儀費用を認めていません。ただし、少数ながら、特に被害者が若年者である場合に、葬儀費用とは別に、仏壇・仏具購入費や墓碑建立費等を損害と認めたうえで、150万円を超える金額を葬儀費用等として認容した裁判例も存在することには注意が必要です。

(4) 被害者遺族に対して求めるべき立証

したがって、加害者の側では、実際にかかった葬儀費が150万円以上であることを被害者の側に証明してもらったうえで、150万円を認めることとし、実際にかかった葬儀費の証明がない限り、葬儀費を認めないという対応が相当であると考えられます。

(5) 葬儀と直接に関係のない費用

なお、遺体運搬費用が発生した場合、遺体運搬費用は、葬儀などと直接には関係しない費用であることから、葬儀費用等とは別に損害として認められる扱いがされています。

調べるべきこと・情報の提供を求めるべきこと

- 死亡被害者の相続人・家族構成（戸籍関係書類）
  - 前提問題として、誰が死亡被害者の相続人であるかの確認のために必要となります。
  - 出生から死亡までの戸籍関係書類を取得します。
  - ただし、葬儀費については、相続人以外の者が支出していた場合、相続人ではなく、支出した者が賠償を請求することができることに注意が必要です。
- 領収証

実際に、かかった葬儀関係費用の領収書の提出を求めます。

想定問答

Q 実際に500万円かかったのに、何で150万円しか認められないんだ。
A 裁判例では、葬儀費について、被害者の方の社会的地位等に応じた不公平が生じることを避け、定額の金額を賠償金額とする例がとても多いです。弊社（当職）としては、150万円という額が正当な金額であると考えております。

Q 葬儀費が150万円というのは、納得はできないが理解した。しかし、仏壇や墓の金は別に認めてくれないか。
A 弊社（当職）としては、仏壇購入費や墓碑建立費を含めて葬儀関係費用全般を総合して、150万円が相当であると考えています。

Q 交通事故に関する本を読んでも、葬儀費用として150万円が認められると書いてあるよ。それ以上くれと言っているわけではないんだから、いちいち証明しなくてもいいだろう。
A 実際に支出した額が150万円に満たないのであれば、150万円をお支払することはできません。資料をご提出ください。

裁判例

葬儀費が加害者の賠償すべき損害に当たるとした裁判例

・最一小判昭和43・10・3裁判集民92号459頁〔27421846〕
　遺族の負担した葬式費用は、それが特に不相当なものでない限り、死亡事故によって生じた必要的出費として、加害者側が賠償すべき損害に当たるとした。

墓碑建設・仏壇購入のための費用が加害者の賠償すべき損害に当たるとした裁判例

・最二小判昭和44・2・28民集23巻2号525頁〔27000838〕
　死亡遺族が墓碑建設・仏壇購入のための費用を支出した場合には、そ

Ⅲ 人身事故

の支出が社会通念上相当と認められる限度において、加害者に賠償請求することができるとした。

遺体運搬費用等が葬儀費用とは別に賠償の対象とされた裁判例
- 大阪地判平成15・9・24交通民集36巻5号1333頁〔28092557〕
 葬儀費用とは別に遺体搬送費47万2500円を認めた。
- 大阪地判平成18・4・7交通民集39巻2号520頁〔28131058〕
 葬儀費用150万円のほかに、事故現場である北海道までの遺族らの航空運賃14万3100円や遺体搬送費9万2064円を認めた。
- 東京地判平成26・12・18交通民集47巻6号1548頁〔28240093〕
 葬儀費用150万円のほかに、遺体搬送費用21万9250円を認めた。
- さいたま地判平成26・12・19交通民集47巻6号1559頁〔28240094〕
 葬儀費用150万円のほかに、遺体搬送費用22万9710円を認めた。
- 横浜地判平成27・9・30交通民集48巻5号1223頁〔28240694〕
 葬儀費用150万円のほか、遺体処置費用等遺体搬送費一式66万円余を認めた。
- 京都地判平成28・11・29交通民集49巻6号1400頁〔28260071〕
 遺体処置費用として、6万6000円を認めた。
- 神戸地判平成30・1・11交通民集51巻1号9頁〔28270860〕
 葬儀費用150万円のほかに、被害者の遺品整理等にかかる交通費、遺体搬送費用を認めた。

葬儀費用が150万円に達しない場合に実際にかかった費用の範囲で賠償が認められた近時の裁判例
- 京都地判平成26・10・14交通民集47巻5号1272頁〔28231641〕
 葬儀費用31万円の事案について被害者遺族が定額の150万円を請求したのに対し、実際にかかった31万円に限定して賠償が認められた。
- 名古屋地判平成26・12・26自保ジャーナル1942号81頁〔28231893〕
 葬儀費用39万6855円の事案について被害者遺族が定額の150万円を請

求したのに対し、実際にかかった39万6855円に限定して賠償が認められた。

・大阪地判平成27・1・26判時2299号98頁〔28240789〕
葬儀費用64万465円の事案について被害者遺族が定額の150万円を請求したのに対し、実際にかかった64万465円に限定して賠償が認められた。

・大阪地判平成30・12・11平成30年(ワ)881号等公刊物未登載
葬儀費用21万1034円（領収証）の事案について被害者遺族が定額の150万円を請求したのに対し、領収証が存在する21万1034円のほか、領収証が存在しない支出も考慮し、50万円に限定して賠償が認められた。

葬儀費用が150万円を上回る場合に、150万円に限って賠償が認められた近時の裁判例

・東京地判平成26・12・18交通民集47巻6号1548頁〔28240093〕
実際にかかった葬儀費用が約690万円の事案について、被害者遺族がかかった金額全額を請求したのに対し、定額の150万円に限定して賠償が認められた。

・さいたま地判平成26・12・19交通民集47巻6号1559頁〔28240094〕
実際にかかった葬儀費用が約620万円の事案について、被害者遺族がかかった金額全額を請求したのに対し、定額の150万円に限定して賠償が認められた。

・大阪地判平成27・1・15交通民集48巻1号45頁〔28240785〕
実際にかかった葬儀費用が約730万円の事案について、被害者遺族がかかった金額全額を請求したのに対し、定額の150万円に限定して賠償が認められた。

・東京地判平成27・5・25交通民集48巻3号649頁〔28242317〕
実際にかかった葬儀費用が約500万円の事案について、被害者遺族がかかった金額全額を請求したのに対し、定額の150万円に限定して賠

償が認められた。

・大阪地判平成27・10・14交通民集48巻5号1273頁〔28241345〕
　実際にかかった葬儀費用が約520万円の事案について、被害者遺族がかかった金額全額を請求したのに対し、定額の150万円に限定して賠償が認められた。

・名古屋地判令和元・6・14交通民集52巻3号721頁〔28282375〕
　実際にかかった葬儀費用が約420万円、約240万円の事案について、被害者遺族がかかった金額全額を請求したのに対し、いずれも定額の150万円に限定して賠償が認められた。

・さいたま地判令和元・12・20平成30年(ワ)3078号公刊物未登載〔28281512〕
　実際にかかった葬儀費用が約685万円の事案について、被害者遺族がかかった金額全額を請求したのに対し、定額の150万円に限定して賠償が認められた。

（檀浦　康仁、加藤　純介）

Q33 被害者死亡事故をめぐる問題②
―死亡被害者の逸失利益の算定と生活費控除率―

事例

弊社の契約者のYがA（50歳・男性）を死亡させる交通事故を起こしてしまいました。

Aの相続人のXから、「Aは年収1000万円を稼いでいた。日本の男性の平均寿命は80歳だから、Aは、30年間、毎年1000万円を稼ぐ機会を失った。だから、Aが稼げるはずだったお金の補償として、3億円を払え。」と要求されています。

この請求は、あまりに高過ぎるのではないでしょうか。

ポイント

- 毎年1000万円ずつ30年間お金をもらえるのと、30年分の3億円を1度にもらえるのとを同じと考えてよいのでしょうか。（中間利息控除）
- 平均寿命まで働くことができるという前提で計算すべきなのでしょうか。（稼働可能期間）
- 生きていくためには生活費が必要ですので、稼ぎの全額が賠償の対象となるのはおかしいのではないでしょうか。（生活費控除率）
- 定年制度のある勤務先が一般的であるところ、定年退職後も同様の収入を得られることを前提としなければいけないのでしょうか。

考え方

1 死亡逸失利益の算定式

死亡逸失利益は、基本的に、以下の算定式によって算出します。

$$死亡被害者の基礎収入 \times (1-生活費控除率) \times 稼働可能年数の中間利息控除係数$$

以下、この算定式の考え方について説明します。

2　損害賠償金の一時払

現在の損害賠償実務では、損害が将来にわたって発生する場合であっても、被害者や被害者の相続人が一括して一時に支払うことを求める場合には、一般的には、一時に賠償すべきものとされており、将来、損害が発生するごとに支払っていくという賠償をすればよいとは考えられていません。

ただし、近時の最高裁判例において、後遺障害逸失利益について、被害者が定期金賠償を求めた場合には、これを認める判断がなされています（Q23（173頁））。もっとも、死亡の時点で損害の内容が確定している死亡逸失利益と、そうでない後遺障害逸失利益とを同視することはできず、死亡逸失利益については、これまでの取扱いが続いていくものと考えられます。

3　基礎収入

(1)　一般的には、死亡被害者の死亡前年の年収を基礎収入とします。

(2)　ただし、死亡被害者が60歳定年の会社に勤務していたという場合、定年後に勤務中と同じ1000万円の収入が得られるとは必ずしもいえません。そこで、定年後、67歳までの7年間については、1000万円ではなく、統計によって得られる平均賃金を基礎収入として逸失利益を計算すべきであると主張することができるものと考えられます。

(3)　なお、死亡被害者が若くて、収入が低い場合についてはQ22（168頁）を、学生が被害者になった場合で収入がない場合についてはQ21（162頁）を、参照してください。

4　中間利息控除

(1)　将来にわたって発生する損害を先に一時に支払ってもらえるということになると、被害者や被害者の相続人の立場では、受け取った賠償金を運用することで運用利益を上げることができます（例えば、預金することで運用する場合、利息を得ることができます）。反対に、加

害者の立場では、将来に発生する損害も前もって支払うことになるわけですので、支払をするときまでの間、その金銭を運用することで利益を得る機会が失われることとなります。そこで、賠償に当たって、被害者や被害者の相続人が受けることのできる運用利益を差し引くべきであると考えられています。

(2) この運用利益の差引きのことを中間利息控除といいます。中間利息控除の方法としては、毎年の収入を単利で運用していくことを前提とする「ホフマン式」と、複利で運用していくことを前提とする「ライプニッツ式」とがありますが、実務では、複利で運用していくことを前提とする「ライプニッツ式」を採用することが一般的となっています。

(3) 「ライプニッツ式」では、稼働可能年数に対応した中間利息控除の係数である「ライプニッツ係数」と基礎収入とをかけ算することによって、死亡逸失利益を算定します。なお、この「ライプニッツ係数」は、中間利息控除の利率を何％とするかによって変わります。

5 中間利息控除の利率

(1) 民法においては、将来において取得すべき利益について、中間利息控除を行う場合には、損害賠償の請求権が生じた時点における民法所定の法定利率によって控除することが明文化されています（民法417条の2、722条）。

(2) 平成29年改正前民法では、民法所定の法定利率は5％で計算すべきとされていましたが、現民法においては、市中金利動向に連動して3年ごとにその割合を見直すものとされています（民法404条1、3項）。

現民法が施行された令和2年4月1日から3年間は年3％とされています（民法404条2項）。

このため、令和2年3月31日までに起きた交通事故については年5％で、令和2年4月1日以降に発生した交通事故については年3％の法定利率で計算することになります。

Ⅲ　人身事故

6　稼働可能期間

(1)　人は、一般的に、死ぬまでずっと働き続けられるわけではありません。そこで、損害賠償実務では、被害者が働き続けることができたであろうときまでの、稼働可能期間に限って、死亡逸失利益の支払が認められています。

(2)　稼働可能期間は、損害賠償実務では、原則として、「67歳」までとされています。ただし、仕事の内容によっては、より長い期間が稼働可能期間として認められることもあります。

(3)　また、67歳までの期間が短い高齢者については、「平均余命の2分の1」までの期間を稼働可能期間とする扱いが一般的です。

(4)　本事例の場合、Aさんは50歳ですから、67歳までの17年間が稼働可能期間ということとなります。

(5)　前記のようなライプニッツ式を採用する場合、17年間のライプニッツ係数は、13.1661（令和2年3月31日以前発生の事故の場合は11.2741）となります。このことの意味は、一時金払で17年分の基礎収入相当額の賠償をあらかじめ受けるという場合に、17年分全部をもらってしまうと利息分だけもらい過ぎになってしまい、もらい過ぎにならないようにするためには13.1661年分の基礎収入相当額の金額にとどめることが相当であるということです。

7　生活費の控除と控除率

(1)　人が死ぬと、その人についての生活費が不要となります。そこで、損害賠償実務では、収入から死亡によって負担をしなくてよくなった生活費を差し引いて賠償すればよいという扱いがされています。

(2)　一般的には、以下のような割合で生活費が控除されています。

一家の支柱（世帯の生計を主としてその人の収入によって維持していた場合をいいます）	30％～40％
女性（主婦・独身・幼児などを含む）	30％～40％
男性（独身・幼児を含む）	50％

(3) したがって、本事例の場合には、Aさんが一家の支柱であれば30%〜40%、独身者であれば、50%の生活費控除が認められるものと考えられます。

(4) なお、女子年少者の逸失利益につき、全労働者（男女計）の全年齢平均を基礎収入とする場合には、その生活費控除率を45%とすることが多いです。

8 年金逸失利益のある場合の生活費控除率

なお、高齢者の死亡逸失利益については、労働逸失利益のほかに、年金逸失利益が認められることが多いと考えられます。この年金逸失利益については、年金が生活保障のための給付であることから、その大部分が生活費に使われると考えて、高い生活費控除率が認められるべきであると考えられます。裁判例も、労働逸失利益と年金逸失利益について、それぞれ別の生活費控除率を用いることとして、年金逸失利益について、前記の割合よりも大きな割合の生活費控除率を用いている例や年金収入だけになる期間について、前記の割合よりも大きな割合の生活費控除率を用いている例が多くみられます（後掲の裁判例参照）。

9 平成29年改正前民法と現民法の逸失利益の計算の違いについて

本事例（生活費控除率を40％とします）をもとに平成29年改正前の民法と現民法で計算すると、以下のとおりの計算結果となります。
（平成29年改正前民法）
　1000万円×（1－0.4）×11.2741＝6764万4600円
（現民法）
　1000万円×（1－0.4）×13.1661＝7899万6600円

調べるべきこと・情報の提供を求めるべきこと
　●死亡被害者の相続人・家族構成（戸籍関係書類）
　　・前提問題として、誰が死亡被害者の相続人であるかの確認のため

に必要となります。
　・出生から死亡までの戸籍関係書類を取得します。
　・生活費控除率に関し、一家の支柱に当たるかどうかの判断のためには家族構成を調べることが必須です。
● 死亡被害者の住民票の写し
　住民票の写しを取り付けることで、死亡被害者の同居の家族が誰であったのかを確認することができます。死亡被害者が一家の支柱である場合、何人の家族の生計を支えていたかの判断の参考となります。
● 死亡被害者の死亡前年の収入がわかる資料（源泉徴収票、所得証明書、給与明細など）
　死亡被害者の基礎収入を算定するために必要となります。
● 死亡被害者の勤務先の定年
　年収が高額な被害者については、定年までは、現在の収入を基礎収入として、定年後は、平均年収を基礎収入として、逸失利益を計算するということが考えられます。
● 死亡被害者の就業に役立つ資格の有無
　特殊な資格を有する被害者の場合、定年後も高額な収入が得られると主張されることがあります。そのような場合には、その資格の証明書を提出してもらうことが考えられます。
● 死亡被害者の学歴
　平均賃金によって基礎収入を算出する場合、学歴ごとの統計を利用するために調査が必要となります。
● 平均賃金
　平均賃金によって基礎収入を算出する場合に必要となります。
● 平均余命
　年金逸失利益については、平均余命までの年数のライプニッツ係数を利用して算出するため、必要となります。
● （年金受給者の場合）年金受給・受給額がわかる資料（受給証明

書・給付額通知書など)
年金逸失利益の算定の際、年金収入の基礎収入を知るために必要となります。

想定問答

Q 中間利息控除って何なんだ。

A 死亡逸失利益について、毎年得られるはずの収入をまとめて一度にお支払をするという方法をとるとき、被害者の側は本来ならば後で受け取るはずだったお金を先に受け取ることで、それを運用して利益を上げることができます。そこで、公平の観点から、利息分を差し引くこととされています。

Q 生活費の控除って何なんだ。納得がいくように説明してくれ。

A 人が生活していくうえでは、どうしても生活費がかかります。そこで、逸失利益の算定に当たっては、将来得られたはずの収入から将来かかったはずの生活費を差し引くということをします。それが生活費の控除です。

Q 生活費の控除が、半分とかおかしいじゃないか。Aは質素に暮らしていて、稼ぎの半分が生活費に使われる等ということはなかったぞ。どうして50％も減らされないといけないんだ。

A 生活費の控除の割合については、これまでの裁判例で、A様のような独身の男性の方については50％の生活費の控除の割合とされている例がほとんどです。私どもとしては、A様につきましても、これまでの裁判例に照らし、50％の生活費控除率を採用することが相当であると考えております。

Q 何やら法律が変わったことで、被害者がもらえる金額が増えるって聞いたぞ。

A 確かに民法が改正されたことで、金額の計算方法は変わりました。しかし、A様の場合、事故自体が令和2年3月31日以前に発生しておりますので、改正される前の民法が適用されます。そのため、ご提示した計算式が相当であると考えております。

裁判例

死亡逸失利益の算定に当たって被害者本人の生活費を控除すべきとした裁判例

・最二小判平成8・5・31民集50巻6号1323頁〔28010653〕
　死亡による損害の賠償を請求することのできる事案においては、被害者の死亡後の生活費を控除することができるとした。

生活費の控除の割合について判断した裁判例

・最三小判昭和43・12・17裁判集民93号677頁〔27825294〕
　控除すべき生活費は、被害者自身が将来収入を得るために必要なものをいうのであって、家族の生活費を含まないとして、控除率が50％を超えないとした原審の判断を是認した。

・最一小判昭和56・10・8裁判集民134号39頁〔27423761〕
　死亡逸失利益の算定に当たり、5割相当を生活費として控除した原審の判断を是認した。

女子年少者の逸失利益につき、全労働者（男女計）の全年齢平均賃金を基礎収入とする場合に、その生活費控除率を45％とした近時の裁判例

・福井地判平成26・4・17交通民集47巻2号529頁〔28231552〕
　16歳高校生の死亡逸失利益算定に当たり、男女学歴計の平均賃金を基礎収入とした際に、その生活費控除率を45％とした。

・大阪地判平成27・1・13交通民集48巻1号25頁〔28232385〕
　18歳短大生の死亡逸失利益算定に当たり、男女学歴計の平均賃金を基礎収入とした際に、その生活費控除率を45％とした。

- 大阪地判平成27・10・30交通民集48巻5号1335頁〔28243839〕
  17歳高校生の死亡逸失利益算定に当たり、男女学歴計の平均賃金を基礎収入とした際に、その生活費控除率を45％とした。
- 神戸地判平成28・5・26交通民集49巻3号659頁〔28250306〕
  17歳高校生の死亡逸失利益算定に当たり、男女学歴計の平均賃金を基礎収入とした際に、その生活費控除率を45％とした。
- 横浜地判平成30・2・19交通民集51巻1号164頁〔28270879〕
  17歳高校生の死亡逸失利益算定に当たり、男女学歴計の平均賃金を基礎収入とした際に、その生活費控除率を45％とした。
- 京都地判平成31・3・22交通民集52巻2号347頁〔28274654〕
  11歳の永住資格を有する外国籍女性の死亡逸失利益算定に当たり、男女学歴計の平均賃金を基礎収入とした際に、その生活費控除率を45％とした。

年金の逸失利益について

〔労働逸失利益と年金逸失利益を分けて生活費控除率を計算している近時の裁判例〕

- 東京地判平成26・1・28判時2261号168頁〔28221811〕
  控除率を労働逸失利益について30％、年金逸失利益について60％とした。
- 京都地判平成26・6・27交通民集47巻3号813頁〔28232327〕
  控除率を労働逸失利益について40％、年金逸失利益について50％とした。
- 名古屋地判平成26・12・26自保ジャーナル1942号81頁〔28231893〕
  控除率を労働逸失利益について40％、年金逸失利益について50％とした。
- 松山地今治支判平成27・3・10交通民集48巻2号367頁〔28232705〕
  控除率を労働逸失利益について40％、年金逸失利益について60％とした。

- 名古屋地判平成27・8・28交通民集48巻4号1042頁〔28240409〕
 控除率を労働逸失利益について30％、年金逸失利益について60％とした。
- 大阪地判平成27・10・14交通民集48巻5号1273頁〔28241345〕
 控除率を労働逸失利益について30％、年金逸失利益について60％とした。
- 大阪地判平成28・5・17交通民集49巻3号590頁〔28251901〕
 控除率を労働逸失利益について40％、年金逸失利益について50％とした。
- 名古屋地判平成28・7・15交通民集49巻4号893頁〔28252979〕
 控除率を労働逸失利益について40％、年金逸失利益について50％とした。
- 神戸地判平成30・1・18交通民集51巻1号83頁〔28270862〕
 控除率を労働逸失利益について30％、年金逸失利益について50％とした。
- 大阪地判平成30・7・5交通民集51巻4号792頁〔28273537〕
 控除率を労働逸失利益について40％、年金逸失利益について60％とした。

〔労働逸失利益がある期間について合算して生活費控除率を計算し、年金逸失利益のみが認められる期間について、生活費控除率の割合を高くしている近時の裁判例〕
- 横浜地判平成23・7・14自保ジャーナル1868号92頁〔28180975〕
 控除率を労働逸失利益のある期間について労働逸失利益、年金逸失利益ともに30％、年金逸失利益のみの期間について50％とした。
- 東京地判平成25・9・18交通民集46巻5号1252頁〔28220234〕
 控除率を労働逸失利益のある期間について労働逸失利益、年金逸失利益ともに50％、年金逸失利益のみの期間について60％とした。

・東京地判平成27・5・25交通民集48巻3号649頁〔28242317〕
　控除率を労働逸失利益のある期間について労働逸失利益、年金逸失利益ともに50％、年金逸失利益のみの期間について60％とした。
・大阪地判平成27・11・17交通民集48巻6号1382頁〔28250040〕
　控除率を労働逸失利益のある期間については、合算して40％、年金逸失利益のみの期間について60％とした。
・大阪地判平成28・5・13交通民集49巻3号583頁〔28251900〕
　控除率を労働逸失利益のある期間については、合算して40％、年金逸失利益のみの期間について50％とした。
・東京地判平成28・8・19交通民集49巻4号1008頁〔28253024〕
　控除率を労働逸失利益のある期間については、労働逸失利益、年金逸失利益ともに35％、年金逸失利益のみの期間について60％とした。
・東京地判令和元・11・6平成31年(ワ)8698号公刊物未登載〔29057925〕
　控除率を労働逸失利益のある期間については、労働逸失利益、年金逸失利益ともに30％、年金逸失利益のみの期間について60％とした。

（檀浦　康仁、安井　孝侑記）

Ⅲ 人身事故

Column 3　相続法改正と損害賠償実務

1　はじめに

　令和元年7月（一部は平成31年1月）、約40年ぶりに改正された民法及び家事事件手続法の一部を改正する法律（平成30年法律72号）が施行されました。

　まず改正の概要を説明したうえで、この相続法改正により損害賠償実務が影響を受けないかを確認してみたいと思います。

2　相続法改正の概要

(1)　改正により、自筆証書遺言の方式が緩和され（民法968条2項）、法務局保管制度ができました（法務局における遺言書の保管等に関する法律）。

(2)　また、現物返還が原則であった遺留分制度を見直し（民法1046条）、侵害相当額の支払を請求できる金銭債権と改められました。

(3)　さらに、遺産分割前の預貯金の払戻制度の創設により（民法909条の2）、遺産分割協議前の相続人の資金需要に対応できるようになったため、切迫した相続人から早期の支払を求められた場合は、このような制度を案内することが考えられるかもしれません。

(4)　その他、交通事故に直接関係するものではありませんが、被相続人の配偶者への配慮から、被相続人所有の建物について配偶者の居住の権利（民法1028条から1041条）、居住用不動産贈与の優遇措置（民法903条4項）、相続人以外の被相続人の親族の特別の寄与を考慮する特別寄与料（民法1050条）などが新設されました。

3　相続法改正の損害賠償実務への影響

　もっとも、交通事故における被害者の損害賠償請求権や加害者の損害賠償債務は、その者が死亡した場合は、当然にその相続人に法定相続分で分割して帰属するため、遺言の内容や遺留分の行使により左右されるものではありません。そのため、請求権や債務に対して改正による影響

は生じません。

　したがって、相続法改正は、交通事故事件に直接影響するものではありませんが、交通事故事件では相続を伴うことも少なくないため、前記のような改正がなされたことを記憶にとどめていただければ、役立つことがあるかもしれません。

(岩田　雅男、池戸　友有子)

Ⅳ 物損事故

高額な修理費用請求への対応方法

> **事例**
>
> 　交通事故の被害者であるＸが車両修理を依頼した工場から、修理見積りが届きました。
> 　見積りを確認してみると、修理の項目自体に問題はありませんでしたが、板金修理で十分に修理できるものまで取替えとされていること、修理に要する作業時間が長過ぎること、修理に要する作業単価が高過ぎること等、当方の見積りよりもかなり高額な内容となっていました。
> 　工場からの見積りどおりの金額を支払わなければならないのでしょうか。

ポイント

- 取替えか修理かの判断はどのように考えるべきでしょうか。
- 修理に要する作業時間はどのように考えるべきでしょうか。
- 修理に要する作業単価はどのように考えるべきでしょうか。

考え方

1　修理による原状回復

　損害賠償の目的は原状回復にあります。原状回復の方法は修理によることが原則となるため、修理費の支払による解決が原則となります。

2　取替えか板金修理の判断基準

　損傷部位の部品取替えか板金修理かの判断についても、上記の原則に従えば、板金修理が原則となります。部品取替えは例外的に認められるもので、例えば、物理的に修理不能である場合、修理しても機能に異常が残る場合、部品取替えの方が経済的に合理的である場合等には、部品

Ⅳ 物損事故

取替えが認められます。

3 作業時間・作業単価

(1) 作業時間・作業単価の判断

　修理に要する作業時間や作業単価について、10の修理工場があれば、10通りの修理工場の作業時間や作業単価があるため、一律に決まるものではありません。

　作業時間が短い、作業単価が安い修理工場を基準にしたとしても、被害者がその修理工場で修理をしなければならないという義務はありません。反対に、通常人の感覚からして、作業時間が長い、作業単価が高い修理工場での修理を望む人はほとんどいません。そのため、作業時間が長い、作業単価が高い修理工場の見積りがそのまま損害として認定されるわけでもありません。その結果、作業時間、作業単価が合理的な範囲内に収まっているのかが判断のポイントとなります。

(2) 作業時間の基準

　修理に要する作業時間が、合理的な範囲内のものかを判断する決定的な基準はありません。しかし、一般社団法人日本自動車整備振興会連合会が作成している自動車整備標準作業点数表、株式会社自研センターが作成している標準作業時間表、全国大型自動車整備工場経営協議会（全大協）が作成している標準作業時間等が参考になります。

　実際に作業時間が問題となった裁判例では、修理工場側の「正味作業時間表は、その客観性、正確性、相当性に問題がある」としたうえで、「全大協標準作業時間は、その作成の過程、策定の方法及び内容において不合理なところは見当たらず、また、全国の修理工場で広く用いられている資料であると認められる」として、「標準作業時間の算定のために用いる基本資料としては、全大協標準作業時間を標準作業時間の算定のための資料として用い、これに掲載のない作業については、補充的に他の資料を用いることとするのが相当である。」と認定しています（東京高判平成20・3・12自保ジャーナル1733号4頁

〔28244075〕)。

そのため、作業時間が長い見積りが届いたときには、合理的な根拠をもつ標準作業時間を準備して、修理工場と協議・協定を進めていくことが重要になります。

(3) 作業単価の基準

修理に要する作業単価についても決定的な基準はありません。同一の作業内容であれば作業時間を標準化することも可能ですが、同一の作業内容について単価を標準化してしまうと価格カルテルの問題が生じてしまうため、修理に要する作業単価は標準化することになじみません。実際には、近隣の修理工場の作業単価を調査して、合理的な範囲での作業単価を独自に調査する必要があります。そして、その調査結果に基づく合理的な範囲内での作業単価を基準として、修理工場と協議・協定を進めていくことが重要になります。

調べるべきこと・情報の提供を求めるべきこと

1 部品取替えの要否について

車体検証時に立ち会い、損傷部品を確認します。損傷部品を確認し、物理的に修理可能かを確認します。また修理後の機能に異常がないかを確認します。物理的に修理可能であり、機能に異常もなければ、標準作業時間と作業単価を確認します。また、部品の取寄価格、脱着作業時間、作業単価を同時に確認し、修理費用の方が安いことを確認します。

損傷部品を取り外す際に付随して取り外さなければならない周辺部品を確認します。付随して取り外した周辺部品を再度車体に取り付けることができるかを確認します。

2 作業時間について

合理的な根拠に基づく標準作業時間を調べます。標準作業時間を超える時間が計上されていれば、標準作業時間を超える理由について情報を求めます。標準作業時間を超える理由が回答されたときには、同回答の

Ⅳ　物損事故

客観的根拠について開示を求めます。

3　作業単価について

　近隣の修理工場の作業単価を調べます（過去に取り扱った修理工場の作業単価を集積しておくとよいです）。過去に同一の修理工場から届いた見積りがないか確認します。過去に同一の修理工場から届いた見積りがあれば、その際の作業単価を調べます。

想定問答

Q　事故で損傷を受けた部品をそのまま使うのは嫌なので、すべて取り替えてほしいのですが。

A　交通事故による損害賠償は原状回復を基本とします。そのため、修理することができるものは基本的には修理することになります。今回の事故で確かに部品は損傷を受けていますが、板金塗装で直すことが十分に可能であるため、板金塗装での対応とさせていただきます。

Q　修理工場の過去の実績では、部品の板金塗装に要する時間は標準作業時間を超えているため、請求どおりの作業時間で工賃を算出してほしい。

A　修理工場の過去のどのような実績から作業時間を算出しているのか根拠を示してください。合理的な根拠がない限り、標準作業時間を基に作業時間を算出させていただきます。基本的な作業内容が同一であれば、作業時間もおおむね同一になりますので、標準作業時間は合理的な基準であると考えます。

Q　作業時間は理解したが、作業単価にまで口を出される筋合いはない。うちは、この単価でこれまでもやってきたんだから、この作業単価で支払ってほしい。

[A] 弊社の調査によりますと、近隣地区での作業単価は6000円から8000円の範囲内となっており、平均値は7000円となっています。近隣地区では、材料費や人件費に、それほど大きな差が出るとは思えませんので、貴社の作業単価は相場からしても高いといわざるを得ません。そのため、弊社としては、平均値である7000円を作業単価とすることを依頼しております。

裁判例

・岡山地判平成6・9・6交通民集27巻5号1197頁〔28010658〕
部品取替えの方が経済的に合理的である等の例外事由がないとして板金塗装による修理を認定した裁判例。

・東京高判平成20・3・12自保ジャーナル1733号4頁〔28244075〕
修理工場側作成見積りによる作業時間を否定して、全国大型自動車整備工場経営協議会作成の標準作業時間による作業時間を認定した。
また、修理工場側作成の見積りによる作業単価を否定して、保険会社側が作成した作業単価を認定した裁判例（近隣地区の作業単価の下限と上限の範囲内のものであることを理由とする）。

・名古屋地判平成23・6・17自保ジャーナル1857号141頁〔28174759〕
競技用にも使用するスポーツカーの修理について、フレームの取替えを否定して、部分的な板金修理を前提とした修理費を損害として認定した裁判例。

・大阪地判令和元・12・18平成29年(ワ)7753号公刊物未登載
フレームの取替えを否定して、板金修理を前提とした修理費を損害として認定した裁判例。

（森下　達、奥村　典子）

Ⅳ 物損事故

 事故車両が改造車であるときの、経済的全損か分損かの判断方法

事例

時価額としては180万円程度のポルシェについて、修理費が260万円となっており、いわゆる経済的全損に当たると思います。しかし、被害者であるXは、「このポルシェは、ドイツから取り寄せた塗料で塗装し、マフラーとゴム類、ダッシュボード及びサイドパネルを交換しているんだ。改装費用として420万円は費やしているから、時価額は修理費用を超えるはずだ。」と主張して、修理金額の全額の支払を請求しています。この改装費用についても、経済的全損の判断における時価額として考慮しなければいけないのでしょうか。

ポイント

- 経済的全損とは何でしょうか。
- 時価額を算定するに当たり、車体本体価格以外に、どのようなものが考慮されるでしょうか。
- 修理額が時価額を超えると、直ちに経済的全損と判断すべきでしょうか。

考え方

1 経済的全損

経済的全損とは、破損した車両の修理費相当額が破損前の当該車両と同種同等の車両を取得するのに必要な代金額の基準となる客観的交換価値を著しく超える場合をいいます（福岡高判平成2・9・25交通民集23巻5号1075頁〔29004501〕参照）。

ごく単純化して考えると、車両修理費と車両時価額を比較して、車両時価額の方が安い場合をいい、この場合には車両修理額ではなく車両時

Q35 事故車両が改造車であるときの、経済的全損か分損かの判断方法

価額を限度として賠償義務が発生することになります。

2 車両時価額の判断基準

(1) 車両時価額は、「同一の車種・年式・型、同程度の使用状態・走行距離等の自動車を中古車市場において取得しうるに要する価額」をいいますが（最二小判昭和49・4・15民集28巻3号385頁〔27000441〕）、一般には『オートガイド自動車価格月報』（オートガイド）（いわゆるレッドブック。以下、「レッドブック」といいます）や『中古車価格ガイドブック』（一般財団法人日本自動車査定協会）（いわゆるイエローブック・シルバーブック）を用いて算定することが多いかと思います。

(2) そこで、車両時価額を算定するに当たり、例えばレッドブック等に記載がある場合には、その金額のみをもって、時価額を算定してよいかが問題となります。

例えば、車体本体価格がレッドブック記載の価格と同等の車両が見つかったとします。しかし、この車を購入して実際に手元に来るまでには、車体本体価格以外にも、自動車税、登録費用、納車費用等のいわゆる買替諸費用も支払う必要があります。実際の裁判例においても、経済的全損を判断するに際して、買替諸費用も時価額に含めて考えられます。

(3) また、例えば、特殊な改装を車両に施したときには、その改装費用は時価額に含まれるかということも問題になります。

本事例では、ドイツから取り寄せた塗料での塗装、マフラーとゴム類、ダッシュボード及びサイドパネルの交換などの改装（合計420万円）をしていますが、この改装によって時価額が260万円を超えるのであれば、経済的全損であるとはいえなくなります。

本事例のモデルケースとなった裁判例では、「本件各改装の際、原告車に走行上の不具合があつたわけではなく、本件各改装は専らカーマニアとしての趣味を満たす目的でなされたものと認められる。した

がつて、これらによつて、原告車に客観的価値の増加があつたとは認められない。」と判断しています（大阪地判平成8・3・22交通民集29巻2号467頁〔28021682〕）。

　ここでは、改装の目的から、車両に客観的価値の増加があったかどうかが問題とされています。

(4)　それでは、本事例とは異なり、事故車両が観光バスである場合に、新たに購入したバスを観光バスとして業務上使用するためには、特別の塗装、内装への改装を要する場合に、この改装費用は時価額の算定上考慮されるかを検討します。

　このケースは、先述のカーマニアとしての趣味を満たす目的での改装とは異なり、業務上の必要によって改装がなされています。この改装がなければ、新たに購入したバスを業務上用いることができないのであれば、改装費用も含めて時価額を算定する必要があるといえそうです。

　実際の裁判例では、バス本体の中古車価格として1044万円、修理費用は1250万593円を認定したものの、営業の用に供するためには特別の塗装、内装、設備等を要するとして、修理費用はなお時価額を超えるものではないとして、修理費用を車両損害額として認定しています（札幌地判平成8・11・27自保ジャーナル1189号2頁〔28243624〕）。

(5)　上記2件のケースは、改装の目的によって、車両の時価額が上昇する改装か否かを判断して、それぞれ異なる結論に至っています。ここでは改装の目的が極めて重要な判断要素となっています。

(6)　次に、ここでも本事例を少し修正して、改装によって車両の客観的価値が250万円に上昇したと仮定します。この場合、車両の時価額が250万円であるのに対し、修理費は260万円となり、修理費が車両時価額を上回っています。この場合にも、直ちに経済的全損の状態にあるといえるでしょうか。

　この問題と同様の論点があった裁判例では、車両時価額を26万円、修理費を39万8870円と認定したうえで、買替諸費用合計11万4615円を

時価額に加算して、37万4615円を経済的全損を判断するうえでの車両時価額と認定しました。買替諸費用を加算しても、車両時価額（37万4615円）を修理費（39万8870円）が上回っていますが、この裁判例では「修理費用が経済的全損と解する場合を著しく上回るとは言えず、そうすれば、本件においては、修理費用相当額を原告車の損害とするのが相当である。」と認定しています（名古屋地判平成15・2・28自保ジャーナル1499号17頁〔28244076〕）。

どこまでの範囲を「著しく上回る」場合に該当するかについては明らかではありませんが、少なくとも、車両時価額を修理費が上回っているからといっても、直ちに経済的全損に当たるわけではないという点は注意が必要です。

調べるべきこと・情報の提供を求めるべきこと
1　時価額について

レッドブック等に記載がある場合には、記載の金額を調べ、これを基準にします。

車種としての記載はあるものの、年式が古いため事故車両の記載がない場合には、記載があるもののうち、最も古い車両の金額とその前年度の車両の金額とを比較し、減価率を調べ、これを基に順次計算していく方法が考えられます。

レッドブック等に記載がない場合には、中古車市場から、年式、型式、走行距離等の条件が等しい車両の価格帯を調べます。

特殊車両等、レッドブック等に記載がなく、また流通もないため市場価格を調べることが困難な場合には、減価償却を調べます。減価償却の場合の耐用年数について、税務上の耐用年数を直ちに用いるのではなく、実際の業界で使用される耐用年数を調査します。

2　改装について

改装の目的、内容を調査します。

Ⅳ　物損事故

　改装の内容について、法律や業界の規約（○○のように改装しなければならない）がないかを調査します（業界上、「○○のように改装しなければならない」という規約が往々にして存在します）。

想定問答
Q　事故車両に愛着があるので、修理費が高くなったとしても修理して乗りたいのです。修理費用をすべて支払ってください。

A　交通事故による車両損害については、修理費用の支払によるのが原則ですが、車両時価額を車両修理費が上回る場合には、経済的全損に当たり、車両時価額を限度にしか賠償をすることができません。

Q　車両時価額は何を根拠に決めるのですか。提示された車両時価額以上に、車両改装に費用を使っているので、その分時価額も上がっているはずですが。

A　改装に費用を使ったとしても、それだけで車両の時価額が上がるものではありません。
　車両を改装した目的から考えて、業務上の必要などの理由ではなく、趣味の範囲での改装と考えざるを得ませんので、車両の時価額が客観的に上昇したとまでは判断できません。

裁判例
事故車両に愛着がある場合でも、修理費を損害とすることを否定し、車両時価額を限度に損害を認めた裁判例
・東京高判平成4・7・20交通民集25巻4号787頁〔29004901〕
・大阪高判平成9・6・6交通民集30巻3号659頁〔28032573〕

時価額の算定に当たり減価償却の方法を用いた裁判例
・東京地判平成13・4・19交通民集34巻2号535頁〔28071541〕

時価額の算定に当たり専門雑誌（ポルシェ）の小売希望価格を参考にした裁判例
・東京地判平成10・11・25交通民集31巻6号1764頁〔28050412〕

個人的趣味目的での改装により車両時価額が上昇することを否定した裁判例
・大阪地判平成8・3・22交通民集29巻2号467頁〔28021682〕

営業上必要な改装をしたことにより車両時価額が上昇することを肯定した裁判例
・札幌地判平成8・11・27自保ジャーナル1189号2頁〔28243624〕
・東京地判平成22・4・13自保ジャーナル1829号152頁〔28174687〕

車両時価額を修理費用が上回る場合でも経済的全損に当たることを否定した裁判例
・名古屋地判平成15・2・28自保ジャーナル1499号17頁〔28244076〕

（森下　達、加藤　耕輔）

IV 物損事故

全損時における買替諸費用として認められるものとその範囲

> **事例**
> 被害者Xの車両は、事故により全損となったので、新車に買い替えることになりました。現在、Xから、新車に買い替えるためにかかった諸費用をすべて負担するよう要求されています。これらすべてを支払う必要があるのでしょうか。

ポイント

- 事故による損害賠償の対象となる買替諸費用は、被害車両と同程度の車両を取得するのに要する費用です。新車に買い替えるとしても、その新車の取得にかかる諸費用のすべてを支払う必要はありません。
- 被害者が新車の買替諸費用を要求する場合は、算定の根拠となる資料の提出を求めるとともに、すべてが損害となるわけではないことをしっかり伝えましょう。
- 車両を取得するのに通常かかる諸費用（税金、保険料、登録関係費等）について、その法的性質を理解し、賠償の必要性の有無を検討する必要があります。

考え方

1 はじめに

車両の買替えを行う場合には、車両本体価格だけでなく、税金や各種手数料など、様々な費用が発生します。

もっとも、被害車両が全損と判断される場合、被害車両と同一車種・年式・型の中古車両を購入することにより、被害者の元の利益状態を回復します。

したがって、車両の買替えに伴って生ずる費用は、被害車両と同程度の車両の取得に付随して通常必要とされる範囲において、事故による損

害として認められると考えられます（東京地判平成13・12・26交通民集34巻6号1687頁〔28080537〕）。

2 車両本体の消費税

被害者が、被害車両と同程度の車両を購入する場合にも、消費税が加算されるので、被害車両の時価額の消費税相当分については、事故と相当因果関係があり、損害として認められます（東京地判平成22・1・27交通民集43巻1号48頁〔28170288〕、大阪地判平成24・6・14自保ジャーナル1883号150頁〔28182614〕）。

3 自動車取得税の廃止、環境性能割の導入

自動車取得税は、自動車の取得者に対し、取得価額が50万円を超える場合に課税される税金であり、自動車を再取得するのに必要になるので、事故による損害として認められていました（東京高判平成23・12・21自保ジャーナル1868号166頁〔28180983〕）。

令和元年10月1日以降は、自動車取得税が廃止され、新たに環境性能割が導入されました（地方税法145条1号及び146条、軽自動車は同法442条1号及び443条）。これも、自動車の取得者に対し、自動車の燃費性能等に応じて課税される税金なので、令和元年10月1日以降の事故でも、自動車取得税と同様に、損害として認められると考えられます。

4 事故車両の自動車重量税（未経過期間分）

これは、自動車検査証の交付等を受ける者及び車両番号の指定を受ける者に対し、自動車の重量及び検査証の有効期間に応じて課される税金です（自動車重量税法4条）。

事故車両の自動車検査証の有効期間に未経過分があった場合、未経過期間に相当する自動車重量税額は、損害賠償の対象となります（東京地判平成22・1・27交通民集43巻1号48頁〔28170288〕）。

もっとも、使用済自動車の再資源化等に関する法律（以下、「自動車

Ⅳ 物損事故

リサイクル法」といいます）に基づき事故車両が適正に解体され、車検残存期間に対応する自動車重量税額が還付された場合、その分は損害として認められないので、注意が必要です。

5 登録費用、車庫証明法定費用、廃車費用

　法定の手数料分については、車両の取得に付随して通常必要とされる費用なので、損害として認められます。

6 登録手続代行費用、車庫証明手続代行費用、納車費用

　これらは、販売店の提供する労務に対する報酬部分ですが、車両を取得するには、登録、車庫証明等の手続が必要となり、通常、車両購入者がそれらを販売店に依頼しているという社会的実情に鑑み、報酬部分も、買替えに付随するものとして損害を認める裁判例は多く存在します（東京地判平成15・8・26交通民集36巻4号1067頁〔28092180〕、東京地判平成24・3・27交通民集45巻2号405頁〔28181475〕）。

　なお、この点については、本人が自ら行うことができる手続であること、販売店により金額の差がかなりあること等から、「実際にかかった費用の全額ではなく相当額を裁判所が算定したうえで損害として考慮すべきではないか」との見解もあります（東京三弁護士会交通事故処理委員会編『民事交通事故訴訟　損害賠償額算定基準〈1989年版〉』（赤い本）89頁）。

　一方、近時、検査登録手続代行費用、車庫証明手続代行費用、納車費用をいずれも否定した裁判例（東京高判平成23・12・21自保ジャーナル1868号166頁〔28180983〕）、登録手続代行費用は認め、車庫証明手続代行費用、納車費用を否定した裁判例（横浜地川崎支判平成30・11・29自保ジャーナル2038号76頁〔28272069〕）も存在します。

7 リサイクル料金

　リサイクル料金とは自動車リサイクル法に基づき、自動車購入時に支

払うリサイクルのための費用です。

　被害車両と同種同等の車両を取得する場合に通常必要な費用として、リサイクル料金も損害として認められています（名古屋地判平成21・2・13交通民集42巻1号148頁〔28160594〕、横浜地川崎支判平成30・11・29自保ジャーナル2038号76頁〔28272069〕）。

8　自動車税、自賠責保険料

　自動車税、自賠責保険料のように、還付制度のあるものは、原則として、損害賠償の対象にはなりません。

9　経済的全損の判断と買替諸費用

　修理費が、車両時価額に買替諸費用を加えた金額を上回る場合に、経済的全損となります（Q35（258頁）参照）。なお、経済的全損の判断において、修理費と比較する車両時価額にも、消費税相当額を含めて考えます。レッドブックに記載されている時価額は、消費税相当分を含んでいないので、注意が必要です。

調べるべきこと・情報の提供を求めるべきこと

- 実際に買替えをしている場合は、購入時の見積書、請求書等の提示を求め、諸費用を確認する必要があります。
  なお、被害者が実際に買替えをしていない場合は、販売店に高めに書いてもらうケースもありますので、同じ業者の他の見積りと比較するなど、しっかり金額の妥当性を確認します。
- 自動車重量税は、まず、還付制度が利用されていないか確認しましょう。還付されない場合は、税額表などを参照し、これを事故車両に当てはめて確認します。

想定問答

Q　新車を130万円で購入したが、これに諸費用が加算されて150万円に

Ⅳ 物損事故

なりました。150万円を支払ってください。

A X様の車両は、修理費が時価額を上回っていますので、経済的全損となります。この場合、被害車両と同一車種・年式・型の中古車両を購入することで元の利益状態が回復すると考えられます。したがって、時価額の70万円の限度でしかお支払はできません。

Q 諸費用は、車を買い替えるのにかかったお金なので、20万円は全額支払ってください。

A まず、諸費用の内訳を教えてください。ただし、資料をご提出いただいても、すべてお支払するという趣旨ではありません。

Q 車両本体の消費税13万円、その他の諸費用（自動車重量税含む）7万円です。

A 先ほどご説明したとおり、全損の場合は、被害車両の限度でしか損害として認めることはできません。13万円は、新車を前提に算定されておりますが、X様の被害車両の時価額は70万円ですので、消費税は7万円です。

Q その他の諸費用はどうなんですか。

A X様は、自動車重量税の還付を受けていませんか。その場合、自動車重量税は対象外となります。
また、販売店に対する報酬部分については、当然に認められるものではなく、その相当額の限度でお支払することになっておりますので、こちらで一度検討させてください。

裁判例

被害車両の時価額の消費税相当分について、事故と相当因果関係があるとした裁判例

・東京地判平成22・1・27交通民集43巻1号48頁〔28170288〕

・大阪地判平成24・6・14自保ジャーナル1883号150頁〔28182614〕

被害車両と同等の中古車両を取得する際に要する自動車取得税の限度で、損害として認定した裁判例
・大阪地判平成13・12・19交通民集34巻6号1642頁〔28080532〕

事故車両の自動車検査証の有効期間の未経過分に相当する自動車重量税額は、事故と相当因果関係のある損害であると認めた裁判例
・東京地判平成22・1・27交通民集43巻1号48頁〔28170288〕

登録手続代行費用、車庫証明手続代行費用、納車費用といった販売店の提供する労務に対する報酬についても、買替えに付随するものとして損害賠償の対象となるとした裁判例
・東京地判平成15・8・26交通民集36巻4号1067頁〔28092180〕
・東京地判平成24・3・27交通民集45巻2号405頁〔28181475〕

検査登録手続代行費用、車庫証明手続代行費用、納車費用をいずれも否定した裁判例
・東京高判平成23・12・21自保ジャーナル1868号166頁〔28180983〕

登録手続代行費用は認め、車庫証明手続代行費用、納車費用を否定した裁判例
・横浜地川崎支判平成30・11・29自保ジャーナル2038号76頁〔28272069〕

被害車両と同種同等の車両を再調達する場合の費用としてリサイクル料金も、損害として認めた裁判例
・名古屋地判平成21・2・13交通民集42巻1号148頁〔28160594〕
・横浜地川崎支判平成30・11・29自保ジャーナル2038号76頁〔28272069〕

Ⅳ　物損事故

参考資料

・自動車重量税の税額表（国土交通省ホームページ）
　https://www.mlit.go.jp/jidosha/kensatoroku/sikumi/zyuuryouzei.pdf

（中内　良枝、遠藤　悠介）

買替差額
―購入直後の車両の損害―

> **事例**
>
> 事故の被害車両は納車から1か月も経過していない車両のようです。時価額は200万円程度、修理費用は80万円程度なのですが、Xは「修理をしても完全に直るかわからない。新車に買い替えるから、事故車両の時価額との差額を賠償してほしい。」と言ってきています。被害者の要求に応じなければならないでしょうか。

ポイント

● 買替差額とは何でしょうか。

考え方

1 買替差額とは何か

(1) 買替差額とは

買替差額とは、事故直前の車両時価額から、事故車両の下取価格を差し引いた金額をいいます。事故車両の損害賠償は、車両の修理費をもってするのが原則ですが、「被害車両が事故によって、物理的又は経済的に修理不能と認められる状態になつたときのほか……被害者車両の所有者においてその買替えをすることが社会通念上相当と認められるとき」には買替差額を損害として計上をすることが認められます（最二小判昭和49・4・15民集28巻3号385頁〔27000441〕）。

(2) 物理的全損と経済的全損

まず、物理的全損又は経済的全損と認められる場合には、買替差額が損害として認められます。この場合、全損価格、すなわち事故時の事故車両の時価相当額から、事故車両自体の売却代金を差し引いた金額が損害額となります。ここで、新車相当額を損害として認めているわけではないことに注意が必要です。

Ⅳ　物損事故

　　ここで、長期間使用した車両の場合、時価相当額が0円になる場合がありますが、減価償却による方法（大阪地判平成14・5・7交通民集35巻3号635頁〔28081915〕）や、車検までの1日当たりの使用価値（大阪地判平成2・12・20自保ジャーナル911号2頁〔28252487〕）をもとに車両価格が算定されることがあります。

(3)　「買替えをすることが社会通念上相当と認められるとき」

　　「被害車両の所有者においてその買替えをすることが社会通念上相当と認められるとき」とは、どのような場合に該当するのでしょうか。

　　例えば、新車の引渡しの20分後（走行距離は約7.4km）に追突された場合に、新車に買い替えることは、前記最高裁判例のいう社会通念上相当といえるでしょうか。

　　実際の裁判例では、「既に、一般の車両と同様に公道において通常の運転利用に供されている状態であった以上、新車の買替えを肯認すべき特段の事情とまではいえ」ないとして、買替差額の主張は否定されました（東京地判平成12・3・29交通民集33巻2号633頁〔28061304〕）。

　　この裁判例からすると、新車納入後間もない時点で事故が発生したという事情は、買替差額を認める事情とはなり難いようです。

(4)　車体の安全性を理由とする場合

　　では、車体を修理したとしても、車体の機能や安全性が完全に回復するかがわからないという事情は、前述の最高裁判例のいう社会通念上相当といえるでしょうか。

　　実際の裁判例では、「安全性を重視することは理解できるものの、それをどの程度重視するか（どの程度で安全性に不安を感じるか）はもっぱら主観的な問題であるといえるから……被害車両を買い換えることは、……本件事故と相当因果関係は認められない。」として、買替差額の主張は否定されました（東京地判平成11・9・13交通民集32巻5号1378頁〔28052598〕）。

これに対して、前述の最高裁判例では、社会通念上相当といえる場合として、「フレーム等車体の本質的構造部分に重大な損傷の生じたことが客観的に認められる」場合を挙げています。

以上の裁判所の判断を検討すると、安全性を理由とする場合には、不安という主観的事情では足りず、客観的に車体の本質的構造部分に重大な損傷が生じたことが認められなければならないということになります。

なお、札幌高判昭和60・2・13交通民集18巻1号27頁〔29002503〕では、修理をしたとしても、走行機能等に欠陥を生じることが推測できるとして、修理後の具体的な不具合について詳細に認定をし、車両の登録後6日目に事故が生じた車両について新車への買替えを認めています。そのため、不安を超えて具体的な欠陥が生じる場合には、新車への買替差額が損害として認められる場合があります。

調べるべきこと・情報の提供を求めるべきこと

- 物理的全損か否かを調査します。
- 経済的全損か否かを調査します。

　全損に至っている場合には、買替差額を認めるべきです。

　物理的全損でも経済的全損でもない場合には、車体損傷が車体の本質的構造部分に及んでいるかを調査します。

　車体の本質的構造部分に損傷が及んでいる場合には、その損傷の程度を調査します。

想定問答

Q 昨日購入したばかりの車なんです。新車に買い替えてください。

A 購入後間もないとしても、既に一般車として公道で通常の運転に使用されている以上、新車と同様の評価をすることはできません。修理費のお支払が原則となりますので、修理費をお支払させていただきます。

Ⅳ 物損事故

Q 修理したからといって、完全に直ったかわからないため、安全性に不安があります。車を買い替えたいのですが。

A 買替差額が認められるのは、不安という主観的な事情では足りず、客観的に車体の本質的構造部分に重大な損傷を負っていることを示していただかなければならないため、応じることはいたしかねます。

裁判例 ─────────────────────────

買替差額の請求が認められる場合を示した裁判例

〔車両時価額の基準を示した裁判例〕
・最二小判昭和49・4・15民集28巻3号385頁〔27000441〕

〔買替差額を否定した裁判例〕
・東京地判平成11・9・13交通民集32巻5号1378頁〔28052598〕
・東京地判平成12・3・29交通民集33巻2号633頁〔28061304〕

〔買替差額を認めた裁判例〕
・札幌高判昭和60・2・13交通民集18巻1号27頁〔29002503〕

（遠藤 悠介、横井 優太）

評価損が認められる場合とその評価方法

> **事例**
>
> 被害者Xは、車を購入して約1年で事故に遭いました。現在、修理費に加え、評価損として修理費の50％という高額な請求をされています。車の購入後、3年以内の事故であれば、評価損は必ず認められるのでしょうか。また、評価損が認められる場合、その金額はどのように算定すればよいのでしょうか。

ポイント

- 評価損（格落ち）は、修理しても外観や機能に欠陥を生じ、又は事故歴により商品価値の下落が見込まれる場合に認められます。
- 評価損が認められるかについて、何年、何キロメートルという明確な基準はありません。年数、走行距離等の一般的な目安のみで判断をする前に、損傷の部位・程度という個別具体的な事情を調査して、当該事案において評価損が発生する余地があるのかを具体的に検討しましょう。
- 評価損の算定方式には、減価方式、時価基準方式、修理費基準方式があります。

考え方

1 評価損とは

(1) 評価損の意義

評価損とは、事故当時の車両価格と修理後の車両価格との差額をいい、「修理しても外観や機能に欠陥を生じ、または事故歴により商品価値の下落が見込まれる場合」に認められます。

一般に、前者を「技術上の評価損」、後者を「取引上の評価損」といいます（東京三弁護士会交通事故処理委員会・公益財団法人日弁連

Ⅳ　物損事故

交通事故相談センター東京支部編『民事交通事故訴訟　損害賠償算定基準〈2002年版〉』（赤い本）295頁）。

　評価損は、車両の修理を前提としているので、修理可能な分損の場合に発生し、経済的全損の場合には発生しません。

(2)　技術上の評価損

　技術上の評価損については、機能や外観に欠陥が存在していることが立証された場合は、事故車両の車両価格は事故前に比して低下しているといえるため、評価損が認められることには、ほぼ争いはありません。

　しかし、車両修理技術が高度化している現在では、このような欠陥が残存するケースはまれであると考えられます。

(3)　取引上の評価損

　他方、取引上の評価損については、肯定説と否定説に分かれており、裁判例も肯定例、否定例の双方があります。現在の実務では、事故歴があることにより、商品価値の下落は避けられないため、取引上の評価損は肯定されていると考えられます。

　また、（取引上の）「評価損が肯定されるのは、骨格部分、エンジンなど走行性能、安全性能に関わる部分に事故の影響が及んでいる可能性がある場合に限られる」とする見解もあります（東京三弁護士会交通事故処理委員会・公益財団法人日弁連交通事故相談センター東京支部編『民事交通事故訴訟　損害賠償算定基準〈1998年版〉』（赤い本）192頁）。

　この骨格部分というのは、中古車販売業者に表示義務のある修復歴（車体の骨格に当たる部位の修正及び交換歴）である、①フレーム（サイドメンバー）、②クロスメンバー、③フロントインサイドパネル、④ピラー（フロント、センター及びリア）、⑤ダッシュパネル、⑥ルーフパネル、⑦フロアパネル、⑧トランクフロアパネルをいうと解されます（自動車業における表示に関する公正競争規約11条1項10号、中古車に関する施行規則14条）。

もっとも、現在の実務では、損傷の程度が骨格部分に及んでいることを要件とせずに、取引上の評価損を肯定する裁判例は、従前と比べて増加しているといわれています（磯邉裕子「車両損害をめぐる諸問題（下）」判例タイムズ1393号（2013年）21頁）。

2 評価損が認められる目安

評価損が発生するか否かを検討するには、初度登録からの期間、走行距離、損傷の部位（車両の機能や外観に顕在的又は潜在的な損傷が認められるか）、車種（人気、購入時の価格、中古車市場での通常価格）等が考慮されます。

そして、これまでの裁判例の傾向から、外国車又は国産人気車種で初度登録から5年以上（走行距離で6万キロメートル程度）、国産車では3年以上（走行距離で4万キロメートル程度）を経過すると、評価損が認められにくい傾向がある、とする文献もあります（東京三弁護士会交通事故処理委員会・公益財団法人日弁連交通事故相談センター東京支部編『民事交通事故訴訟　損害賠償算定基準〈2002年版〉』（赤い本）295頁）。

ただし、これらは一応の目安ですので、初度登録からの期間と走行距離のみで判断するのではなく、事案に応じて、前記事情を具体的に検討する必要があります。

3 評価損の算定方式

評価損の算定方式としては、事故時のあるべき時価から修理後の価値を控除したもの（減価方式）、事故時の車両価格の何％とするもの（時価基準方式）、修理費の何％とするもの（修理費基準方式）があります（東京三弁護士会交通事故処理委員会・公益財団法人日弁連交通事故相談センター東京支部編『民事交通事故訴訟　損害賠償算定基準〈2002年版〉』（赤い本）295頁）。

実務上は、修理費基準方式を採用し、おおむね、修理費の10％～30％

とする裁判例が多いようです。修理費の50％もの評価損が認められるのは、購入して間もない高級車や希少価値のある高級車というようなごく例外的な場合といえます（東京地判平成23・11・25自保ジャーナル1864号165頁〔28180406〕）。

　また、被害者から、一般財団法人日本自動車査定協会の発行する「事故減価証明書」が提出されることもありますが、具体的な評価過程や根拠が明らかでないことから、評価損を認めるための十分な証拠とはいえないとした裁判例もあり（東京地判平成10・10・14交通民集31巻5号1523頁〔28050025〕、東京地判平成18・1・24交通民集39巻1号70頁〔28130416〕、東京地判平成30・5・15交通民集51巻3号571頁〔29050860〕）、実務上は、あくまで考慮要素の1つという扱いであると考えられます。

4　ローンが残っている車両の場合
(1)　評価損の請求権者

　所有権留保付自動車が損傷したことによる評価損は車両使用者ではなく、車両の交換価値を把握している所有権留保権者が取得するとした裁判例があります（東京地判平成21・12・24自保ジャーナル1821号104頁〔28174803〕、東京地判平成15・3・12交通民集36巻2号313頁〔28091187〕、東京地判平成12・8・23交通民集33巻4号1312頁〔28062303〕、名古屋地判平成27・12・25交通民集48巻6号1586頁〔28250049〕）。

　この場合でも、車両使用者が代金を完済して所有権を取得すれば、評価損の請求権も取得するといえます（大阪地判平成25・3・22自保ジャーナル1905号157頁〔28213664〕、東京地判平成30・7・17平成30年（レ）116号公刊物未登載〔29055123〕）。

　他方、ローンが残っている車両ではあるものの、被害者が代金を完済すれば名義上も被害者の所有になると推認され、保険会社も本件事故の保険金を被害者に支払っていることなどによれば、本件車の実質

的所有者は被害者であって、本件事故を原因とする損害賠償請求権は被害者に帰属しているといえるとして、車両使用者に評価損を認めた裁判例（名古屋地判平成22・2・19交通民集43巻1号217頁〔28170300〕）、信販会社との間では、「立替金完済前であっても、取引上の評価損に係る損害賠償請求権につき、使用者である原告に帰属させ、原告において行使するとの黙示の合意がなされている」として、車両使用者に評価損を認めた裁判例（大阪地判平成27・11・19平成27年（ワ）4838号公刊物未登載）もあり、見解は分かれているといえます。

(2) 残価設定ローンの場合

残価設定ローンの車両は、車両返却時に外装・内装などに損傷があると、下取査定額が下落し、追加の支払（精算金）が発生する場合があります。事故によって下取査定額が下落した場合に、この追加の支払額を評価損として請求される場合があります。

この点につき、事故前に車両の返却を選択していた事案において、「本件事故がなければ、原告車の返却時に追加の支払は発生しなかったところ、本件事故による原告車の価格低下によって追加の支払が発生したと認められるから、その追加の支払額（事故による修理後の車両の評価額と事故前の車両の評価額を比べたときの下落額）相当の損害が本件事故時に現実化している」として、追加の支払額を評価損として認定した裁判例があります（横浜地判平成23・11・30交通民集44巻6号1499頁〔28210120〕）。

なお、当該事案は、事故前に車両の返却を選択していたという特殊な事案であり、使用継続か車両返却かを選択していない事案には直ちには妥当しないと考えられます。

5 リース車両の場合

リース車両の場合も、事故により車両が損傷し、車両返却時に予定された残存価額を下回り、中途解約金や精算金が増額する場合、その差額

Ⅳ　物損事故

を評価損として請求される場合があります。

　この点については、査定額の下落は、①評価損による下落のほか、②本件リース契約の内容に由来する下落や、③原告が中途解約したことに由来する下落もあるとして、①の限度で認容した裁判例（大阪地判平成24・3・23自保ジャーナル1878号134頁〔28182002〕）、下落分は、被控訴人とリース会社との間の本件リース契約及び同契約の解約に由来する事情があるから、被控訴人車両の客観的な価値の下落そのものを示したものと直ちに認めることはできない等として、下落分は認めなかったが、修理費用の40％を評価損として認めた裁判例（名古屋地判平成29・8・22交通民集50巻4号1053頁〔28263931〕）などがあります。

調べるべきこと・情報の提供を求めるべきこと

- まずは、車検証を取得し、所有者が誰であるかを確認します。
- 次に、初度登録からの期間、走行距離を確認し、前記裁判例の傾向から、評価損が認められる可能性があるかを確認します。
- 初度登録から3年未満であっても評価損が否定された裁判例、初度登録から5年以上であっても評価損が肯定された裁判例も存在するので、損傷の部位（車両の機能や外観に顕在的又は潜在的な損傷が認められるか）や、車種（人気、購入時の価格、中古車市場での通常価格）等も確認し、同種の裁判例がないか調査します。

想定問答

Q　購入後3年以内であれば、評価損が発生すると聞きました。今回事故に遭ったのは、買ってまだ1年しか経っていない車です。修理費の50％を払ってください。

A　評価損というのは、事故当時の車両価格と修理後の車両価格との差額をいいます。X様の車両の損傷は、幸いなことに比較的軽微ですので、修理により既に原状回復がなされ、機能、外観ともに事故前の状態に復したと考えられます。したがって、評価損は発生しない

Q38　評価損が認められる場合とその評価方法

Q　しかし、あと数年乗って売ろうと思っていたのに、事故歴のせいで、同じ年式の車より中古価格が安くなってしまっています。この分は賠償してください。

A　X様の車両の損傷は、表面的な擦過傷であり、骨格部分には及んでいないため、中古車として販売する業者も、修理歴の表示は義務付けられません。したがって、必ずしも下取価格が低下するとはいえず、評価損をお支払することはできません。

Q　でも、事故当時の車両価格より低くなっている事故後の車両価格の見積りがありますよ。

A　見積りをご提出いただきましたが、評価方法や算定根拠が不明であり、X様に同額の現実の損害が発生したものとは認められません。

裁判例

初度登録から3年未満であるが、評価損が否定された裁判例

・東京地判平成28・10・11平成28年（ワ）11240号公刊物未登載〔29021149〕
　初度登録からの期間5か月、走行距離9500キロメートルのBMW・アルピナについて、評価損が否定された裁判例。

・名古屋高判平成23・7・14判時2139号12頁〔28174129〕
　初度登録からの期間1年10か月、走行距離2976キロメートルのランボルギーニ・ムルシエラゴについて、評価損が否定された裁判例。

・東京地判平成21・12・21自保ジャーナル1825号85頁〔28174740〕
　初度登録からの期間1年3か月、走行距離7274キロメートルのフェラーリ・F430スパイダーF1について、評価損が否定された裁判例。

Ⅳ 物損事故

初度登録から5年以上であるが、評価損が肯定された裁判例

・東京地判平成29・3・27平成26年（ワ）2051号公刊物未登載〔29046597〕
　初度登録からの期間5年3か月、走行距離5万8000キロメートルのクライスラー・300Cツーリングについて、修理費の10％の評価損が認められた裁判例。

・横浜地判平成20・7・17自保ジャーナル1753号13頁〔28244074〕
　初度登録からの期間14年2か月、走行距離2万6300キロメートルのポルシェカレラ2・E-964Aについて、修理費の52％の評価損が認められた裁判例。

・大阪地判平成19・12・20交通民集40巻6号1694頁〔28142331〕
　初度登録からの期間11年、走行距離不明のランボルギーニ・ディアブロSE30について、修理費の30％の評価損が認められた裁判例。

修理費の50％以上の評価損が認められた裁判例

・東京地判平成29・3・27交通民集50巻6号1641頁〔29046598〕
　初度登録からの期間41年11か月、走行距離不明のメルセデスベンツS550Lについて、修理費の70％の評価損が認められた裁判例。

・東京地判平成23・11・25自保ジャーナル1864号165頁〔28180406〕
　初度登録からの期間3か月、走行距離945キロメートルのスカイラインGTRプレミアムエディションについて、修理費の50％の評価損が認められた裁判例。

事故減価証明書に関する裁判例

・東京地判平成30・5・15交通民集51巻3号571頁〔29050860〕
・東京地判平成10・10・14交通民集31巻5号1523頁〔28050025〕
　財団法人日本自動車査定協会の発行する事故減価証明書は、評価損を認めるための十分な証拠とはいえないとした裁判例。

ローンが残っている車両の請求権者に関する裁判例
- 名古屋地判平成27・12・25交通民集48巻6号1586頁〔28250049〕
- 東京地判平成21・12・24自保ジャーナル1821号104頁〔28174803〕
  車両の交換価値を把握している所有権留保権者が取得するとした裁判例。
- 東京地判平成30・7・17平成30年(レ)116号公刊物未登載〔29055123〕
- 大阪地判平成25・3・22自保ジャーナル1905号157頁〔28213664〕
  車両使用者が代金を完済して所有権を取得すれば、評価損の請求権も取得するとした裁判例。
- 大阪地判平成27・11・19平成27年(ワ)4838号公刊物未登載
- 名古屋地判平成22・2・19交通民集43巻1号217頁〔28170300〕
  評価損を車両使用者に認めた裁判例。

残価設定ローン車両に関する裁判例
- 横浜地判平成23・11・30交通民集44巻6号1499頁〔28210120〕

リース車両に関する裁判例
- 大阪地判平成24・3・23自保ジャーナル1878号134頁〔28182002〕
- 名古屋地判平成29・8・22交通民集50巻4号1053頁〔28263931〕

（中内 良枝、深尾 至）

Ⅳ 物損事故

Q39 代車費用

事例

> 赤信号停止中の追突事故が発生し、当社から被害者のXに代車を手配しました。ところがXは、「車両時価額での賠償には納得がいかない。新車をよこせ。」と言って車両時価額での賠償を拒否しており、代車も返そうとしません。
>
> 当社は代車費用をいくら負担することになるのでしょうか。また、Xに対してはどのように対応すればよいのでしょうか。

ポイント

- 代車費用が認められる期間は、現実に修理又は買替えに要した期間ではなく、修理又は買替えに要する相当な期間とされています。ここでいう相当な期間とは、修理の場合は修理内容により異なりますが、本事例のような買替えの場合はおおむね1か月程度と考えられています。
- 経済的全損又は物理的全損かが判明した時点で、Xに対し、賠償額は車両時価額であることを説明する文書を送り、金銭賠償や時価賠償の考え方や買替えの場合における代車期間について説明しましょう。このような説明によってもXが代車の返還に応じない場合には、相当期間経過後の代車費用はXの負担になることを通告する文書を送付しましょう。

考え方

1 はじめに

代車費用は、相当な修理期間又は買替期間中、代車を利用した場合に損害として認められるものです。以下では、まず、本事例で問題になっている代車の認められる期間について説明します。次に、3において、

代車費用に関するその他の要件（代車使用の事実、代車の必要性、代車の種類（グレード）の相当性）について説明します。

2　代車の認められる期間
(1)　修理や買替えに必要な相当期間
　代車費用が認められる期間は「現実に」修理又は買替えに要した期間ではなく、修理又は買替えに要する「相当な」期間とされています（東京三弁護士会交通事故処理委員会・公益財団法人日弁連交通事故相談センター東京支部編『民事交通事故訴訟　損害賠償額算定基準〈2003年版〉』（赤い本）344頁。以下、「文献1」といいます）。ここでいう「相当な」期間は、修理の場合は修理の内容によりますが、買替えの場合はおおむね1か月程度と考えられています。

(2)　代車使用の長期化事例
　過失割合や買替えの要否について被害者と加害者側（保険会社）の見解が対立する等して、被害者が修理や買替えに着手することなく時間が経過して代車使用期間が相当な期間を超えて長期化した場合には、長期化した分を誰が負担するかということが問題になります。

　修理や買替えのための契約は被害者自身が行うものですので、被害者にも信義則上損害の拡大を防止するために、速やかに修理や買替えに着手すべき義務があります。そのため、被害者が修理や買替えに着手しなかったことにより代車使用期間が不相当に長期化した場合には、相当期間経過後の代車費用は原則として被害者の負担になります。

　もっとも、交通事故の損害賠償事務に精通している加害者側保険会社と素人である被害者との交渉ではお互いが持っている情報や交渉力には格差があります。そのため、保険会社は過失割合や買替えの要否に関する法理論や実務上の取扱いを含め、合理的な損害賠償の算定方法について被害者に十分な説明をして、被害者の理解を得て迅速な解決に至るように真摯な努力を尽くすべき義務があります（東京地判平

成13・12・26交通民集34巻6号1687頁〔28080537〕参照)。保険会社がこのような義務を尽くさなかったために、被害者が判断に迷って時間が経過したなど、代車使用期間の長期化について素人である被害者としてやむを得ない事由がある場合には、その費用は加害者が負担することになる場合があります。代車使用の長期化が予想される事案では、保険会社としては、金銭賠償や時価賠償の考え方、不相当に長期化した場合の代車費用が被害者負担になる可能性を通告するとともに、これらの説明内容を文書化して被害者に送付しておく必要があるでしょう。

3 代車費用に関するその他の要件

(1) 代車使用の事実

代車費用は、相当な修理期間又は買替期間中、レンタカー使用等により「有償で」代車を「現実に」利用した場合に損害として認められます。

Xのケースでは、保険会社が代車を手配しておりますが、この場合には後に請求書が送られてくるので問題にはなりません。

Xのケースを離れて、被害者がディーラーから代車の貸出を受けた場合には、代車費用の領収書等で被害者が「有償で」代車を「現実に」使用した事実を確認することが必要です。

(2) 代車の必要性

代車費用は、相当な修理期間又は買替期間中、レンタカー使用等により代車を利用することが「必要な」場合に損害として認められます。この代車の必要性については、①事故車両の事故前における使用目的、使用状況をはじめとし、②代替車両が存在し、その使用が可能かどうか、又は、③自家用車の場合は、その使用目的、使用状況に照らして、代替交通機関が存在し、その使用が可能、相当かどうかといった観点から判断がされます(公益財団法人日弁連交通事故相談センター東京支部編『民事交通事故訴訟 損害賠償額算定基準 下巻

（講演録編）〈2006年版〉』（赤い本）84頁。以下、「文献2」といいます）。①について、営業用車両か自家用車か（自家用車の場合、通勤・通学用か、レジャー・趣味用か）といった点を確認することが必要です。使用目的、使用状況自体から代車の必要性が否定されるケースは多くないですが、後に述べるとおり、これらは代車の種類（グレード）の相当性を判断する際に必要となる情報でもあるため、やはり確認が必要です。

②について、代替車両が存在することに加え、代替車両の使用が可能である場合には代車の必要性は否定されます。

③について、通勤・通学のケースでは代替公共交通機関による通勤や通学ができる場合があります。これにより代車の必要性が直ちに否定されることはありませんが、事故車両の使用目的、使用状況に照らして代替公共交通機関の利用が可能かつ相当な場合には、代車の必要性が否定され、その代わりに代替公共交通機関の利用料金が損害として認められることがあります。

(3) 代車の種類（グレード）の相当性

被害者が自ら代車をレンタルした場合には、事故車両の使用目的、使用状況と代車がそれに相応するかをチェックする必要があります。

代車は、応急の対応をするためのものですから、通常は事故車両と必ずしも同一の車種である必要はなく、事故車両の使用目的、使用状況に照らしてそれに相応する車種であればそれについて要した代車費用の賠償を求めることができるにすぎません。

調べること・情報の提供を求めるべきこと

- 車両時価、修理見積額
    - 経済的全損に至っているか否かを調べるため、車検証の型式・年式をもとに『レッドブック』（『オートガイド自動車価格月報』（オートガイド））を参照して中古車の市場価額を確かめます。
    - 修理工場への入庫と同時に修理見積額を調査する必要がありま

IV 物損事故

す。
- 損害レポート
  物理的全損に至っているか否かをチェックする際に参照します。
- 代車使用の事実
  レンタカー会社からの請求書、被害者から提出を受ける領収書をもとに調べます。
- 使用目的、使用状況
  通勤・通学の場合には、勤務先・学校をチェックする必要があります。幼稚園の送迎のために使用する場合には、家族構成や送迎先を聞き出します。
- 代替車両の有無
  被害者の世帯に何台かの車がある場合には、それぞれの用途は何か聞き出します。
- 代替交通機関の有無
  被害者が申告した勤務先・学校までの公共交通機関の料金を調べます。

想定問答

Q 自分には過失はないのに一方的に車を壊された。それなのに新車を調達できないなんて納得がいかない。お金はいらないから新車をよこしてくれ。

A 信号待ちの追突事故ですので、こちらの一方的過失で起きた事故であるのはそのとおりですが、10：0の事故だからといってX様のご要望をすべて承ることはできません。賠償は、同じ型式・年式・走行距離の中古車の時価額と修理費用のいずれか低い方が上限になり、本件では時価額が上限になります。また、お金での賠償しかできません。

Q 時価額では購入価格の3割であり、それでは同じ車両を調達するこ

とはできない。こちらは何も悪くないのに事故が起きる前に戻してもらえないなんて納得できない。新車をよこしてほしい。少なくとも新車調達価格を払ってほしい。そのお金で新車を調達するまでは代車を使わないと通勤できない。

A 時価額が限度になるのは変わりません。代車については、代車使用の必要があればX様の代車費用はこちらが負担することになりますが、こちらが負担する金額には限度があります。本件では、同等の中古車を調達するのに相当な期間として貸出から１か月が上限になります。それ以後も代車を使用し続ける場合には、以後の代車費用はX様のご負担になります。

Q おたくの契約者のせいで事故が起きたのになぜ自分が代車費用を払わなければならないのか。

A 事故を起こしたのはこちらですが、その後の買替えはX様でなければできません。そうである以上は、X様にはいたずらに代車使用を長引かせて代車費用を増やさない義務が課されることになります。代車のレンタル契約はもともとX様とレンタカー会社で締結されるものですので、本来であればX様がレンタカー会社に支払うものになりますが、示談することでこちらがX様に代わってレンタカー会社に支払うものです。こちらが支払わなければ本来の請求先であるX様に請求書が届くことになります。

Q こちらが代車費用を支払うなんて聞いたことがない。そんな根拠はどこにあるんだ。

A 裁判所の裁判例がそのように解釈しています。繰り返しになりますが、本件では、貸出から１か月が上限になりますので、〇月〇日以降もご使用になる場合には、同日以降の代車費用はX様のご負担になります。別途当社から説明文書をお送りしますが、速やかにお返しくださいますようお願いいたします。

Ⅳ 物損事故

[Q] そちらの都合ばかり話してきて、一体何なんだ。こちらは被害者なのにどうしてそちらの言うことばかりに従わなくちゃいけないんだ。もうお前と電話するのはうんざりだ。

[A] そのようなお気持ちになるのもご無理のないことだとは思いますし、今回の事故については誠に申し訳ないと思っています。ただ、代車費用については、返却が遅れることでX様のご負担が重くなります。そのようなことがないようにという趣旨でこちらもご説明しておりますので、何卒ご容赦ください。

裁判例

代車の認められる期間に関わる裁判例

　文献１に掲記のもののほか、比較的近時のものとして、

・横浜地判平成30・3・23交通民集51巻2号390頁〔28264569〕
　代車使用期間（54日間）における代車利用の理由とされる事故車両の修理が行われたのは１日のみであることからすれば、特段の事情がない限り、修理のために54日間もの期間が必要であったと認めることは困難であり、修理工場による見積りや被告側共済組合との交渉等に要する期間を考慮するとしても、必要な期間はせいぜい２週間にとどまるというべきであるとして、２週間の使用の限度で代車料を認めた事例。

・名古屋地判平成29・6・16交通民集50巻3号764頁〔28260562〕
　原告と被告側任意保険会社との間で、事故車両の修理すべき箇所について争いがあり、その交渉が原因で修理の開始が遅れ、代車の利用期間がその分長くなったことが認められるが、事故車両が事故の約３か月前に車検を受けたばかりであったことなどからすると、原告が、事故による不具合以外の不具合についても事故が原因と考えて保険会社と交渉したことも不合理とはいえないとし、実際の代車利用期間も25日間程度であることも考慮のうえ、原告主張の代車料全額を認めた事例。

・札幌地判平成28・7・15自保ジャーナル1985号121頁〔28250836〕
任意保険会社との間で修理費用の協定が成立するまでの期間や代車使用期間に年末年始を含んでいること等を考慮すれば、代車使用期間（57日間）が不合理であるとはいえないとし、単価も1日3000円にすぎないことも考慮のうえ、代車使用期間全日分の代車料（17万1000円）を認めた事例。

・大阪地判平成27・2・5平成24年（ワ）13520号公刊物未登載〔28244399〕
被告及び被告保険会社が、原告が外国産高級車である代車を借りたことを知った後も、車種について直ちに異議を唱えなかったこと、原告車両の修理の方針が決まらなかったのは、被告及び被告保険会社の対応が不合理なものであった（事故直後には、事故車両の損傷について事故によるものかどうかを問題にしていなかったのに、被告保険会社の担当者の変更を機に、損傷箇所が一部であると主張し始めた）ことが原因であるといえること等を考慮し、代車料のうち初日から20日目分の料金に相当する59万8500円については、事故後の被告側の対応に起因するものといえるとし、事故による損害と認めた事例。

・大阪地判平成26・1・21交通民集47巻1号68頁〔28230851〕
原告の4か月分の代車料の請求に対し、事故車両（レクサス）は高級車ではあっても通常に市場に出回る乗用車であるから、買替えの場合に4か月もの期間を必要とするとは到底思われず、代車期間が相当かどうかには疑問があるとしつつ、原告主張金額の単価はレンタカー価格としては相当程度低い水準（日額4500円程度）にとどまっており、仮に原告が、一般的な事案における買替相当期間と思われる1か月強程度の期間について同等クラスの代車を用いていたとしても、その費用総額は主張金額と比較してより高額になる可能性すら十分にある等とし、原告主張の代車料全額を認めた事例。

代車使用の事実に関わる裁判例

・東京地判平成13・1・25交通民集34巻1号56頁〔28070762〕

Ⅳ 物損事故

代車の無償提供を受けたため代車料の支払がないまま修理が完了し、損害として現実化しないことが確定した場合には、車両の利用価値の侵害は抽象的なものにとどまるのであって、代車料（仮定的代車料）は、事故による損害とは認められないとした事例。

代車の必要性に関わる裁判例

　文献２に掲記のもののほか、比較的近時のものとして、
・東京地判平成30・9・26交通民集51巻5号1160頁〔28271069〕
　事故車両が運送業に供せられていた４トン車である場合について、事故当時、事故車両と同仕様の車両が32台存在するとされていたことや、修理ないし買替日数を含む期間において、稼働していない車両がなかった日は存在せず、ほとんどの日は稼働していない車両が複数台存在していたこと等を認定して、遊休車が存在しなかったとは認められず、代車費用は認められないとした事例。
・名古屋地判平成27・12・25交通民集48巻6号1586頁〔28250049〕
　原告は、事故車両以外に常時使用可能な自動車を有しておらず、通勤や営業活動のために自動車を必要としていたとしたうえで、勤務先への通勤は公共交通機関が使いづらい環境であることがうかがわれること等を理由に、通勤には公共交通機関が利用可能である等として代車の必要性を争う被告の主張を採用せず、代車の必要性を認めた事例。
・東京地判平成27・4・14平成26年（レ）1038号公刊物未登載〔28243594〕
　控訴人が車の修理を実施しておらず、控訴人が営む美術品販売業に控訴人車を利用する頻度は時によって異なり、日常の買物への利用のみによっては代車の必要性が裏付けられるとはいえないとし、代車使用料は認められないとした事例。

代車の種類(グレード)の相当性に関わる裁判例

比較的近時のものとして、

- 大阪地判平成29・10・12交通民集50巻5号1235頁〔28264760〕

  事故車両(ポルシェ・911カレラGTS)を取引先へ訪れる時などに使用しており、取引先に対するイメージを保持するために必要であったとして、原告が同クラスのポルシェの車両の代車料を請求したのに対し、国産高級車ではなく同クラスのポルシェの車両を代車として使用する必要性があったとまでは認められないとして、国産高級車の限度で代車料を認めた事例。

- 名古屋地判平成29・9・15交通民集50巻5号1191頁〔28264756〕

  事故車両(ベンツ・Sクラス)を主に使用していた原告親族は、事故当時、主に日常生活(買物や子どもの送迎等)のために事故車両を使用していたことが認められ、その主な使用目的に照らすと、代車として、同クラスのベンツの車両を使用する必要性があったとまではいえないとして、国産高級車の限度で代車料を認めた事例。

- 名古屋地判平成28・3・30平成27年(ワ)425号公刊物未登載

  事故車両と代車との均衡という観点からみれば、原告による代車の選択が不当であるとまではいえないものの、原告は事故車両を日常・通勤の用途に使用していたにすぎず、ことさら高級車を要する営業用途に用いていた等といった事情は認められないから、用途の観点からも、相当な代車料は、コンパクトカーをレンタルする場合の価格を参照して定めるのが相当であるとした事例。

- 名古屋地判平成27・12・25交通民集48巻6号1586頁〔28250049〕

  いわゆるキャバクラ店のフロアキャストとして稼働していた原告は、事故車両(ベンツ・CLKクラス)を営業活動のためにも用いており、その希少性が顧客に対する訴求力を有していたとの事情から、ある程度の高級車を代車として用いたとしても、必要かつ相当範囲を超えるものということはできないとしつつ、修理期間中の代車という性質上、同等クラスに属する車両を用いることまで保障されるものではな

Ⅳ　物損事故

い等とし、相当な代車料を、通常の品等のベンツ・Cクラスの限度としたうえで、実際の代車（ベンツ・SL500）に係る代車料の一部を認めた事例。

（横井　優太、深尾　至）

Q40 休車損害の算定
─休車日額の調査と認定─

事例

　一般貨物自動車運送事業を営むＸ社のトラックが交通事故により損傷して自走不能になりました。
　Ｘ社は、「事故車が使えなくなったことにより売上高が減少したので補償してほしい。」と言っています。
　休車損害はどのように算定すればよいのでしょうか。また、今後、Ｘ社に対してはどのように対応すればよいのでしょうか。

ポイント

- 貨物自動車運送事業実績報告書の提出を求めて事業用自動車の実働率を把握し、遊休車の有無を確認しましょう。
- 休車損害は、事故車の事故前の売上高から、車両の実働率に応じて発生額が比例的に増減する変動経費（燃料費、修繕費、道路使用料、人件費）を控除することによって1日当たりの利益を求め、これに休車期間（日数）を乗じることによって算出します。
- 事故前3か月間における事故車の売上高と変動経費が記載された資料を取り付けるとともに、一般貨物自動車運送事業損益明細表も取り付けましょう。
- 人件費のうち、固定給等の休車期間中も支出を要する部分は、控除の対象外になります。

考え方

1　はじめに

　休車損害とは、交通事故により損傷を受けた自動車を修理し、又は買い替えるのに相当な期間、事故車を運行に供することができないことによって被った得べかりし利益相当額の損害をいい、このような損害につ

いても賠償が認められています（最一小判昭和33・7・17民集12巻12号1751頁〔27002644〕）。

以下、休車損害が発生するための要件（2～3）及び算定方法4について解説します。

2　レンタカーの利用可能性がないこと

　本事例のＸ社は、国土交通大臣の許可を受けて、貨物自動車運送事業法2条2項が定める「一般貨物自動車運送事業」（他人の需要に応じ、有償で、自動車を使用して貨物を運送する事業）を営んでいます。一般貨物自動車運送事業者は、事業計画に従って各営業所に配置する事業用自動車を管理しなければならず（同法8条1項、同施行規則2条1項3、4号）、事業用自動車の増減や代替を行うには、地方運輸局で事業計画の変更届を行われなければなりません（同法9条3項、同施行規則6条1項1号）。このような法令上の規制があるために、事業用自動車が事故により損傷を受けた場合には、レンタカーを代車として利用することは困難になり、休車損害を認める必要が生じます。

　なお、事故車が自家用自動車である場合には、レンタカーを代車として利用することにより、被害者の得べかりし利益の喪失を防止することが可能です。そのため、代車費用と別に休車損害を認める必要はありません。

3　遊休車がないこと

(1)　信義則上の損害拡大防止義務

　　本事例のＸ社が営む一般貨物自動車運送事業の許可を受ける際には、事業用自動車の保有台数を一定数確保することが義務付けられています（貨物自動車運送事業法6条2項）。具体的には、運輸局が告示する許可基準に従って、各営業所に原則として5両以上の事業用自動車を配置しなければなりません。このように一定数の車両を保有することが予定されていることからすると、そのうちの1台が交通事故

により損傷を受けて使用できなくなっても、実働していない他の車両（遊休車）を使用することにより休車損を回避できる可能性があります。このような場合、被害者には、信義則（民法1条2項）に基づき、遊休車の活用によって休車損の発生を回避する義務が生じることになり、それにもかかわらず、遊休車の活用を怠ったことにより生じた休車損は事故発生との間に相当因果関係がないと判断されることになります(注1)。

なお、「一般乗合旅客自動車運送事業」（道路運送法3条1号イ）に分類される路線バス事業の許可を受ける際には、各営業所に1台の予備車を保有しなければなりません。そのため、路線バスが事故に遭った場合には、特段の事情がない限り、遊休車が存在することになります。

(2) 実働率の把握

遊休車が存在するか否かを確認する際は、まずは保有車の台数に対する稼働車の台数の比率（実働率）を調査します。

本事例のX社に関しては、毎年、運輸局の管轄区域ごとに、4月1日から3月31日までの期間にかかる貨物自動車運送事業実績報告書(注2)を作成することが義務付けられています（貨物自動車運送事業法60条1項、貨物自動車運送事業報告規則2条3項）。この報告書に記載されている事業用自動車の台数と運転者数との比較、「延実在車両数」（事業用自動車が在籍した日数の年間累計）と「延実働車両数」（事業用自動車が稼働した日数の年間累計）との比較を行うことにより、対象区域における実働率を把握することが可能です。

実際の事件では、(3)で述べるように、100％未満の実働率をどのように評価するかが争われています

(3) 実働率以外の考慮要素

貨物自動車運送事業実績報告書を確認した結果、実働していない車両が存在していたようにみえるとしても、その理由として、車両が車検、定期点検、修理若しくは整備を受けている、営業所が遠隔地にあ

る、運転手が不足している等の様々な事情が考えられます。これらの場合にまで、被害者に遊休車をやりくりすることを要求するのは困難です。そこで、遊休車の有無を判断する際には、保有車両の実働率、保有台数と運転手の数との関係、運転手の勤務体制、営業所の配置及び配車数、仕事の受注体制などの諸事情等を総合的に考慮したうえで、被害者が、休車期間中に遊休車を活用することにより休車損の発生を回避し得たか否かを検討することになります[注3]。

　本事例のX社に関しては、事業計画書に、各営業所に配置する事業用自動車の種別や数、自動車車庫の位置及び収容能力並びに運行系統等が記載されています（貨物自動車運送事業法施行規則2条）。また、運行指示書には事業用自動車に係る運転者の運行の開始及び終了の地点が、運行日報には乗務の開始及び終了の地点及び日時並びに貨物の集貨地点及び荷役地点が記載されています（貨物自動車運送事業輸送安全規則8条、9条の3）[注4]。これらの書類に加え、荷主が発注する貨物の寸法・重量と車検証に記載されたトレーラーの寸法・最大積載量とを照らし合わせることにより、遊休車をやりくりすることが可能であったか否かを検証することが考えられます。

4　休車損害の算定

(1)　1日当たりの利益の計算

　事故車の1日当たりの営業収入（売上高）から経費を控除した金額を1日当たりの利益として算定し、これに休車日数をかけることにより休車損害を算定します。

　本事例のX社に関しては、毎年、一般貨物自動車運送事業損益明細表[注5]を作成することが義務付けられています（貨物自動車運送事業法60条1項、貨物自動車運送事業報告規則2条2項1号）。この明細表に記載された売上高をX社の保有台数で割ることにより、X社が保有する事業用自動車の平均的な売上高を求めることが可能です。もっとも、貨物自動車は車両ごとに積載物や積載量が異なるので、売上高

にバラつきが生じることがあり得ます。そこで、正確な休車損害を算定するには、事故車単独での1日当たりの売上高から経費を控除した金額を1日当たりの利益として算定し、これに休車日数をかけることにより休車損害を算定することが必要になります。

この場合、事故車の事故直前の実績をみることになりますが、裁判例では、人損における休業損害と同様、事故直前の3か月間の実績を対象とするものが多数を占めているようです。ただし、売上高に季節的変動が見込まれる蓋然性が高いときは、事故前年の1年間の売上高をみたうえで適宜修正することが必要です。本事例のX社に関しても、事故車の売上高に絞った収入資料を確認する必要が生じる可能性があることには注意が必要です。

(2) 控除の対象となる経費

休車損害の算定においては、損益相殺の観点から、減少した経費に相当する金額を控除する必要があります。貨物自動車を対象とする場合、経費についても、売上高と同様に、事故車の事故直前の実績をみることになります。

ここで控除の対象となる経費は、燃料費、修繕費、有料道路交通料等の保有する車両の稼働に応じて発生額が比例的に増減する変動経費に限られ、車両の減価償却費や自動車保険等の固定経費は、休車期間中も発生するものであることから控除の対象外とされています。なお、人件費については、固定給等の休車期間中も支出を要する部分は控除すべきではないが、乗務手当等の支出を免れる部分は控除すべきと解されています[注6]。

本事例のX社に関しては、事故直前における事故車の燃料費、修繕費、有料道路交通料に関する資料（クレジットカード明細等）を確認する必要があるでしょう。また、人件費については同社の就業規則、賃金規程及び給与明細を確認することにより、事故車の運転手の給与算定方式を確認し、休車期間中に支出を免れた人件費を特定する必要があるでしょう。

Ⅳ　物損事故

調べるべきこと・情報の提供を求めるべきこと

- 貨物自動車運送事業実績報告書
  X社の事業用自動車の台数と従業員数、延実在車両数と延実働車両日数を確認します。
- 事業計画書
  事業用自動車の種別ごとの数及び各営業所に配置する種別ごとの数を確認します。
- 運行指示書、運行日報
  遊休車を容易に稼働させることが困難であるか否かを確認します。
- 一般貨物自動車運送事業損益明細表
  X社の貨物運賃、燃料費、修繕費、道路使用料及び人件費を確認します。
- 事故直前3か月間の事故車の収支の資料
  事故車の貨物運賃、燃料費、修繕費、道路使用料及び人件費を確認します。
- X社の就業規則、賃金規程、休車期間中の運転手の給与明細
  X社が休車期間中に支出を免れた人件費を把握します。

想定問答

Q　車両が使えなくなった分の損害はどうやって賠償してくれるの。

A　本件事故車両の事故前3か月の運送収入から、車両の実働率に応じて発生額が比例的に増減する変動経費（燃料費、修繕費、道路使用料、人件費）を控除することにより1日当たりの利益を算出します。1日当たりの利益に休車日数をかけると休車損害額が出ます。

Q　人件費を控除するだって。事故車両の運転手には事故後も事故前月と同じだけの給与を支払ってるんだから、その分を補償してくれよ。

A　運転手の人件費の内訳はどうなっているのですか。

Q40 休車損害の算定

- Q 基本給が毎月12万円、残りが諸手当と売上手当だよ。売上手当は毎月おおよそ15万円くらいだよ。事故後も全額運転手に払ってるんだから、運送収入から控除しないでくれるよな。
- A 詳しくは、御社の就業規則、賃金規程及び運転手の方の休車期間中の給与明細を見せていただく必要がありますが、交通事故の発生によって支出を免れることになる変動経費は、本来は支払わなくて済むものですから、賠償はできません。休車日額を計算する際には、運送収入から売上手当は控除させていただきます。

- Q 売上手当を控除するのはともかくとして、一方的にぶつけられたのはこっちなのに、どうして資料を開示しなくちゃいけないんだよ。
- A 事故が発生したことは事実ですが、御社にどのような休車損害が発生したのかは、御社の側から客観的で具体的な資料を出していただかないと算定することはできません。資料がない限り、休車損害を賠償することはできません。

- Q じゃあどんな資料が必要なんだよ。
- A 遊休車の有無を確認させていただく必要がありますので、まずは、国土交通省に提出する貨物自動車運送実績報告書の写しを送ってください。また、事故車両の事故前3か月間の売上高から、車両の実働率に応じて変動する燃料費、修繕費、道路使用料及び人件費を控除して1日当たりの利益を計算しますので、事故車両の3か月の実績がわかる資料をご準備ください。

- Q 全部揃うかどうかわからないけど、ほかには何か資料はないのか。
- A 先ほど説明した資料が難しければ、国土交通省に提出する一般貨物自動車運送事業損益明細表の写しをご準備ください。

Ⅳ　物損事故

裁判例

- 最一小判昭和33・7・17民集12巻12号1751頁〔27002644〕
  自動車の休車による得べかりし利益の喪失すなわち消極的損害は、通常生ずべき損害を包含しているものと認めた事例。
- 東京地判平成18・8・28交通民集39巻4号1160頁〔28131880〕
  原告車両は、2日間（日額2万8884円）の利益を得ることができなかったと認められる一方で、その休日手当、出張手当、調整手当及び時間外手当の日額合計3385円の支払を免れたとして、休車損害を合計5万998円と認めた事例。
- 大阪地判平成27・9・29平成25年（ワ）2936号公刊物未登載
  原告車両の修理期間中、関東地方に入ることのできる原告車両の休車により収益が減少したと認められるとして、予備中型車両による利益日額と原告車両の利益日額の差額を基礎に休車損害を認めた事例。
- 大阪地判平成22・7・29交通民集43巻4号949頁〔28173950〕
  被害車両の売上高から変動経費（当該車両の実働率に応じて発生額が比例的に増減する費用）のみを控除し、固定経費（当該車両の実働率にかかわらず休車期間における発生額が一定である費用）は控除しない方法により、原告車両の1日当たりの利益は3万8000円を下らないと認定した事例。
- 東京地判平成27・1・26交通民集48巻1号159頁〔28232180〕
  原告では、1台の車両に同一の運転手を配車する体勢をとっていたため、原告車両が事故により稼働できず、運転手も休業している間は、代替車両を利用するなどして利益を確保するには困難があったが、運転手の休業日には遊休車が皆無ではなかったことから、1日当たりの休車日額の70％を相当と認めた事例。
- 東京地判平成27・7・23平成27年（レ）289号公刊物未登載〔28243595〕
  タクシー事業の年間売上高は34億41万6700円、粗利益率は31.4％、延実在タクシー台数は7万7592台であるから、本件事故による被控訴人車の休車損を1万3742円（34億41万6700円×31.4％÷7万7592台）と

算定した事例。

・東京地判平成29・2・22交通民集50巻4号1122頁〔29045661〕
原告車が、その後部タンクに小麦粉などの食品となる原材料を充塡して搬送する車両であって、汎用性の限られる車両と認められるものであり、原告と代替可能な遊休車は存在せず、原告車にスポットでない傭車が可能であるとも認め難いことを理由に遊休車が存在しないと判断し、1日当たり1万995円の休車損害を認定した事例。

出典情報

注1　佐久間邦夫＝八木一洋編『リーガル・プログレッシブ・シリーズ5交通事故損害関係訴訟〈補訂版〉』青林書院（2013年）235頁

注2　貨物自動車運送事業実績報告書
https://elaws.e-gov.go.jp/data/402M50000800033_20190701_501M60000800020/pict/H02F03901000033-004.pdf

注3　森剛「休車損害の要件及び算定方法」東京三弁護士会交通事故処理委員会・財団法人日弁連交通事故相談センター東京支部編『民事交通事故訴訟　損害賠償額算定基準〈2004年版〉』（赤い本）481頁

注4　公益社団法人全日本トラック協会「〔運行管理業務と安全〕マニュアル」（2015年）
https://www.jta.or.jp/member/pf_kotsuanzen/unkou_kanrigyomu_anzen_manual.pdf

注5　一般貨物自動車運送事業損益明細表
https://elaws.e-gov.go.jp/data/402M50000800033_20190701_501M60000800020/pict/H02F03901000033-002.pdf

注6　前掲注1・236頁

（横井　優太、長江　昂紀）

Ⅳ 物損事故

事故車両の保管料
― 事故と相当因果関係がある保管料 ―

事例

(1) 被害者の方から、事故車両を修理する間に保管料が発生したとして、保管料の支払を求められています。支払う必要があるのでしょうか。

(2) 被害者の方から、事故車両が経済的全損となったため、保管料が発生したとして、保管料の支払を求められています。保管期間すべての保管料を支払う必要があるのでしょうか。

(3) 被害者の方から、事故車両の損傷状況などを証拠として残しておく必要があり、事故車両を長期間保管する必要があったとして、保管料の支払を求められています。保管期間すべての保管料を支払う必要があるのでしょうか。

(4) 被害者の方から、保険会社との交渉が長引いたため、その間、事故車両を長期間保管する必要があったとして、保管料の支払を求められています。保管期間すべての保管料を支払う必要があるのでしょうか。

ポイント

- 事例(1)は、事故車両の保管料が実際に発生しているかを確認することが必要となります。
- 事例(2)は、事故車両を修理するか、廃車にするかを考慮するのに必要な相当の期間をどのように判断すべきかが問題となります。
- 事例(3)は、証拠保全の必要性・程度、事故後の証拠保全状況等が問題となります。
- 事例(4)は、保険会社側の対応も、車両保管料が認められる期間の考慮要素になり得るかが問題となります。

考え方

1 事例(1) 保管料の発生について

実際に事故車両の保管料が発生しているのかを確認する必要があります。通常、修理業者は、事故車両を修理する場合、修理費用等とは別に、車両保管料の請求を行うことはないと考えられます。そのため、本当に保管料が発生しているのかについて確認することが必要になります。

裁判例上は、「なお、修理される場合、修理費用のほかに保管料を要するのか問題となるが、本件では、原告が実際に保管料を支払っていること等にかんがみ、相当額の保管料を損害と認めるのが相当である」（東京地判平成14・8・30交通民集35巻4号1193頁〔28082610〕）としたものがあります。しかし、この裁判例は、原告が実際に保管料を支払っているために損害として認めているものと考えられ、実際に保管料の支払を行っていない場合には、損害としては認められなかったのではないかと考えられます。

現実に保管料が発生していない場合には、損害として認めることは困難であると考えられますので、まずは、事故車両の保管料が本当に発生しているのかを確認することが不可欠です。

なお、分損の状態ながら事故車両に代わる新車を購入し、新車を購入した日までの間の車両保管料が請求された事例において、事故車両保管代が記載されている請求書があるところ、保険会社が車両損害の調査結果を報告した日や修理着工等の熟慮期間を考慮して70日間の車両保管費用が認められた裁判例（神戸地判平成30・4・19自保ジャーナル2027号65頁〔28265305〕）があることにも注意が必要です。

2 事例(2) 事故と相当因果関係がある事故車両の保管料（経済的全損の場合）

(1) 事故車両が経済的全損となる場合であっても、事故車両が経済的全損であるかを判断するためには、事故車両の修理費用を見積もる必要

や、事故車両の時価額を評価する必要等があるため、相当な期間、事故車両を保管しておく必要がある場合があります。

経済的全損の場合には、通常、事故車両を修理しないため、修理業者から保管料を請求される場合があります。また、駐車場を借りて事故車両を保管した場合には駐車場代が発生します。

(2) 事故車両が経済的全損の場合の保管料について「事故と相当因果関係がある保管料として認められる範囲は、特段の事情のない限り、原告車につき、これを廃車にするか否かを考慮するのに必要な相当の期間内のものに限られるというべき」（大阪地判平成10・2・20交通民集31巻1号243頁〔28040961〕）とする裁判例があります。

したがって、事故車両を修理するか、廃車にするかを考慮するのに必要な相当の期間の保管料であれば、事故と相当因果関係がある損害として認められる可能性があります。

これに対して、相当の期間を超えた保管料は、事故と相当因果関係がある損害としては認められません。

(3) 廃車するか否かを考慮するのに必要な相当な期間とは、個々の事案によって判断されます。裁判例上も、「(修理業者が) 原告車につき、一見して修理不能である旨の文書を作成していることに照らせば……概ね2週間程度で右判断は可能というべきであり」として2週間程度に限定したもの（大阪地判平成10・2・20交通民集31巻1号243頁〔28040961〕）、事故車両の損傷状況や従前の利用状況、被告側保険会社から原告側の担当者に対し、車両時価額及び修理費用に関する被告側の見解が伝達された時期などを総合して、1か月程度としたもの（大阪地判平成25・6・25交通民集46巻3号764頁〔28222810〕）、事故後の被告保険会社との交渉経緯も考慮し3か月間としたもの（東京地判平成13・5・29交通民集34巻3号659頁〔28072183〕）など様々です。

また、原告車の損傷状況等に関する被告保険会社による調査が事故後約1か月を経過した日に行われたことや、取得した車両を原告車に変えて使用するには相応の整備を要することからして原告車の買替え

に要する相当な期間を4か月間であると認め、この期間に係る3か月分の保管料を認めた裁判例（東京地判平成31・2・8自保ジャーナル2048号117頁〔28274111〕）があることにも注意が必要です。

(4) 少なくとも保険会社としては、早期に事故車両の修理費用の見積り及び車両時価評価を行い、修理が可能かそれとも経済的全損として買替えが必要かなどについて判断をしたうえで、経済的全損であると判断した場合には、被害者に対して事故車両の時価に関する資料などを提示するなどして、その修理費が時価を上回るとの説明をし、被害者の理解を得るように努力する必要があります（東京地判平成13・5・29交通民集34巻3号659頁〔28072183〕参照）。

なお、事故車両が経済的全損の場合の保管料においても、相当な保管期間の問題のみではなく、事故車両の保管料が本当に発生しているのかを確認することは必要であり、仮に保管料が発生していたとして、その費用が相当であるか等の確認も必要になります。

3 事例(3) 証拠保全のための事故車両の保管料

(1) 事故態様等が争われる場合には、事故態様等を明らかにするうえで、事故車両は重要な証拠の1つとなります。そのため、事故態様等が争われる場合には、事故車両の損傷状況等を保全する必要があります。

(2) 裁判例上は、経済的全損の事案において、原告が、本件解決のための重要な物的証拠として原告車両を保管していたと主張したのに対して、事故車両を重要な証拠の1つとしながらも「通常は、写真をもって車両の破損状態を保全すれば足りるから、車両の保管料は、車両自体が事案の解明に不可欠であるような特段の事情があるのでない限り、事故と相当因果関係のある損害とは認められない」（東京地判平成13・5・29交通民集34巻3号659頁〔28072183〕）としたものがあります。

(3) 一方で、被害者が死亡した事案において、原告らから、警察の捜査

や被告保険会社の損害査定等のために、原告車を保管しておく必要があったとして保管料が請求された経済的全損の事案においては、「被告らが、本件訴訟係属中の同年12月2日、保管されている原告車を確認しに行き、原告車の損傷状況を撮影した写真を本件訴訟に提出していることからも、原告車の損傷状況を保存するために原告車を保管する必要があったことが認められるから、少なくとも同日までの保管料……については、本件事故と相当因果関係が認められる」としたものがあります（東京地判平成24・11・30交通民集45巻6号1416頁〔28210688〕）。

(4) 必ずしも写真をもって事故車両の損傷状況を保全すれば足りるとは考えられないため、証拠保全のために事故車両を保管する必要があったか否か、またその保管期間がどの程度必要であったかについては、事故態様や証拠保全の必要性・程度（事故車両を撮影した写真等で足りるか、事故車両自体を保管する必要があったか等）、事故後の証拠保全状況等を考慮し、個々の事案によって判断する必要があります。

　前述の東京地裁平成24年11月30日判決は、被告らが、相当期間経過後である訴訟係属中に、原告事故車両の損傷状況を確認しにいき、撮影した写真を証拠として訴訟に提出したことによって、車両保管の必要性を認めてしまった裁判例ともいえます。

(5) 保険会社としては、早期に事故車両の損傷状況を撮影し写真として証拠保全をする等して、事故車両自体を保管する必要が生じないように、調査を完了させる必要があるといえるでしょう。

4　事例(4)　保険会社の対応と事故車両の保管料

　裁判例上は、原告から、被告保険会社が保険金の支払を拒否したために事故車両を修理又は処分することができず、知人の管理地に保管してもらったとして保管料が請求された経済的全損の事案において、「原告は、被告保険会社から保険金の支払を受けなくとも、甲野車を修理又は処分することが可能であるから、甲野車の保管料は、本件事故と相当因

果関係のある損害とは認められない。なお……被告保険会社は、本件事故1ヶ月以内に、物損に関する示談を申し出ていることが認められ、被告保険会社が保険金の支払を不当に拒否した事実は認められない」(東京地判平成26・3・27自保ジャーナル1923号83頁〔28223360〕)とeither のがあります。

したがって、保険会社が保険金の支払をしないことのみを理由とした保管料請求は、認められないと考えられます。

もっとも、事故車両を修理するか、廃車にするかを考慮するのに必要な相当の期間の保管料であれば、認められる場合があることは事例(2)で述べたとおりですので、保険会社としては、保険会社側の対応も、車両保管料が認められる期間の考慮要素になり得ることに注意し、被害者に対して早期に修理費用・時価資料等を提供し、経済的全損であること等の十分な説明を行うなどして、長期間交渉を放置しないよう気を配る必要があります。

調べるべきこと・情報の提供を求めるべきこと

- 被害者が支払を求める保管料について
  保管料発生の有無、保管費用の相当性を確認・判断するために、修理業者等からの請求書や領収書が必要となります。
- 事故車両の修理費用について
  事故車両が経済的全損であるかを判断するため、事故車両の修理費用の見積り等が必要です。
- 事故車両の時価額について
  事故車両が経済的全損であるかを判断するために、事故車両の時価資料が必要です。
- 事故車両の証拠保全について
  事故車両の損傷状況等を証拠として保全するために、事故車両の損傷状況等を撮影して写真として残すこと等が必要となります。

Ⅳ　物損事故

想定問答

Q　修理業者から事故車両の保管料を請求されているのですが、支払ってもらえますか。

A　まずは、修理業者から請求されている保管料の資料（請求されている事実と保管費用がわかる資料）を開示してください。
そのうえで、保管料をお支払できるか否か、仮にお支払できるとして、いずれの期間、いずれの保管費用をお支払できるか検討させていただきます。

Q　仮に事故車両の保管料を支払ってもらえるとして、いつまでの保管料を支払ってもらえるのですか。

A　個々の事案によって、お支払可能な期間は異なります。
事故車両を修理するか、廃車にするかを考慮するのに必要な相当の期間を超えた場合には、相当の期間を超えて発生した保管料をお支払できない場合もあります。

Q　事故車両を証拠として残しておくために、事故車両の保管が必要だったのだから、その間の保管料は支払うべきではないのか。

A　事故車両の損傷状況等の証拠としては、損傷状況を撮影した写真で足りる場合もあるため、必ずしも事故車両自体の保管を必要とするものではありません。
そのため、事故車両自体の保管が必要であったと認められない場合には、その間の保管料をお支払できません。

Q　保険会社が保険金の支払をしなかったために事故車両を修理又は廃車にできなかったのだから、その間の保管料は支払うべきではないのか。

A　保険金の支払がなくとも、事故車両を修理又は処分することは可能であるため、保険金の支払がなかったことのみをもって、保管料を

お支払することはできません。

裁判例

- 東京地判平成14・8・30交通民集35巻4号1193頁〔28082610〕
  原告車は修理可能であったと判断された事案において、修理費用のほかに保管料を要するのか問題となるが、本件では、原告が実際に保管料を支払っていること等に鑑み、相当額の保管料を損害と認めるのが相当であるとした事例。

- 神戸地判平成30・4・19自保ジャーナル2027号65頁〔28265305〕
  事故車両に代わる新車を購入し、新車を購入した日までの間の車両保管料が請求された事例において、事故車両保管代が記載されている請求書があるところ、保険会社が車両損害の調査結果を報告した日や修理着工等の熟慮期間を考慮して70日間の車両保管費用が認められた事例。

- 大阪地判平成10・2・20交通民集31巻1号243頁〔28040961〕
  経済的全損の事案において、事故と相当因果関係がある保管料として認められる範囲は、特段の事情のない限り、これを廃車にするか否かを考慮するのに必要な相当の期間内のものに限られるというべきとして、修理業者が原告車につき、一見して修理不能である旨の文書を作成していることに照らせばおおむね2週間程度で判断は可能というべきであるとした事例。

- 大阪地判平成25・6・25交通民集46巻3号764頁〔28222810〕
  事故車両の損傷状況や従前の利用状況、被告側保険会社から原告側の担当者に対し、車両時価額及び修理費用に関する被告側の見解が伝達された時期などを総合して、事故と相当因果関係がある保管料を1か月程度とした事例。

- 東京地判平成13・5・29交通民集34巻3号659頁〔28072183〕
  事故後の被告保険会社との交渉経緯も考慮し、事故と相当因果関係がある保管料を3か月間とした事例。

また、原告が、本件解決のための重要な物的証拠として原告車両を保管していたと主張したのに対し、通常は写真をもって車両の破損状態を保全すれば足りるから、車両の保管料は、車両自体が事案の解明に不可欠であるような特段の事情があるのでない限り、事故と相当因果関係のある損害とは認められないとした事例。

・東京地判平成31・2・8自保ジャーナル2048号117頁〔28274111〕
原告車の損傷状況等に関する被告保険会社による調査が事故後約1か月を経過した日に行われたことや、取得した車両を原告車に変えて使用するには相応の整備を要することからして原告車の買替えに要する相当な期間を4か月間であると認め、この期間に係る3か月分の保管料を認めた事例。

・東京地判平成24・11・30交通民集45巻6号1416頁〔28210688〕
原告らの、警察の捜査や被告保険会社の損害査定等のために、原告車を保管しておく必要があったとの主張に対し、被告らが、本件訴訟係属中に保管されている原告車を確認しにいき、原告車の損傷状況を撮影した写真を本件訴訟に提出していることからも、原告車の損傷状況を保存するために原告車を保管する必要があったことが認められ、少なくとも写真を撮影した日までの保管料について、本件事故と相当因果関係が認められるとした事例。

・東京地判平成26・3・27自保ジャーナル1923号83頁〔28223360〕
原告が、被告保険会社が保険金の支払を拒否したために事故車両を修理又は処分することができなかったとして保管料を請求した事案において、原告は、被告保険会社から保険金の支払を受けなくとも、車を修理又は処分することが可能であるから、車の保管料は、本件事故と相当因果関係のある損害とは認められないとした事例。

(奥村 典子、水野 憲幸)

積荷損害
―立証を要する程度及び損害の範囲―

> **事例**
> 高速道路上で弊社契約者運転車両がＸ社所有の大型貨物トレーラーに追突し、Ｘ社のトレーラーが横転しました。Ｘ社からは、トレーラーの修理費用のほかに、トレーラー内の積荷であるボールペン10万本について、損害賠償請求を受けています。
> ボールペン１本１本が損傷したかどうかもわからないのに賠償に応じなければならないのでしょうか。

ポイント

● 物理的に損傷したことが確認されていなくても積荷損害が認められるのでしょうか。
● 積荷損害の損害額はどのように算定されるのでしょうか。

考え方

1　はじめに

交通事故により、車両のみにとどまらず、車両に積載されていた積荷に損害が生じた場合は、積荷損害も交通事故に基づく物的損害に含まれることになります。

以下では、どのようなときに損害が生じたといえるのか、損害が生じたといえる場合、どのように損害額を算定するのかについて検討します。

2　積荷損害の発生はどのような場合に認められるか

積荷が物理的に損傷し、交換価値を喪失したことが実際に確認された場合は、積荷損害の発生が認められます。比較的積荷の少ない個人の車両においては、積荷の物理的損傷があるか確認できる場合が多いのでは

ないでしょうか。なお、損傷によっても交換価値を完全に喪失するに至ったとはいえない場合は、分損として、損傷率に応じて損害の発生が認められます。

　積荷が物理的に損傷したか不明な場合はどうでしょうか。本事例の場合、ボールペンの外見を確認しただけでは、内部構造に不具合が生じている可能性を払拭することはできませんので、物理的な損傷の有無を確認するためにはボールペン内部の検査をする必要がありますが、1本1本内部の検査をするというのは、多くの場合、コストの面から合理性がありません。

　損害の賠償を請求する側が損害の存在について立証しなければならないという原則からすれば、このような場合は積荷損害が否定されるのではないかとも考えられます。

　しかし、本事例類似の裁判例（大阪地判平成20・5・14交通民集41巻3号593頁〔28151468〕）は、①積荷が交換価値を喪失した場合とは、物理的な損傷による場合のみならず、経済的にみて商品価値を喪失したと評価される場合をも含むこと、②損傷があるかどうか不明な商品をそのまま正規商品として販売することが適切ではない以上、積荷を再度商品と出荷するには一部の商品を抽出して検品するのではなく全商品を検品することが必要であったこと、③全商品の検品には相当の経費を要するため、実行すると採算がとれなくなること等から、物理的な損傷が確認されていない積荷も経済的にみて商品価値を喪失しているとして、積荷損害の発生を認めました。

　なお、積荷の積載方法に法令違反や不適切な点があった場合は、積荷損害に関する過失相殺の問題として考慮されます。

3　積荷損害の算定

　積荷損害が認められる場合、全損であれば積荷の交換価値（時価）が、分損であれば交換価値の一部が損害額となります。交換価値については、市場価格を基準に算定するのが通常です。

民事訴訟法では「損害が生じたことが認められる場合において、損害の性質上その額を立証することが極めて困難であるときは、裁判所は、口頭弁論の全趣旨及び証拠調べの結果に基づき、相当な損害額を認定することができる」とされています（同法248条）。したがって、積載物が損傷したこと自体は認められるけれどもその損害額（積載物の時価額）を厳密に立証することが難しいという場合であっても、相当程度の損害額を裁判所が認める場合があるといえます（民事訴訟法248条の趣旨に照らして相当な損害額を認めた裁判例として東京地判平成29・3・27平成26年（ワ）2051号公刊物未登載〔29046597〕）。

美術品など、市場価格の算定が困難な積荷の場合はどの程度の損害が認められるでしょうか。専門家による鑑定により、同等の美術品の市場価格を調査するとしても、当事者間で鑑定額に差が生じることが容易に想像されます。裁判例には、仕入額を基準に交換価値を算定したものがあります。

また、運送業者が運送中の積荷について、交換価値が製造原価に基づいて算定されるべきか、生産価格（製造原価に生産者の利潤を加えた額）に基づいて算定されるべきか争われた裁判例があります。裁判例では、運送業者は生産者から生産価格に基づいた損害賠償請求を受ける可能性が高いとして、生産価格に基づいて積荷損害を算定したものがあります。

積荷が交換価値を喪失した場合、積荷の廃棄に必要な費用（人件費含む）についても積荷損害に含まれると考えられます。

調べるべきこと・情報の提供を求めるべきこと

- 積荷の損傷写真
  物理的な損傷の有無及び程度を確認するのに必要です。
- 積荷の単価
  損害額の算定に必要です。
- 積荷の廃棄費用

Ⅳ　物損事故

損害額の算定に必要です。
- ●積荷を引き続き利用する場合における検査費用
検査の実施の合理性を確認するために必要です。

想定問答

Q 事故時の積荷について賠償してほしいのですが。

A 原則として、事故時に積荷が損傷したことを確認できない限り、賠償に応じることはできません。積荷の検査を行っている場合は検査結果を開示してください。積荷の検査を行っていない場合は、検査を実施できない理由を教えてください。

Q 私は古美術商をやっている者ですが、交通事故によって、70万円で売る予定だった積荷の壺が損傷しました。壺の分の損害賠償として70万円は支払ってもらえますよね。

A 積荷の損傷に基づく損害は、積荷の時価相当額となります。同種の壺の取引価格が30万円ほどでしたので、この壺の時価相当額も30万円程度と判断されます。したがいまして、30万円を限度としてしか賠償に応じることはできません。

Q 交通事故によって、積荷の壺に傷がついた。傷がついたら美術品としての価値はないに等しいので、時価相当額全額を賠償してもらえますよね。

A 取引上の価値を完全に失わせるような損傷とはいえないので、時価の一部の賠償のみ応じさせていただきます。

裁判例

・大阪地判平成20・5・14交通民集41巻3号593頁〔28151468〕
積荷の筆ペンにつき、経済的にみて商品価値を喪失したとして積荷損害を肯定した事例。

・大阪地判平成24・3・23自保ジャーナル1879号101頁〔28182104〕
　積荷のエアコン室内機等につき、積荷損害（時価額及び廃棄費用）を肯定した事例。
・名古屋地判平成24・6・20自保ジャーナル1880号156頁〔28182239〕
　積荷の食料品につき、生産価格を基準に時価額を算定した事例。
・京都地判平成24・8・29交通民集45巻4号1039頁〔28210167〕
　積荷の美術品につき、仕入額の7割を積荷損害として認定した事例。

（服部　文哉、上禰　幹也、横井　優太）

Ⅳ　物損事故

増加保険料の損害性

事 例

交通事故の被害者Xが、自分が契約している保険会社の車両保険を使って、車両を修理しました。

その結果、被害者Xが契約している任意保険の等級が3つ下がり、翌年以降の保険料が上がりました。

被害者Xの保険料増額分についても、交通事故による損害として、加害者が賠償しなければならないのでしょうか。

ポイント

● 任意保険とはどのようなものでしょうか。
● 保険使用による保険料増額分は、賠償の対象となるのでしょうか。

考え方

1　任意保険の仕組み

(1)　任意保険の補償対象

任意保険とは、強制加入である自賠責保険の支払では不足する部分をてん補するため、契約者が保険会社と任意に契約する保険をいいます。

任意保険の多くは、対人賠償保険（交通事故の被害者にけがを負わせた場合に使用するもの）、対物賠償保険（交通事故の被害者の車等の物件に損害を与えた場合に利用するもの）、車両保険（自車の損害に対し使用するもの）、人身傷害保険（自分がけがをした場合に使用するもの）、搭乗者傷害保険（同乗者がけがを負った場合に使用するもの）、自損事故保険（単独事故に使用するもの）、無保険者傷害保険（交通事故の加害者が自動車保険に入っていない、又は補償内容が不十分な場合に使用するもの）などがセットで売られています。

また、その他にも契約者の選択で、弁護士費用補償等様々な特約をつけることもできます。

(2) 任意保険の等級制度

標準的な保険約款では、等級制度を採用しており（ノンフリート契約の場合）、契約期間中の事故又は保険使用の有無により、等級が上下します。等級は第1級から第20級までであり、等級によって保険料割引率・割増率が異なり、等級が高ければ高いほど保険料が安くなり、等級が低ければ低いほど保険料が高くなります。

保険加入時は第6級からスタートし、1年間無事故か保険を使用しなければ、等級が1つ上がることとなります。また、保険金が支払われた場合であっても、支払われた保険金が自賠責保険の範囲内にとどまっていれば、等級は1つ上がります。

一方、交通事故により保険を使用した場合、等級がどの程度下がるのかについては、事故の種類や使用する保険により異なります。

標準的な保険約款では、対人賠償保険、対物賠償保険、車両保険を使用した場合には、3等級下がります。自然災害や偶然の事故、盗難等により車両保険を使用した場合には、1等級下がります。これに対して、人身傷害保険、無保険者傷害保険、搭乗者傷害保険等を使用した場合には、等級は下がらないと規定されています。なお、近年増加中の弁護士費用補償特約を使用した場合も、等級は下がらないと規定されています。

(3) 任意保険を使うかどうかの判断

任意保険を使用すれば等級が下がり、その結果として保険料は増額します。そのため、保険契約者は任意保険を使用するかどうかについては、保険料の増額分と、保険を使用することなく自己の負担で損害をてん補するのにかかる費用を比較検討し、どちらが望ましいかを判断します。

3等級下がる場合、交通事故前の等級に戻るためには3年を要しますので、3年分の保険料の増額分を基準に判断する必要があります。

Ⅳ 物損事故

2 保険料増額分は、交通事故における損害か

(1) 交通事故により車が損傷した場合、当該損害に対し加害者が賠償義務を負う範囲は、原則として、車両時価額か修理代のうち、いずれか安い方の加害者過失割合に相当する部分に限られます（なお、修理代が車両時価額に買替諸費用を加算した額を上回る場合であっても、その程度が著しいとまではいえないことを理由に、修理代を損害額と認めた裁判例もあります（名古屋地判平成15・2・28自保ジャーナル1499号17頁〔28244076〕））。車両時価額が修理代より低い場合には、車両時価額の全額が弁償されれば、被害者は、事故によって被った損害のすべてを賠償してもらったことになります。もし、これを超えて修理代の請求をできるものとすると、被害者は、もともと車両が有していた価値以上のものを加害者から受け取ることとなり、損害のてん補という損害賠償の趣旨からすると、相当ではありません。

被害者としては、例えば車両時価額より修理代の方が高いにもかかわらず修理を望む場合、あるいは、被害者にも過失があり加害者からの賠償では修理代が不足する場合には、自己の車両保険を使わずに自費で負担する場合と、車両保険を使って修理する代わりに、少なくともその後3年間の保険料増額分を負担する場合について、費用面で比較検討し意思決定することとなります。

任意保険契約者は、このような事態に備えて保険に加入しているため、自己の車両保険を使った結果、保険料が増額したとしても、それは保険契約者（被害者）の意思決定の問題であり、加害者側の関知しない損害といえます。

(2) また、保険料増額分を賠償しなければならないとすれば、そもそも被害者が事故後何年間にわたって車両を保有し続けるのか不明であること（車の買替えサイクルは平均7、8年程度だと思われ、さらに交通事故時点で既に数年乗っていることもあり得ることから、交通事故後少なくとも3年間にわたって車両を保有する蓋然性については疑問が生じます）、他の機会での交通事故により等級が下がる可能性はな

いのかなど、損害（保険料増額分）が維持されるという蓋然性がないのではないかともいえます。
(3) さらに、任意保険は、自賠責保険が強制加入であるのと異なり、交通事故による自己の身体や車両に対する損害のてん補や、被害者に与えた損害の賠償を目的として、任意に加入するものです。

保険契約者が、任意保険に加入する理由は、通常、交通事故によってどの程度金銭的な負担が生じるかわからないという不安があるからです。この不安への対処手段として、保険契約者は、保険料という対価を支払って、交通事故が起きた場合の金銭問題に対する予防的な見地から任意保険に加入するといえます。

そうすると、保険料とは、将来生じ得る想定外の事態に対し、あらかじめ対策しておくための対価の性質を有するため、たとえ保険を使用した結果として保険料が増額したとしても、将来生じ得る賠償問題の予防の対価を、加害者に負担させるのは相当ではありません。
(4) 以上より、保険料増額分は交通事故とは相当因果関係のない損害とみなされ、加害者は賠償義務を負わないと考えられます。

裁判例においても、公刊されている中で増加保険料を損害と認めたものは見当たりません。

想定問答

Q 車を買い替えることはできないので、修理して乗るつもりだ。車両時価額ではなく修理代を支払ってほしい。

A 交通事故による損害ととらえられるのは、交通事故がなかった場合の財産状態と、交通事故があったために置かれている財産状態との差額になります。

あなたが所有されている車の現在の車両時価額は、○○万円となりますので、この車両時価額が交通事故前の財産状態となります。

修理に要する費用は、車両時価額に比べ高額ですが、これをすべて賠償すれば、車両時価額以上に車に価値を付与することとなりま

Ⅳ 物損事故

す。
交通事故による損害賠償の趣旨は、マイナスとなった財産状態をゼロに戻すことですので、これを超えてプラスとすることはできません。

Q 車両時価額を超える部分については、自分の車両保険を使うつもりだ。来年から保険料が上がるので、増額分を賠償してほしい。交通事故がなければ、保険を使うことはなかったので、交通事故があったためにマイナスになったといえるはずだ。

A 先ほど申し上げたとおり、こちら側が負担しなければならないのは、車両時価額となっております。たとえ車両時価額が修理費に満たなくとも、車両時価額の賠償により賠償義務は果たされております。
車両保険は、今回のような場合に備え、任意に加入するものとなっております。また、車両保険に加入するかどうかだけでなく、加入している車両保険を使用するかどうかについても、当方に関与できることではなく、すべてあなたの一存に委ねられております。
したがって、あなたが車両保険を使用した結果、保険料が増額したとしても、増額分を損害としてお支払することはいたしかねます。

裁判例
交通事故と保険料増額の因果関係を否定した裁判例
・名古屋地判平成9・1・29自保ジャーナル1201号2頁〔28243997〕
車両保険を使用するか否かは原告が自由に選択できること、加害者からの賠償金を修理費用に充てることができることから、保険料増加額が本件事故と相当因果関係のあるものということはできないとした。なお、加害者からの賠償金の支払までに日時を要するとしても、遅延損害金も併せて支払われるため、原告の不利益にはならないとした。

・東京地判平成13・12・26交通民集34巻6号1687頁〔28080537〕
原告が自身の加入する車両保険金を受領して早期の被害回復を図るか、被告から適正な損害賠償金を得て被害回復を図るかは、原告自身の選択の問題であって、前者を選択した結果、保険料が増額したとしても、賠償すべき損害とは認められないとした。

・福井地武生支判平成14・3・12判時1793号120頁〔28072547〕
保険料増額分の損害について、このような保険料差額は、損害発生の不確定性や被害者の意思に依存している点などから本件事故と相当因果関係のある損害であるとは認められないとした。

・名古屋地判平成23・9・30自保ジャーナル1862号140頁〔28180175〕
保険料増額は、原告が車両保険を使用することを選択した結果であり、本件事故による結果とはいえない(相当因果関係が認められない)とした。
また、原告において車両保険を使用しなければ修理費を調達できなかったとしても、これは被告が事故後直ちに賠償義務を履行しなかったことによる結果にすぎず、被告が直ちに履行しないことについて負う賠償責任は、遅延損害金支払義務に限られるとした。

(森下　達)

Ⅳ 物損事故

建物が損壊した場合の損害
―経済的全損、新旧交換差益、物損慰謝料等―

事例

弊社の契約者のYが、Xが住居兼店舗として使用している建物に衝突する交通事故を起こしてしまいました。

Xの建物は築15年の一戸建て（4LDK）で、事故当時の時価額は500万円です。

本件交通事故により、店舗部分を含む2部屋が損傷し、修理費が800万円かかりました。

Yは、Xから、「建物の修理費800万円に加え、修理の間のホテル代、慰謝料、営業損害も支払ってほしい」と要求されています。

Yは、すべて支払わなければならないのでしょうか。

ポイント

- 建物の時価額を超える修理費の損害は認められるのでしょうか。
- 修理により建物が新しくなった場合、Xは利益を得ているといえないでしょうか。
- 建物修理をしている間のホテル代は損害として認められるのでしょうか。
- 慰謝料は認められるのでしょうか。
- 建物で営業を行っていた場合、営業損害は認められるのでしょうか。

考え方

1 建物の時価額評価

建物の時価額とは、当該建物を市場で購入する場合に必要となる価格です。

建物の時価額については、定まった評価方法はありません。固定資産税評価額を参考にする方法、類似の取引事例を参考にする方法、火災保

324

険実務や税法のように経過年数を考慮し減価償却をする方法等が考えられます。

建物の時価額が問題となる場合、固定資産税評価証明書のほか、不動産業者の査定書が証拠提出されることもあります。最終的には、不動産鑑定士による鑑定によって評価がなされることもあります。

2 建物修理費と時価額との関係

一般に、不法行為によって物が毀損した場合の損害は、修復に要する費用が不法行為時における当該物の時価相当額を上回った場合でも、時価相当額に限られます（経済的全損）。例外的に、家族同様のペットが負傷した場合等、物に特殊な性質がある場合においては、当該物の時価相当額を超えて、社会通念上相当と認められる範囲まで損害として認められることがあります（後掲の裁判例参照）。

では、建物が毀損した場合の損害は、建物時価額を限度とすべきでしょうか。

前記のような経済的全損の主張がなされた裁判において、「修理により耐用年数が延長され、あるいは、価値の増加により被害者が不当利得を挙げたような場合であれば格別、相当な範囲の修理を施しただけの場合には、原状回復そのものがなされたにすぎない」として修理費を損害として認定した例があります（後掲の裁判例参照）。当該裁判例では、建物の損害について建物時価額を限度とすべきとの考え方がとられていません。一般的にも、建物の損害について建物時価額を限度とすべきとの議論はあまりなされていないように思います。その理由としては、建物は、同一の物に買い替えることが不可能に近いうえ、生活の本拠になるという、一般的な物とは異なる性質があることが考えられます。

ただし、損害が時価額に限られないとしても、修理によって建物の耐用年数が延長されることによる利益を得た場合には一定の考慮がなされる場合があります（後記3）。

3　新旧交換差益

　建物の修理により、被害者が、事故前よりも建物の耐用年数が延長されることによる利益を得ることあります。そこで、当該利益を修理費相当額から控除すべきという考え方が存在します。ここでは、上記利益を新旧交換差益と呼びます。

　新旧交換差益を控除すべきとの主張について、ケースごとに裁判所の判断は分かれているところです。建物に対して大幅な修復工事を行っている場合には、耐用年数の延長が比較的わかりやすいため、新旧交換差益を控除すべきとの主張が認められやすい傾向にあります。

　控除すべき新旧交換差益の額の計算方法について定まった考え方はありません。裁判例でも採用された一例としては、「修理費×（1年当たりの減価率×延長年数）」という計算方法が挙げられます。このうち、1年当たりの減価率については、火災保険実務で使用されている経年減価率を参考にする方法が考えられます。

4　ホテル代等

　建物が損傷して使用困難になり、ホテルや賃貸物件を使用した場合には、修理完了までのホテル代、賃貸物件の家賃、仲介手数料等が相当な範囲で損害として認められます。

5　慰謝料

　物損事故における損害については、修理費等の財産的損害が補填されることによって損害の回復が果たされるのが通常であることから、原則として、物を損壊されたことにより被った精神的苦痛に対する慰謝料請求は認められません（後掲の裁判例参照）。

　建物が損傷した場合においても、単に建物が損壊したというのみでは慰謝料は認められないと考えられます。事故により命の危険があったこと、長期のアパート暮らしを余儀なくされたこと等、精神的損害を基礎付ける、より具体的な事情が必要と考えられます（後掲の裁判例参照）。

慰謝料額はケースバイケースです。参考までに裁判例では10万円から50万円程度のもののほか、店舗が損壊した事案につき120万円を認めたものがあります。

6　営業損害

店舗が損傷し、営業ができなくなった場合は、その間の営業利益等が損害として認められます。

店舗修理後に開店するための広告費や、ショーウインドー破損のまま営業を続けたことにより生じた警備費用を損害として認めた裁判例もあります（後掲の裁判例参照）。

調べるべきこと・情報の提供を求めるべきこと

- 建物の登記
    - ・損害の請求権者である建物所有者の確認のために必要となります。
    - ・築年数の確認のために必要となります。建物の築年数は、建物の耐用年数の延長を判断するに当たっても参考になります。
- 建物の修理費（修理見積等）
    - ・修理費用・修理内容の確認のために必要となります。
    - ・客観性を高めるため、複数の業者の資料があると望ましいと考えます。
- 建物の時価額（固定資産税評価証明書、不動産業者による評価報告書等）
    - ・修理費と比べるべき時価額の算定のため必要となります。
    - ・修理前後を通じての建物価値の増加を確認することは、新旧交換差益控除を検討するに当たっても参考になります。
- 建物の修理による耐用年数の延長
    - ・新旧交換差益控除を検討する際に必要となります。
    - ・建物の修理見積を出す業者に併せて査定してもらうことが考えら

Ⅳ 物損事故

れます。
- ホテル代等の領収書、利用明細、賃貸借契約書
  修理期間中にホテルや賃貸物件を利用した場合の損害を確認するために必要となります。
- 確定申告書
  営業損害を確認するために必要となります。

想定問答

Q なぜ修理費を全額払ってくれないのですか。
A 本件では修理によって建物の耐用年数が延びており、X様は事故前よりも利益を得ていると評価できるため、公平の観点から、修理費全額相当の賠償はいたしかねます。裁判例においても、このような考え方が採用されております。

Q 壊れた建物を修理してもらっただけで、何も利益を得ていないのですけど。
A 建物の耐用年数の延長が利益と評価されております。

Q 建物が壊れたのだから、当然慰謝料も払ってもらえますよね。
A 建物の財産的価値を賠償することで損害の補填はなされていると考えますので、おけがの場合とは異なり、本件では慰謝料のお支払はいたしかねます。

裁判例

修理費と時価額との関係について判断した裁判例
- 名古屋高判平成20・9・30交通民集41巻5号1186頁〔28152850〕
  物損の損害は不法行為時の時価額に限られるとの一般論を述べたうえで、ペットの治療費等については必ずしも時価相当額に限られるとするべきではないと判断した。

・東京地判平成7・12・19交通民集28巻6号1779頁〔28020950〕

加害者が減価償却分を控除して損傷部分の時価を算出し、当該損傷部分の時価と修理費のいずれか低い方を損害と認めるべきと主張したのに対し、修理により耐用年数が延長され、あるいは、価値の増加により被害者が不当利得を上げたような場合であれば格別、相当な範囲の修理を施しただけの場合には、原状回復そのものがなされたにすぎないとして、修理費を損害として認定した。

新旧交換差益について判断した裁判例
〔新旧交換差益分を控除しなかった裁判例〕

・福岡高判平成19・2・13判タ1261号325頁〔28130623〕

火災保険の事案につき、建物の部分的な手直しにすぎず、新築に匹敵するとか、建物の躯体部分などが抜本的に新しくなったわけではなく、耐用年数が顕著に伸長されたわけではないとして、修理費用そのままの損害を認めた。

・神戸地判平成13・6・22交通民集34巻3号772頁〔28072194〕

不当利得と目すべき程度の耐用年数の延長が生じること及びその程度につき認めるに足る証拠がないとして、修復工事に伴う耐用年数の延長部分が不当利得になるとの主張が認められなかった。

・大阪地判平成29・2・17平成27年(ワ)7049号公刊物未登載

建物の損傷の内容・程度、必要とされる修理が建物の一部に限られること、業者の見積りでは新旧交換差益控除がなされていないことを踏まえ、損害の公平な分担の観点から新旧交換差益の控除をすべきとまでは認め難いとした。

〔新旧交換差益分を控除した裁判例〕

・横浜地判平成6・5・24交通民集27巻3号643頁〔29006653〕

柱や内装、外壁等、大幅な修復工事を行った場合には耐用年数が延びることが明らかであり、その延長分は被害者の不当利得になるとしつ

つ、税法上の耐用年数等をそのまま適用するのも相当ではないとして、個別具体的に経年減価率と延長年数を定めた。
・名古屋地判昭和63・3・16交通民集21巻2号293頁〔29004053〕
修繕により10年分ほど耐用年数が伸長したとして、修繕額から19％（1.9％×10年）を差し引いた。
・大阪地判平成15・7・30交通民集36巻4号1008頁〔28092175〕
玄関の引き戸等を交換する費用として67万6830円を支払ったが、新旧交換差益として10％を差し引いた60万9147円を相当因果関係のある損害と認定した。

アパート代等について判断した裁判例
・神戸地判平成13・6・22交通民集34巻3号772頁〔28072194〕
被害者らが建物に居住できなくなった事案につき、建物補修完了までのアパート賃料、アパートの仲介手数料、退去時修理費、アパート居住中の駐車料金を損害として認定した。

慰謝料について判断した裁判例
・大阪地判平成12・10・12自保ジャーナル1406号4頁〔28244073〕
物損事故における損害については、修理費用等の財産的損害がてん補されることによって損害の回復が果たされるのが通常であるから、原則として、物が損壊されたことにより被った精神的苦痛に対する慰謝料請求は認められないというべきであるが、通常人においても財産的損害がてん補されることのみによっては回復されない程度の精神的苦痛を生じるものと認められる場合には、財産的損害以外に精神的苦痛に対する慰謝料請求も認められるとしたうえで、墓石が倒壊した事案につき、10万円の慰謝料を認めた。
・大阪地判平成元・4・14交通民集22巻2号476頁〔29004247〕
店舗兼居宅に車両が突入した事故において、まかり間違えば人名の危険も存したうえ、家庭の平穏を侵害されたとして、慰謝料として30万

円を認めた。
- 岡山地判平成8・9・19交通民集29巻5号1405頁〔28030389〕
  深夜に大型トラックが民家に飛び込んだ事故について、慰謝料として50万円を認めた。
- 神戸地判平成13・6・22交通民集34巻3号772頁〔28072194〕
  約半年間のアパート生活を余儀なくされた居住者2名につき、慰謝料として各30万円を認めた。
- 大阪地判平成15・7・30交通民集36巻4号1008頁〔28092175〕
  玄関にベニヤ板を打ち付けた状態で過ごすことを余儀なくされた事案について、慰謝料として20万円を認めた。
- 横浜地判平成26・2・17交通民集47巻1号268頁〔28230861〕
  住居部分と接続する店舗部分が大きく破壊されたことにより、生活の平穏を害され多大な精神的苦痛を被ったとして120万円の慰謝料を認めた。

営業損害について判断した裁判例
- 大阪地判平成10・9・28自保ジャーナル1306号3頁〔28244071〕
  喫茶店修理後の開店のための宣伝費20万円を損害として認めた。
- 東京地判平成23・11・25自保ジャーナル1868号132頁〔28180980〕
  リニューアルオープンチラシ配布費用34万4389円を損害として認めた。
- 岡山地判平成14・9・6交通民集35巻5号1214頁〔28082960〕
  ショーウインドー破損のまま営業を続けたことにより必要となった夜間の警備費用46万4100円を損害として認めた。

（長江 昂紀、居石 孝男）

Ⅳ 物損事故

 物的損害に関する慰謝料は認められるか？
ー車両の場合とペットの場合ー

> **事例**
>
> 被害者Ｘの車両は、半年もの予約待ちを経てようやく購入した外国車です。Ｘは、その車両に人一倍愛着があるということで、修理費用だけでなく慰謝料まで要求されています。
> 　また、同乗していた小型犬が事故の衝撃によって亡くなってしまったため、これに対する高額な慰謝料の要求もあります。
> 　物的損害には慰謝料は発生しないと回答し、Ｘの要求を断ってもよいのでしょうか。

ポイント

● まずは、物的損害の場合、慰謝料は原則として発生しないという考え方を理解してください。
● 具体的事案においては、あくまで原則は発生しないという前提に立ったうえで、例外的な場合に当たるのか否かを、裁判例等を調査しながら回答することになります。

考え方

1 はじめに

(1) 原　則

　一般的に、財産権の侵害である物損事故における損害は、車両修理費用等の財産的損害がてん補されることによって、損害の回復が果たされるといえます。

　したがって、原則として、物を損壊されたことによる精神的苦痛に対する慰謝料請求は認められません。

(2) 例　外

　ただし、例外的に、通常人においても財産的損害がてん補されるこ

とのみによっては回復されない程度の精神的苦痛が生じたと認められる場合には、財産的損害の賠償に加えて、慰謝料請求が認められる余地があります。

交通事故の事案ではありませんが、最高裁は、「その〔財産上の損害の〕ほかになお慰藉を要する精神上の損害もあわせて生じたといい得るためには、被害者（上告人）が侵害された利益に対し、財産価値以外に考慮に値する主観的精神的価値をも認めていたような特別の事情が存在しなければならない」（最一小判昭和42・4・27裁判集民87号305頁〔28200049〕）として、財産権の侵害の場合でも慰謝料を認める余地があるとしています。

つまり、「物的損害に対する慰謝料は絶対に発生しない」と回答するのは誤りになるということです。

2　慰謝料が認められる場合

それでは、具体的にどのような場合に物的損害に対する慰謝料が認められると考えてよいのかが問題となります。

(1)　車　両

まず、車両損害の場合は、財産的損害がてん補されることによって、損害の回復が果たされたといえるので、慰謝料が認められることはほぼありません。

メルセデスベンツの車両損害に対する慰謝料につき、「被害者の愛情利益や精神的平穏を強く害するような特段の事情」がないとして、慰謝料を否定した裁判例があります（東京地判平成元・3・24交通民集22巻2号420頁〔29004241〕）。

(2)　建　物

これに対し、比較的慰謝料が認められやすい類型としては、例えば、家屋へ自動車が突っ込み、建物が損壊する事故を挙げることができます。

もっとも、単に、建物の塀に車をぶつけて壊したという場合ではな

く、建物の中に車両が突入したような場合に、一歩間違えば人命に対する危険もあり、家庭の平穏が害されたこと、補修に要する期間の心労や生活上の不便、不自由さなどに着目し、慰謝料を認める傾向にあります。

裁判例としては、大型貨物自動車が家屋に衝突して損壊し、約半年間のアパート生活を余儀なくされた事故で、原告2名に慰謝料各30万円を認容した裁判例（神戸地判平成13・6・22交通民集34巻3号772頁〔28072194〕）、午前3時30分頃大型トラックが民家へ飛び込んで損壊した事故で、慰謝料50万円を認容した裁判例（岡山地判平成8・9・19交通民集29巻5号1405頁〔28030389〕）、駐車車両が坂道を進行して店舗兼住宅の建物に衝突して大きく損壊した事故で、慰謝料120万円を認容した裁判例（横浜地判平成26・2・17交通民集47巻1号268頁〔28230861〕）などがあります。

(3) 墓　石

そのほか、霊園内で車両が段差を乗り超えて墓石を損壊した事故で、慰謝料10万円を認容した裁判例もあります（大阪地判平成12・10・12自保ジャーナル1406号4頁〔28244073〕）。

(4) ペット

また、動物は「命あるもの」であり（動物の愛護及び管理に関する法律）、近年では、ペットは飼い主にとってかけがえのない家族の一員であるという面もあることから、ペットが死亡した場合や、重い傷害を負った場合も、一定の慰謝料が認容されることがあります。

ラブラドールレトリーバーが交通事故で負傷し、後肢麻痺等の症状が残った事案について、裁判所は、「不法行為により重い傷害を負ったことにより、死亡した場合に近い精神的苦痛を飼い主が受けたときには、飼い主のかかる精神的苦痛は、主観的な感情にとどまらず、社会通念上、合理的な一般人の被る精神的な損害であるということができ」るとして、財産的損害に対する賠償のほかに、慰謝料を請求することができると判断しました（名古屋高判平成20・9・30交通民集41

巻5号1186頁〔28152850〕)。

　ただし、現状では、裁判例が認定する慰謝料は高額ではありません。今後、高額化する可能性はありますが、少なくとも現状の裁判例の傾向としては、5万円から20万円程度の慰謝料が認容される可能性があるといえます。

　なお、交通事故以外の事案においては、30万円から40万円の慰謝料が認められた裁判例も存在しますが、これらは、交通事故とは異なる当該事案特有の注意義務が考慮されている可能性もあるといえます（散歩用リードの製造物責任について、名古屋高判平成23・10・13判タ1364号248頁〔28180615〕、獣医の医療過誤について、福岡地判平成30・6・29平成28年（ワ）526号裁判所HP〔28263303〕）。

調べるべきこと・情報の提供を求めるべきこと

- 損傷された物について、家屋の場合は、実際の生活への不都合の程度、転居の要否、その期間、居住者に与える不安感の程度、損傷の規模などを確認します。
- ペットの死亡・けがの場合は、ペットのけがの内容・程度、残存した症状の内容・程度、介護の要否・内容、精神的損害を受けた家族の人数、ペットの購入価格、などを確認します。また、犬が死亡した場合は、市町村に死亡届が提出されるので、その写しや葬儀に関する資料などを確認します。

想定問答

Q　半年の予約待ちでやっと購入し、人一倍愛着を持って乗っていた車両が事故によって損傷した。この精神的苦痛に対する慰謝料を支払ってほしい。

A　物的損害については原則的には慰謝料は発生しません。車両の損害については、修理費用、あるいは時価額の賠償により、損害が補填されると考えられますので、慰謝料の支払を認定することはできま

Ⅳ 物損事故

せん。裁判例においても、慰謝料を認定しないのが一般的ですので、ご理解ください。

Q 事故により家族同様のペットが死亡した。慰謝料100万円を支払ってほしい。

A ペットといっても、一般的に簡単には慰謝料の支払は認定できないものとされております。過去の裁判例を調査して回答いたしますが、仮に認められるとしても、裁判例の傾向として高額にはならないことはあらかじめご了承ください。

裁判例

車両損害に関する裁判例

・東京地判平成元・3・24交通民集22巻2号420頁〔29004241〕
　メルセデスベンツの車両損害に対する慰謝料につき、財産的権利を侵害された場合に慰謝料を請求し得るには、被害者の愛情利益や精神的平穏を強く害するような特段の事情が存することが必要であるが、本件ではそれは認められないとして、慰謝料を否定した裁判例。

建物に関する裁判例

・岡山地判平成8・9・19交通民集29巻5号1405頁〔28030389〕
　午前3時30分頃大型トラックが民家へ飛び込んで損壊した事故で、慰謝料50万円を認容した裁判例。

・神戸地判平成13・6・22交通民集34巻3号772頁〔28072194〕
　大型貨物自動車が家屋に衝突して損壊し、長年住み慣れた家屋を離れて約半年間のアパート生活を強いられた事故で、その間の心労や生活上の不便、不自由さは相当なものであったと考えられることを考慮し、原告2名に慰謝料各30万円を認容した裁判例。

・横浜地判平成26・2・17交通民集47巻1号268頁〔28230861〕
　サイドブレーキを適切に使用しなかった駐車車両が、坂道を進行して

住居兼店舗の建物に衝突して大きく損壊した事故で、慰謝料120万円を認容した裁判例。

ペットに関する裁判例
・大阪地判平成18・3・22判時1938号97頁〔28111984〕
　パピヨンが死亡し、シーズーが骨折した事案で、犬の死傷による飼い主の慰謝料10万円を認容した裁判例。
・名古屋高判平成20・9・30交通民集41巻5号1186頁〔28152850〕
　ラブラドールレトリーバーが後肢麻痺を負い、自力で排尿、排便ができず、飼い主が圧迫排尿などを行う必要が生じた事案で、原告2名に各20万円の慰謝料を認容した裁判例。

（中内　良枝、長江　昂紀）

Column 4　民事執行法改正について

1　民事執行とは

　債務者が任意に債務を履行しない場合、債権者は民事執行という手段を採ることができます。民事執行とは、給与や預金の差押えなど、債権者の債務者に対する私法上の請求権を、国家権力をもって強制的に実現する手続であり、債権を回収するための最終的な手段です。

　このたび民事執行法が一部改正（令和元年法律2号）され、令和2年4月1日から新たに施行されました。ここでは、損害賠償実務において重要な改正の内容や実務への影響について解説します。

2　財産開示手続の強化―実効性を強化し使いやすく―

　財産開示手続は、せっかく債務名義（確定判決や和解調書など）を取得しても債務者の財産が不明であるため債権を回収できないという事態を回避する観点から、平成15年に創設された、債権者の申立てにより債務者を出頭させ、債務者の財産に関する情報を聴取する制度です。しかし、令和元年改正前民事執行法は、財産開示手続の申立権者を限定しており、また、開示義務者が、正当な理由なく、手続違反をした場合の制裁について、30万円以下の過料という弱い罰則しか設けていませんでした。そのためか、この制度はこれまであまり利用されていませんでした。

　令和元年改正後民事執行法は、財産開示手続の申立権者の範囲を拡大しており、金銭債権についての強制執行の申立てをするのに必要とされるすべての債務名義に基づいて財産開示手続の申立てをすることができることとしています（同法197条1項）。また、財産開示手続における開示義務者の手続違反に対する罰則を、6か月以下の懲役又は50万円以下の罰金としています（同法213条1項）。

3　第三者からの情報取得手続の新設

(1)　制度の概要

　これまでの財産開示手続の運用状況をみると、開示義務者の不出頭に

より財産状況が開示されず、執行が不奏功に終わるケースが多くありました。そのため、債権者がより確実に債務者の財産状況を調査できるよう、債務者の財産に関する情報を持っている可能性のある第三者から取得する手続が新たに設けられました。

　この手続の基本的な枠組みは、債務名義を有する債権者からの申立てを受け、執行裁判所が、債務者以外の第三者に対して、債務者の財産に関する情報の提供を命ずる旨の決定をし、この決定を受けた第三者が、執行裁判所に対してその情報の提供をするというものです。具体的には、①登記所から債務者の不動産に関する情報を取得する手続、②市町村等から債務者の給与債権（勤務先）に関する情報を取得する手続、③金融機関から債務者の預貯金債権等を取得する手続があります（同法206条ないし208条）。

　債権者がこの手続を利用するためには、ア　金銭債権について執行力のある債務名義の正本を有すること、又は債務者の財産について一般の先取特権を有することを証する文書を提出したこと、イ　先に実施した強制執行が不奏功であったこと、ウ　財産開示手続を実施したこと（①・②の手続のみ）、エ　当該債権が養育費等の債権や人の生命・身体の侵害による損害賠償請求権であること（②の手続のみ）が必要です。

(2)　交通事故事案で問題になる点

　例えば、事故の被害者である契約者に対して、人身傷害保険により保険金を支払った後、事故の加害者である相手方に対して求償するような事案の場合、保険会社が相手方に対して取得する求償権に基づいて給与債権に関する情報取得手続を利用することが可能かどうかは、その求償権が前記エの要件を満たすかどうかという点で問題になり得ます。保険金を支払った保険会社については、権利実現が債権者の生計維持に不可欠かどうかという制度趣旨が、妥当しない可能性もあり、裁判所による判断が待たれます。

（岩田　雅男、中村　展）

Ⅴ 疑義事案案件への対応

わざと起こした追突事故であることが疑われる保険金請求事件の対応

事例

弊社契約者のYが、Xが運転し4名が同乗する自動車に追突したとして、Y及びXと同乗者たちから保険金の請求がありました。

Yは、事故現場の交差点で信号が変わったので発進したところ、前にいたXの自動車の発進が遅かったため、追突してしまったと説明しています。しかし、両方の車両の損傷の大きさの割に6名全員が体調不良を訴え仕事を休んでおり、毎日通院していたり、休業損害がいつ支払われるかの電話を頻繁にしてくるなど、不可解な点が多くあります。

どのように対応すればよいでしょうか。

ポイント

- 保険金請求者が主張する事故があったことは保険金請求者が証明しなければなりません。したがって、保険金請求者の主張する態様の事故があったことと矛盾する事実がないかどうかを早期に確認していくべきです。
- わざと起こした事故であることについては保険者（保険会社・共済組合）が証明しなければなりません。したがって、わざと起こしたことを裏付ける事実がないかどうかを早期に確認していくべきです。
- 疑義事故であることが明らかになった場合には速やかに弁護士委任を検討すべきです。

考え方

1 疑義事故についての基本的な考え方

(1) 疑義事故の保険金請求についての証明責任

保険契約者から、保険事故が発生したとして保険金請求がなされた

V　疑義事案案件への対応

場合に、わざと起こしたものではないかという疑いがある事故もしばしばあります。

そのような事故について、裁判実務における一般的な考え方は、保険事故が発生したということについては、保険金を請求する側、その保険事故がわざと起こされたものであるということについては、保険者（保険会社・共済組合）の側で証明しなければならない、と考えられています。

以上のことは、かなり抽象的でわかりにくいと思われますので、以下、A保険会社が保険契約者Bさんから、「10月10日、私の運転する自動車が名古屋市内の道路で電柱に衝突してしまい、損傷しました。100万円の修理費がかかります。修理費100万円を保険金として支払ってください」という請求を受けたものの、その請求が疑わしいという場合を例に挙げて、説明します。

(2) **保険事故があったことの証明は保険金請求者がしなければならない**

この場合、「10月10日に名古屋市内の道路でBさんが運転する自動車が電柱に衝突した」という事実については、Bさんの側で証明しなければなりません。

したがって、例えば、「10月10日にはBさんは名古屋市にいなかった」とか、「Bさんが言っている電柱にはBさんの自動車に残っている損傷と整合する痕跡がない」、とかいうことが証明された場合には、A保険会社は保険金請求を拒むことができることになります。さらに、Bさんの言い分とA保険会社の言い分のどちらが本当なのかはっきりしない、という場合についても、A保険会社は保険金請求を拒むことができることになります。

(3) **保険金請求者がわざと保険事故を起こしたものであることの証明は保険者がしなければならない**

これに対して、「10月10日に名古屋市内の道路でBさんが運転する自動車が電柱に衝突した」という事実が認められた場合に、「その衝突はBさんがわざとしたことである」という事実については、A保険

Q46 わざと起こした追突事故であることが疑われる保険金請求事件の対応

会社の側で証明しなければなりません。

したがって、Bさんの主張するような事故があったとしても、Bさんがわざと事故を起こしたということができる場合（ブラックの場合）には、A保険会社は保険金請求を拒むことができますが、疑いが濃厚であるけれども、Bさんがわざと事故を起こしたのではない可能性もあるという場合（濃いグレーの場合）には、A保険会社は保険金を支払わなければならない、ということになります。

(4) 加害者側・保険者側は何を調べればよいのか

したがって、加害者側・保険者側では、

① そもそも保険金請求者が主張している事故があったとはいえないこと

② 保険金請求者の主張する事故があったとしても、それが保険金請求者がわざと起こしたものであること

を裏付ける証拠を集める必要があります。

これらの事実は、直接にそれらを裏付けることのできる証拠が得られることはまれであることから、通常は、間接的にそれらを裏付けることのできる証拠（例えば、後述の裁判例で取り上げられている、事故態様が不自然であること、事故当事者間に人的つながりがあること、購入金額と車両保険金額に著しい差があること、保険契約締結後間もない時期に事故が発生していること、経済的にひっ迫していること、保険金の請求歴があること、保険会社の調査に対して非協力的態度をとっていること、供述内容の不合理性・変遷等）をたくさん集めることによって、総合的に、立証をしていくことになります。

2 保険金請求者が主張している事故があったといえるかどうかの判断のために調べるべきこと

(1) 車両の損傷状況、事故現場の状況、事故現場に残された痕跡その他の客観的な証拠を収集します。

(2) 保険金請求者の主張する日時・場所、事故態様等の事実関係を正確

かつ詳細に把握します。
(3) 車両保険金請求者の主張する事故態様と物証などの客観的な証拠との整合性を調査します。
(4) 保険金請求者等が、どのような目的で、事故現場まで来るに至ったのかや、事故後の保険者への連絡や警察への届出が速やかに行われているかどうか、保険金請求者の自動車の入手経緯等、保険金請求者等の事故前後の行動等を調査します。
(5) 車両の購入代金と車両保険金額の差額や、保険契約締結から事故までの期間、保険契約者が経済的にひっ迫した状況にあるかどうか、保険金請求者らの保険金請求歴、事故当事者の調査への協力態度など、保険金請求者らに、虚偽事故による保険金請求を行う動機があるかどうかを調査します。
(6) 事故当事者同士の人的つながりがないかどうかを調査します。

3 調査会社の調査を利用する場合の注意点

調査会社には、あくまでも客観的な調査をしてもらうことに努める必要があります。

調査会社担当者の推測に基づく主観的意見が書かれていると、調査会社が偏見に基づいて報告書を作成したとの心証を裁判所に与えることもあり得ます。調査会社の調査報告書を信用できないことの1つの事情として、調査報告書の証拠価値を否定した裁判例もありますので、調査報告書には、あくまで客観的な事実及びそこから論理必然的に導かれる結果のみを記載してもらうようにしましょう。

4 保険金請求者がわざと起こしたものであるかどうかの判断のために調べるべきこと

実際には事故がないのにあったことにして保険金を請求する場合と、保険金請求者がわざと起こした事故であるかどうかの判断のために調べるべきことは、保険金請求者が主張している事故があったといえるかど

うかの判断のために調べるべきこととと重なります。
　したがって、わざと起こしたものであるかどうかの判断のために調べるべきことも、基本的に前述の2と同様です。

5　疑義事故であることが明らかになった場合の対応について

　疑義事故であることが明らかになった場合には、速やかに弁護士に委任すべきです。弁護士に委任した後にも、事故当事者から問合せや請求が保険会社になされることも多いですが、「すべて弁護士に委任していますので、弁護士に連絡してください」と弁護士に対応を任せることが重要です。

　保険者側は弁護士に委任することにより、主に以下のようなメリットがあります。

①　弁護士、保険者（保険会社、共済組合）、調査会社が3者で協議・協力をして、裁判を見越した適切な調査をすることができます。

②　保険者は、偽装事故か真正事故かについて、弁護士との協議に基づいて適切に判断することができます。

③　保険金請求拒絶の通知を、保険者代理人として弁護士の名前で出してもらうことができ、保険金請求者からの抗議への対応を弁護士に任せることができます。

④　保険金請求者が反社会的勢力である場合、保険者が反社会的勢力から攻撃されるリスクを軽減することができます。

⑤　保険金請求者が自らの虚偽請求の発覚を恐れて保険金請求を取り下げることもあります。

調べるべきこと・情報の提供を求めるべきこと ─────────

●事故日時・事故場所・事故態様（後には交通事故証明書、刑事事件記録の入手や調査も必要）
　・事故当事者から聴取します。

V 疑義事案案件への対応

・事故当事者の提出した保険金請求書を確認します。
・所轄の自動車安全運転センターから交通事故証明書を取得し、確認します。
・(事故後相当期間の経過後) 人身事故事案については、刑事事件として起訴された場合、裁判係属中は当該裁判所、判決の確定による裁判終了後は、第一審の裁判所に対応する検察庁の検察官に対して、刑事裁判記録の謄写申出を行い、取得し、確認します。
・(事故後相当期間の経過後、かつ弁護士委任後) 人身事故事案については、不起訴事件となった場合、検察庁に対する弁護士法23条の2第1項の弁護士会照会により、実況見分調書を取得し、確認します。

● 事故車両の状態
・車両保管場所へ行き、損傷のある部位ごとに、地上からメジャーを当てて傷の高さ、傷の長さ、傷の状態等がわかる写真を撮影します。
・2度以上の事故に遭ったことを示す損傷がないかを確認します。
・明らかに古い損傷(塗装の剝げた箇所の錆など)がないかを確認します。

● 事故現場の道路状況
・事故現場に行き、現場を調査し、写真を撮影します。
・住宅地図を参照します。
・調査会社に事故現場及びその近辺の状況図を作成してもらうことも有益です。

● 現場の痕跡の有無及び状態
・事故現場に行き、現場を調査し、写真を撮影します。

● 事故現場やその付近の防犯カメラの映像
・防犯カメラ設置者に協力を求めて映像を取得します。

● 事故車両の速度
・事故当事者から聴取します。

- ・事故車両の損傷の状況から推測します。
- ・場合によっては、鑑定人に解析をしてもらいます。
- ●衝突後の停まった位置と衝突角度
  - ・事故当事者から聴取します。
  - ・(事故後相当期間の経過後)刑事事件記録を取得し、確認します。
- ●事故当事者同士の関係の有無及び関係がある場合のその関係
  - ・事故当事者から聴取します。
  - ・インターネットで各事故当事者の情報を検索することで発見できることもあります。例えば、SNSで事故当事者同士に人的なつながりがあることが判明することがあります。
- ●事故当事者の職業や収入のわかる資料
  - ・事故当事者から聴取します。
  - ・事故当事者に休業損害証明書や確定申告書の控えを提出してもらいます。
  - ・インターネットで各事故当事者の情報を検索することで発見できることもあります。
- ●複数の者が車両に乗っていた場合にはその者らが乗り合わせることとなった事情
  - ・事故当事者から聴取します。
- ●事故当事者らが過去に同様の事故に遭ったり、起こしたりして、保険金を請求していないかどうか
  - ・保険者内の情報を検索します。
  - ・一般社団法人日本損害保険協会の人保険事故等情報交換システムにより、他の保険会社、共済組合に対して保険金の請求履歴がないかどうかを確認します。
- ●事故当事者らの依頼している修理業者が過去に不正請求や過大請求をしていないかどうか
  - ・保険会社内の情報を検索します。
  - ・一般社団法人日本損害保険協会の「保険金請求歴及び不正請求防

止に関する情報交換制度」により、当該修理業者が、他の保険会社、共済組合に対する不正請求、過大請求に関与していないかどうかを確認します。
- 事故前後の事故当事者らの通話履歴
  - 事故当事者らから任意に提出を求めます。
  - （弁護士委任後）弁護士法23条の2第1項に基づく弁護士会照会の手続によって取得します。
- 事故当事者が事故車両をオークションによって購入している場合のオークションにおける落札状況
  - （弁護士委任後）弁護士法23条の2第1項に基づく弁護士会照会の手続によって取得します。

想定問答

弁護士委任後の対応について

[Q] いつになったら支払をしてくれるんだ。

[A] 本件については、すべて弁護士に委任しておりますので、弁護士に連絡をしてください。

裁判例

故意の立証責任について保険者側にあるとした裁判例

・最一小判平成18・6・1民集60巻5号1887頁〔28111224〕
　故意の立証責任について、保険者側にあるとした。

事故の発生が証明されていないという理由により保険金請求を棄却した最近の裁判例

・大阪地判平成30・3・23平成27年(ワ)3972号公刊物未登載
　保険金請求者が自損事故により同車両が損傷したとして保険金の支払を求めた事案について、事故が発生したと認められるか否かは、保険金請求者の供述に信用性があるといえるか否かによるとしたうえで、

事故当日に関する保険金請求者の供述が不自然・不合理であり、信用性に乏しいとして保険金請求を棄却した。

・名古屋地判平成28・2・17自保ジャーナル1972号173頁〔28243116〕
保険金請求者の主張する事故現場に保険金請求者の主張と合致する痕跡が認められず、事故の発生日時、場所、事故対応についての自称被害者の供述が信用できないとして保険金請求を棄却した。

・名古屋地岡崎支判平成25・9・27自保ジャーナル1914号175頁〔28221200〕
保険金請求者が40万円あまりで落札されていた車両を130万円余りで落札・購入し保険契約を締結した5日後に単独全損事故が発生したとして行った保険金請求について、本件事故現場で保険金請求者主張の事故が発生したとの立証がなされていないとして保険金請求を棄却した。

事故が保険金請求者の故意によって発生した事故であるという理由により保険金請求が認められないとした最近の裁判例
〔事故態様が不自然・不合理であることを一事情として故意の事故であると認定した裁判例〕

・名古屋地判令和元・6・26判タ1473号167頁〔28274876〕
道路の左端に停車した車に追突した事故について、道路状況からすれば、通常の運転手であればあえて道路の左端に寄せて走行することは考えにくいこと、車の停車位置が勾配17%の下り坂であり、通常の運転手であればそのような場所に停車することは考えにくいこと、停車していた車は追突後約100メートル前進したが、それが、停車していた車の運転手がフットブレーキを踏んだりサイドブレーキを引いたりするなどの必要な操作をしなかったためであるとの合理的な疑いが残ること等の事情を考慮して、それぞれの車両の運転手が共謀のうえ、故意に追突させた事故であるとして、保険金請求を棄却した。

Ⅴ　疑義事案案件への対応

- 千葉地判平成30・2・6自保ジャーナル2021号174頁〔28264056〕
居眠り運転のため、走行中、急カーブに気付かず路外に逸脱し川に転落した事故について、250メートル〜300メートルもの間居眠り運転を継続して本件事故現場にたどり着くことは道路状況等からかなり困難であること等を指摘して、本件金請求者の故意によって発生した事故であるとして、保険金請求を棄却した。

- 大阪地判平成25・3・25自保ジャーナル1909号144頁〔28220099〕
追突事故について、被追突者である保険金請求者の車両に生じた損傷について、解析の結果、最初の追突後、2度の衝突が行われており、第2衝突、第3衝突については、第1衝突によって保険金請求者の車両がいったん停止したにもかかわらず、衝突が発生してしまうような事情が全く見当たらないのに発生したものであって、保険金請求者の故意によって発生した事故であるとして、保険金請求を棄却した。

- 岡山地判平成26・1・17自保ジャーナル1917号167頁〔28221958〕
保険金請求者が主張する事故態様が、事故現場に残されたタイヤ痕等の客観的形状や数値等を入力して、交通事故捜査などで広く使用されている再現ソフトを用いた事故の再現結果と矛盾することを根拠として、故意を認定して保険金請求を棄却した。

〔事故当事者間の人的つながりを一事情として故意の事故であると認定した裁判例〕

- 大阪地判平成31・2・22平成29年(ワ)1579号公刊物未登載
前方の車両に2回追突した事故の追突者からの保険金請求について、追突した車両の運転手である保険金請求者Xと、追突された車両の運転者Yが本件事故以前から知人として親しくしており、X車両の修理費用が約45万円にもかかわらず、Y車両の修理費用が163万円である旨の領収書を提出して同額の対物賠償保険金の支払を求めており、Y車両の損傷について過大な請求を行っていることがうかがわれることを1つの事情として、保険金請求を棄却した。

- 大阪高判平成26・1・30自保ジャーナル1928号141頁〔28224210〕
 追突事故の追突者からの保険金請求について、追突した車両の運転者である①保険金請求者Xと②追突された車両の運転者Y、③両車両の修理をした者Zが3人とも知り合いであり、X、Y、Zが事件の前後に頻繁に携帯電話で通話をしていたことから、3人の通謀による故意の事故であると認定して、保険金請求を棄却した。
- 津地四日市支判平成25・11・22自保ジャーナル1914号163頁〔28221199〕
 追突事故の被追突者であった保険金請求者Zらからの保険金請求に基づいて、Zらに保険金を支払ったX保険会社が、Zら車両への追突者Yの追突は故意によるものとして損害賠償請求をした事案について、YとZらが隣人かつ友人であったにもかかわらず、警察官の捜査に対して知り合いでないと回答していたこと等から、賠償請求を認めた。

〔購入金額と車両保険金額に著しい差があることを一事情として故意を認定して保険金請求を棄却した裁判例〕

- さいたま地判平成24・9・28自保ジャーナル1892号156頁〔28211409〕
 オークションで約108万円で購入した車両について、340万円の車両保険契約を締結した2か月後に、川への転落事故が生じたとする事案について、保険金請求者の故意を認定して、請求を棄却した。
 なお、本件では、車両の速度がかなり低速であったはずであり容易にブレーキを掛けて車両を停止させられたはずであるのに川へ転落していることも、故意認定の理由とされている。
- 札幌地判平成27・1・15交通民集48巻1号73頁〔28232186〕
 オークションで約21万円で落札した車両について、協定保険価額を180万円として保険契約を締結したうえ、電柱に衝突して出火し全焼したとする事案について、保険金請求者の故意を認定して、請求を棄却した。
 なお、本件では、保険金請求者が、進行方向左側が崖になっているにもかかわらず、左にハンドルを切ったと主張していることや、急ブ

レーキを掛けたと主張するにもかかわらず、全くブレーキ痕が存在しないことなども、故意の理由として認定されている。

・岡山地倉敷支判平成25・11・21自保ジャーナル1917号174頁〔28221960〕
一般的な時価が50万円から70万円であり、おそらくは100万円を下回る購入代金の車両について車両保険金を270万円とする保険契約を締結し、満了日まで5日の時点で電柱衝突による単独事故を起こした事案について、故意を認定して保険金請求を棄却した。

なお、本件では、保険金請求者に過去3回の単独事故による保険金受領歴があったことも故意認定の一事情とされている。

・京都地判平成22・8・31交通民集43巻4号1096頁〔28173961〕
追突事故の被追突車両の所有者であった保険金請求者Xが、追突車両の保険会社に対して対物賠償責任保険金を直接請求する事案について、追突車両の運転者のYが、自動車を買ったことがなく、消費者金融からの借入れをしているにもかかわらず、車検切れを約1か月後に控えた追突車両を市場相場以上の金額で一括で購入し、最高額の車両保険に飛び込み加入したことを、故意認定の一事情としている。

なお、本件では、Xと、Y、被追突車両の運転者であるXの弟Zは、いずれもBという共通の友人がおり、このBが当事者から呼ばれてもいないのに事故現場に約30分後にいた等、不自然な状況があることも、故意認定の一事情とされている。

〔保険金請求者の経済的ひっ迫を一事情として故意を認定して保険金請求を棄却した裁判例〕

・東京地判平成22・6・24判時2082号149頁〔28162480〕
岸壁近くで停車していた自動車が追突されて海面に転落した事故について、保険金請求者が、事故当時、債務整理をして和解契約に基づく分割金の支払義務を負っていたことなどから、故意によるものとして、保険会社の免責を認め、保険金請求を棄却した。

Q46 わざと起こした追突事故であることが疑われる保険金請求事件の対応

・奈良地葛城支判平成27・2・27自保ジャーナル1947号174頁〔28232805〕
　保険金請求者が建築事務所等を営んでいたが、経営状況が芳しくなく、負債の返済にひっ迫する中、別件事故を起こして修理に300万円を要する損傷を生じさせたことを一事情として、故意による事故と認定して、保険金請求を棄却した。

〔事故当事者に保険金請求歴があることを一事情として故意を認定して保険金請求を棄却した裁判例〕

・大阪地判平成29・7・27自保ジャーナル2010号146頁〔28261269〕
　保険金請求者の車両が道路から法面に落ち、その先のコンクリート塀及びガードレールに衝突した事故について、傷の態様から保険金請求者が法面に落ちた後もアクセルを踏み続けていたことが推認されることに加え、約1年間で4回事故が起きたとしてそれぞれ保険金請求をしていたことを一事情として、原告の故意による保険金請求と認定し、保険金請求を棄却した。

・大阪高判平成26・10・9自保ジャーナル1935号139頁〔28230579〕
　追突事故の追突車両の運転者Y、被追突車両の運転者X及び同乗者2名の、事故当事者4名の全員が複数回の交通事故による自賠責保険の認定を受けているということを1つの事情として、保険金請求者らの故意を認定して、保険金請求を棄却した。
　その他に、Yのハンドル操作が意図的に行われたと考えられること、Yの供述内容が不合理であって信用性に欠けること、Yの車両購入の経緯が曖昧であって追突車両には時価がほとんどなかったこと、Xらがバスレーンに数十分間も駐車していたことが不自然であること等が認定されている。

・京都地判平成27・9・30自保ジャーナル1960号160頁〔28240705〕
　衝突車両同士の損傷の状態が整合しないことに加え、保険金請求者が複数の不動産を所有していたが金融機関から差し押さえられ、いずれの所有権も失うに至っていたこと、保険金請求者に多数の保険金請求

歴があり、その総額が1390万円余りにも上っていたこと等から、故意による保険金請求の動機があることを認定して、保険金請求を棄却した。

〔保険金請求者が保険会社による調査に対して非協力的態度をとっていることを一事情として故意を認定して保険金請求を棄却した裁判例〕
・東京高判平成30・7・4自保ジャーナル2037号148頁〔28271842〕
　知人Yが、Xが所有する車両を運転中電柱に衝突した事故について、車両の購入価格と車両保険付保額に2倍以上の差があること等の事情に加え、事故後にXやYが収入や負債の額を明らかにしようとせず、保険会社による調査に対し非協力的な態度をとっていることを一事情として、保険金請求を棄却した。
・東京地判平成29・1・23平成27年(ワ)17267号公刊物未登載〔29038071〕
　事故状況に関する保険金請求者の供述の信用性が高いとはいえないこと等の事情に加え、保険金請求者が、保険会社に対し収入や負債の額を明らかにせず、携帯電話の発信履歴の提出も拒んでおり、保険会社による調査に対し非協力的な態度が見受けられ、そのことにつき合理的な理由がないことを一事情として、保険金請求を棄却した。

（檀浦　康仁、松山　光樹）

Q47 偽装盗難が疑われるモラルリスク事件の対応

事例

車両が盗難されたということで、車両保険金の支払請求がされていますが、車両の盗難偽装ではないかという疑問があります。どのように対応をすればよいでしょうか。

ポイント

- 車両盗難の外形的事実については、被保険者に主張・立証責任があります。
- 調査を行うべき事項は多岐にわたるので、何についてどのような調査を行うかについては弁護士を交えるなどして、具体的に検討を行うことが必要となります。

考え方

1 主張・立証責任

　車両の盗難による車両保険金の支払を請求する者は、盗難の外形的事実である「被保険者以外の者が被保険者の占有に係る被保険自動車をその所在場所から持ち去ったこと」について主張・立証を行う必要があり、外形的・客観的にみて第三者による持ち去りとみて矛盾のない状況を立証しただけでは主張・立証として足りません（最一小判平成19・4・23裁判集民224号171頁〔28131082〕他多数）。

　そして、この外形的な事実は、①「被保険者の占有に係る被保険自動車が保険金請求者の主張する所在場所に置かれていたこと」、②「被保険者以外の者がその場所から被保険自動車を持ち去ったこと」という事実から構成されます。

　車両保険金の支払を請求する者は、この外形的事実を主張・立証する責任があり、この外形的事実が認められない場合は、車両保険金の請求

が認められることはありません。

したがって、車両盗難の疑義がある場合においては、外形的事実が認められるか否かを慎重に判断する必要があり、安易に支払を行うべきではありません。

実際に、外形的事実が認められないとして、保険金請求を認めなかった裁判例は多数存在します。

これに対して、持ち去りが被保険者の意思に基づくこと（故意免責）についての主張・立証責任は保険会社が負います。

2 判断要素

それでは、これらの判断はどのように行うのでしょうか。

防犯カメラのような直接証拠がある場合もありますが、争いになる事件の多くは、直接証拠が存在しない場合が多いため、間接証拠を積み重ねていくこととなります。

調査すべき事項は多岐にわたるため、何をどのように調査をするかという点については、調査会社に一任するのではなく、弁護士も交えて、詳細に検討すべきと考えます。

調査事項については、事案によっても異なるため、すべてを記載することはできませんが、概略を説明します。

(1) 盗難現場及びその周辺の調査

まずは、駐車したとされる場所の調査が重要です。

防犯カメラの有無、路面上の擦過痕の有無、ガラスの破片の有無等、車が持ち去られた形跡があるかどうかを確認します。

また、駐車場所の幅や、奥行き等を確認し、レッカー車を使った運び出しが可能かどうかの確認を行います。

さらに、駐車したとされる場所の周辺の状況、車通り、人通り、店舗や居宅の有無、死角の有無、その地域における車両盗難被害の件数、といったことについても調査を行う必要があります。

以上の調査は、それ自体によって、外形的事実の判断の要素となる

だけでなく、被保険者の供述の矛盾点、不審点を明らかにするためにも必要となります。

(2) 車両の調査

次に、盗難されたとされる車両についての調査が重要となります。

イモビライザー等の盗難防止装置が装着されていたか否か、エンジンキーは何本あるか、エンジンキーの保管をどのように行っていたか等の確認を行います。

車両に盗難防止装置が装着されている場合は、盗難防止装置の内容について正確に理解しておくことが必要です。

大阪地判平成19・7・11自保ジャーナル1701号10頁〔28244081〕においては、イモビライザー装着車両についても、コンピューターの機能を破壊する方法によれば盗難可能という被保険者の反論に対して、コンピューターの機能を破壊すれば自力走行が不可能となるとして、被保険者の反論を排斥しているものがあります。

一方で、近年ではイモビライザーシステムを無効化するイモビカッターを使用する手口のほか、スマートキーから発信される微弱電波を中継して解錠するリレーアタックという手口も増えてきています。

したがって、盗難防止装置の内容、装置を解除する方法、その方法を用いることによって車両にどのような影響があるかといったことについて、正確に理解する必要があるといえます。

(3) 被保険者に関わる事項の調査

最後に被保険者に関わる事項についての調査が重要になります。

駐車に至るまでの経緯、駐車した時刻、施錠の有無、盗難に気付いた経緯・時刻、警察への被害届等の盗難に気付いた後にとった行動等について、細かく聞き取りを行い、その内容を確実に記録することが必要となります。

被保険者は、盗難偽装を疑われていると感じると、供述を変遷させるということはよくあることですので、当初どのように供述し、それがどのように変遷したのかを明確に記録すれば、それ自体が証拠とし

て利用できることになります。

保険契約締結の事情についての調査も重要です。

車両の時価額と比べて、高額な車両保険の契約を行っている場合や、保険契約を変更して車両保険の増額を行っている場合等は、盗難偽装の疑いが大きくなりますし、保険の契約を行ってから、盗難までの時間が短い等の事情があれば、盗難偽装の疑いが大きくなります。

また、被保険者本人や、その家族などの周辺人物が、以前に保険金を取得して利益を得たことがないかについても調査が必要となります。

さらに、被保険者が、経済的に困窮していたといった事情がないかについても調査が必要となります。

これらの調査は、被保険者が、盗難を偽装する動機が存在するか否かを判断するためのものです。経済的に困窮している場合は、盗難偽装の疑いが大きくなります。

もっとも、経済的に困窮しているというだけで偽装盗難と考えるのは危険ですので、他の事情についての調査を怠ることはできません。

(4) まとめ

以上のように、調査を行わなければならない事項は多岐にわたります。

これらの調査は、訴訟を提起された際の準備となるものですが、このような調査を的確に行うことは、被保険者が保険金請求を諦めることにもつながります。

被保険者がお金に困っている場合は、強行に支払を求めてくる場合も考えられますが、前記のように、外形的な事実については、被保険者に立証責任があることを正確に理解したうえで、毅然とした対応をとることが必要となります。

調べるべきこと・情報の提供を求めるべきこと

- ●駐車したとされる場所の状況

想定される盗難の方法の確認が必要です。
- 盗難されたとされる車両の装備
  盗難防止装置の有無等によって、被保険者の協力なしで、盗難が可能か否かを判断します。
- 鍵の本数、保管状況
  被保険者が、他の者に鍵を渡した可能性を判断します。
- 駐車に至るまでの経緯、駐車した時刻、施錠の有無、盗難に気付いた経緯・時刻
- 被害届の提出有無等の盗難に気付いた後にとった行動
  被保険者の行動に、不審点がないか調査を行います。
- 過去の保険金請求の有無
- 借金の有無等、偽装の動機となる事項
  偽装盗難の動機の有無を判断します。
- 保険契約の内容、契約の経緯
  被保険者が偽装盗難によって得られる利益について確認を行います。

想定問答

Q 車を盗まれて困っている。すぐに支払をしてほしい。

A 保険金の支払を行うには、調査が必要となります。
現在、調査を進めておりますので、今しばらくお待ちください。

Q 私には、やましいところはないため、調査には応じられない。私を疑うのか。

A 調査への協力義務がありますので、協力いただけない場合は、そのことを理由として、保険金の支払を行うことができなくなります。調査にご協力ください。

Q 知人から、偶然性の立証責任は、保険会社にあると聞いた。疑って

V 疑義事案案件への対応

いるみたいだが、偽装盗難という確たる証拠がないなら、すぐに保険金を支払うべきだ。いつまで調査しているんだ。

[A] 車両盗難の外形的な事実については、被保険者に立証責任があります。

その点について、定かではありませんので、現在、調査を行っております。

裁判例

主張・立証責任について判断を示した重要裁判例
・最一小判平成19・4・23裁判集民224号171頁〔28131082〕

盗難の外形的事実の証明を否定した裁判例
・名古屋高判平成26・11・14判時2248号80頁〔28231251〕
・福岡高判令和元・7・16自保ジャーナル2054号173頁〔28280374〕
・津地判令和元・7・9自保ジャーナル2055号177頁〔28280557〕
・名古屋地判令和元・9・5平成29年(ワ)2291号公刊物未登載

故意免責を認めた裁判例
・大阪地判平成19・7・11自保ジャーナル1701号10頁〔28244081〕

故意免責を否定した裁判例
・東京高判平成29・6・29自保ジャーナル2006号159頁〔28253542〕
・東京地判平成30・6・29平成28年(ワ)39481号公刊物未登載〔29050481〕

(水野 憲幸、中村 展)

Column 5　弁護士費用保険について

1　弁護士費用保険とは？

　交通事故の被害者自らが、加害者に対して、発生した人身及び物損の損害賠償請求を行うことは容易ではありません。過失割合、損害費目、損害額の計算、加害者との示談交渉、裁判手続などを適切に行うことは弁護士などの専門家の助力がなければ困難であることが多々あります。

　弁護士費用保険とは、自動車保険契約の約款所定の被害事故によって、被害者である被保険者が被った損害を加害者に対して賠償請求する場合に、弁護士費用等を保険金として支払う内容の保険契約のことをいいます。

　近年、自動車保険の特約として、弁護士費用特約が普及してきています。これに伴い、被害者が加害者に対し損害賠償請求を行う際、弁護士費用保険を利用して弁護士に相談・委任することが増えてきています。

2　弁護士費用保険が支払われる場合の金額

　弁護士費用保険も保険契約ですので、支払われる条件、支払金額の内容・上限については、まずは、保険約款を確認する必要があります。

　各保険会社の約款では、支払われる金額の上限は、1回の被害事故の被保険者1名につき300万円と定められていることが一般的です。また、弁護士等への報酬（着手金・報酬金・日当・その他実費）について、経済的利益の額（交通事故によって被った損害賠償の額）に応じて、支払上限額が定められています。支払われる金額の詳細については、適用のある保険約款を確認する必要があります。

　なお、弁護士と保険契約者（依頼者）との間の委任契約で、保険約款で定められた基準以上の弁護士報酬を定めた場合、弁護士費用保険の支払上限額を超える部分については保険契約者（依頼者）が支払うこととなります。

3 判決に基づき賠償義務者（加害者）から受領した弁護士費用と弁護士費用保険の関係

被害者が加害者に対して、交通事故に基づく損害賠償請求の訴訟を提起し、判決となった場合、弁護士費用相当額として、判決で認容された請求額の10％程度が損害として認められることが一般的です。

このような場合、被害者（保険契約者）は、弁護士費用保険に基づき弁護士費用を保険金として受給している一方で、加害者からも一定程度の弁護士費用を受領することができるかが問題となります。

この点については、通常、各保険会社の約款で、次のように調整規定が定められています。訴訟の判決に基づき賠償義務者から弁護士費用の支払を受けた場合、①判決で認定された弁護士費用額＋弁護士費用保険により支払われた保険金合計額から、②実際に弁護士等に支払った費用全額を控除した額につき、保険会社は返還を求めることができると規定されています。詳細については、適用のある保険約款を確認してください。

4 LACについて

日本弁護士連合会が設置するLAC（リーガル・アクセス・センター）とは、日本弁護士連合会と協定した損害保険会社（あるいは共済）の弁護士費用保険につき、弁護士会を通じて、全国的に保険契約者が居住する地域の弁護士を紹介する制度のことです。

この制度を利用することで、被害者（保険契約者）に弁護士の知り合いがいない場合であっても、保険会社・弁護士会を通じて、弁護士を紹介してもらうことができます。

5 労働災害と弁護士費用特約保険

大阪地判令和元・5・23判時2428号114頁〔28273223〕では、平成28年5月14日に締結された保険契約について「労働災害により生じた身体の障害」が弁護士費用特約の保険金支払の免責条項となるため、弁護士費用特約保険の対象外であると判示されました。

現在では、各保険会社の約款も改訂され、労働災害により生じた身体の障害に該当することを免責事由としている約款はなくなっているものと思いますが、労働災害により生じた身体の障害に関し弁護士費用特約の保険金支払を行う際には、念のため当該保険事故に適用される当時の保険約款を確認する必要があります。

6　行政書士費用と弁護士費用特約保険

　各保険会社の弁護士費用特約保険約款では、行政書士が行う相談・書類作成の費用につき保険金支払対象とされていることが多いと思います。

　大阪地判平成25・11・22金融商事1432号22頁〔28220187〕は、行政書士に対する相談の内容を具体的に認定し得る客観的証拠の提出がないことなどを理由に、行政書士への34か月間の交通事故相談は必要性かつ行政書士法1条の3第3号の相談の範囲内とは認められないとして、既に支払済の費用を超えた部分についての弁護士費用等補償保険金請求を棄却しています。

　行政書士費用だけでなく、司法書士費用、弁護士費用も含め、保険契約者等から明らかに過大な請求がなされた場合においては、請求内容の具体性・相当性を確認する必要があります。なお、弁護士費用に関する裁判例としては、長野地諏訪支判平成27・11・19自保ジャーナル1965号163頁〔28241475〕（弁護士費用特約に基づく保険金請求で委任弁護士と合意した着手金等を保険金の対象として同意しないことが不合理とはいえないと請求を棄却した事例）がありますので、こちらもご参照ください。

※本コラムは2020年8月時点の各保険会社の約款を参考にしています。

（木村　環樹）

VI 加害者保険会社による求償

Q48 過失割合の認められる場合における保険会社の求償

> **事例**
>
> 弊社の契約者Yが起こした事故について、弊社の車両保険及び人身傷害保険でYにそれぞれ保険金をお支払しました。
> Yの事故では、事故状況から事故の相手方であるXにも過失が認められるのですが、その場合、Yに弊社が支払った保険金について、弊社からXに対して支払を求めることはできるのでしょうか。
> また、できるとすればどのような範囲で請求できるのでしょうか。

ポイント

- 保険会社が被保険者に対して保険金を支払った場合、保険会社が、事故の相手方に対して、金銭の支払を求めることはできるのでしょうか。
- 保険会社が被保険者に対し保険金を支払った場合、事故の当事者双方に過失が認められる場合、求償請求が可能な範囲はどうなるのでしょうか。
- 裁判基準損害額には遅延損害金や弁護士費用などは含まれるのでしょうか。

考え方

1 保険金を支払った場合の求償請求の根拠

保険会社が契約者に対して保険契約に基づき保険金を支払った場合、当該保険金により契約者が被った損害がてん補されたこととなります。

このとき、保険会社は、契約者に対して支払った保険金の額を限度として、契約者が事故の相手方に対して有する損害賠償請求権を代位取得します（保険法25条1項）。なお、この場合、契約者は、保険会社が代

位取得する限度で、事故の相手方に対する損害賠償請求権を失うこととなります。

契約者に対し保険金を支払った保険会社は、保険法25条に基づき代位取得した事故の相手方に対して有する損害賠償請求権を事故の相手方に対して行使することで、金銭の支払を求めることが可能となります。

2 保険会社が代位取得する損害賠償請求権の範囲

(1) 総論

保険会社が契約者に対して支払う人身傷害保険や車両保険に基づく保険金は、約款に基づき、事故における過失割合を考慮せずに支払われることが一般的ですが、本事例のように契約者及び事故の相手方双方に過失が認められる場合に、保険会社が代位取得する損害賠償請求権の範囲が問題となります。

この点については、これまでは、絶対説(保険会社は、契約者に対し支払った保険金の全額について損害賠償請求権を代位取得するとの見解)や比例説(相手方に対する損害賠償請求権のうち、保険会社が支払った保険金の額が契約者の被った損害額全体に占める割合に応じて代位取得するとの見解)もありましたが、現在の判例・実務はいわゆる裁判基準差額説を採用しています(最一小判平成24・2・20民集66巻2号742頁〔28180412〕)。

裁判基準差額説とは、契約者に過失相殺前の損害額(裁判基準損害額)が確保されるように、過失相殺後の損害賠償請求権の額と保険会社が契約者に対し支払った保険金の額との合計額が裁判基準損害額を上回る場合に限り、その上回る部分に相当する額の範囲で契約者の相手方に対する損害賠償請求権を代位取得するという見解です。

したがって、保険会社が契約者に人身傷害保険や車両保険の保険金を支払った場合、保険会社は、契約者に発生した損害のうち、契約者の過失部分に相当する額を超える金額について、事故の相手方に求償請求をすることが可能となります。

(2) 具体的な計算方法

裁判基準差額説の考え方における具体的な計算方法は以下のとおりとなります。

仮に、人身傷害保険に基づき保険会社が契約者に対し治療費や慰謝料等として総額100万円を支払ったとします。

このとき契約者の人身損害額の総額（裁判基準損害額）が150万円であった場合、契約者と相手方の過失が双方ともに5割であったとすれば、過失相殺後の損害賠償請求額は75万円となります。この場合、保険金は契約者の過失部分（75万円）に充当されることになりますので、これを超える25万円について、保険会社は相手方に求償請求することが可能です。また、契約者自身も過失相殺後の損害賠償請求額である75万円から、保険会社が代位取得した25万円を控除した50万円について、相手方にその賠償を求めることが可能となります。

3 代位取得の対象となる具体的な範囲

交通事故では契約者に様々な損害が発生しますが、損害の種類・内容によっては、保険会社が代位取得する損害賠償請求権の額を判断するに当たって、当該種類・内容の損害を含めて判断すべきか否かが問題となる場合があります。

(1) 休車損害・評価損

保険会社が契約者に対し、車両保険の保険金として修理費用相当額を支払った場合、契約者に修理費用以外の損害、例えば休車損害や評価損が発生していた場合に、休車損害や評価損について、保険会社が代位取得する損害賠償請求権の額を判断するに当たり考慮すべきか否かが問題となります。

この点、車両保険の性質上、契約者に発生した休車損害や評価損について補償するものでないとの性質から、契約者に生じた休車損害や評価損については保険会社が代位取得する損害賠償請求権の額を判断するに当たり、考慮すべきではないとの見解があります。

この見解によれば、例えば、契約者の損害が修理費用50万円、評価損害10万円の合計60万円であり、過失割合が契約者・相手方双方ともに5割であった場合、車両保険の保険金として50万円が支払われたときには、保険会社が支払った保険金は、修理費用50万円のうち契約者の過失相当分である25万円にまずは充当されることになりますので、保険会社は支払った保険金50万円から25万円を控除した残額である25万円を相手方に求償請求することが可能です。これに対し、契約者に修理費用のほか休車損害が発生していた事案において、東京高判平成30・4・25判時2416号34頁〔28261950〕は、自動車保険契約に基づく保険給付が「特段の事情がない限り、交通事故によって生じた当該自動車に関する損害賠償請求権全体を対象として支払われるもの」とし、さらに裁判基準差額説を採用したうえで、休車損害について保険会社が代位取得する損害賠償請求権の額を判断するに当たり、考慮してその金額を算定しています。

　前記の例において、東京高裁の考え方によれば、保険会社が支払った保険金は、修理費用と評価損の合計額である60万円の内、契約者の過失相当分である30万円にまずは充当されることになりますので、保険会社は支払った保険金50万円から30万円を控除した20万円を相手方に求償請求することができるものと考えられます。

(2) **遅延損害金**

　事故が発生した場合、契約者の相手方に対する損害賠償請求権は、何らの催告を要することなく遅滞に陥るものと考えられており、事故発生時から遅延損害金が発生しているため、保険会社が代位取得する損害賠償請求権に遅延損害金が含まれるか否かが問題となります。

　この点、前掲平成24年最高裁判決は、約款によれば保険金は契約者が被る損害の元本をてん補するものであり、損害の元本に対する遅延損害金をてん補するものではないとして、損害金元本に対する遅延損害金の支払請求権を代位取得するものではないと判断しています。

4　相手方に対する求償請求と弁護士費用

契約者自身が事故の相手方に対し損害賠償を請求する場合、弁護士費用についても請求することが可能とされ、通常損害額の1割程度が認容されています。

保険会社が保険金を支払った場合、契約者の相手方に対する損害賠償請求権を代位取得することとなりますが、保険会社が相手方に対し求償請求する場合にも弁護士費用を請求できるか否かが問題となります。

この点、原則として、弁護士費用について、保険会社は相手方に請求できないと考えられていますが、過去の裁判例においては、保険会社が契約者の損害賠償請求権を代位取得した時点において契約者が弁護士に訴訟追行を委任していたような場合には弁護士費用の賠償を求める権利が損害賠償請求権の一部として保険会社に移転すると判示したものがあります。

想定問答

Q　なぜ、事故の当事者ではなく、保険会社に対して金銭を支払わなければならないのでしょうか。

A　弊社は、弊社契約者に対して事故の保険金をお支払したことで、弊社契約者のあなたに対する損害賠償請求権を保険法25条に基づき代位取得しております。そのため、弊社契約者の過失部分を超えて支払った保険金相当額については弊社にお支払いただく必要がございます。

裁判例

・最一小判平成24・2・20民集66巻2号742頁〔28180412〕
　人身傷害保険に関して裁判基準差額説を採用した裁判例。
・東京高判平成30・4・25判時2416号34頁〔28261950〕
　車両保険に関して休車損害も含めた金額を裁判基準損害額と判断した裁判例。

・東京地判平成15・9・2交通民集36巻5号1192頁〔28092546〕
　保険代位が生じた時点で契約者が訴訟追行を委任していた場合に弁護士費用の賠償を求める権利についても代位取得の対象となるが、そのような事情が認められないとして保険会社の弁護士費用の請求が否定された裁判例。

（居石　孝男）

Q49 求償時の和解
―交通事故の和解条項作成時の留意点―

> **事 例**
>
> 任意保険会社である X_2 社は被保険者である被害者 X_1 に対し、損害の一部につき、車両保険金及び人身傷害補償保険金を支払いました。
> (1) 加害者 Y ら（運転者 Y_1、車両所有者でかつ、使用者 Y_2 社）には資力がなく、分割払を希望しています。和解するに当たって注意すべきことはありますか。
> (2) 被害者 X_1 にも過失があり、X_1 に支払義務が生じる和解をすることになりました。加害者と被害者双方に支払義務が生じる場合、支払方法はどのようにすべきですか。

ポイント

- 誰が和解の当事者になるでしょうか。
- 期限の利益喪失条項はどのような条文にしておくとよいでしょうか。
- 相殺払とクロス払のどちらを用いればよいでしょうか。

考え方

1 求償権発生時の和解交渉

第三者の加害行為による事故で、保険会社が被保険者に対し、保険金を支払った場合、保険会社は被保険者の第三者に対する損害賠償請求権を代位取得しますので（保険法25条）、代位取得した範囲で被保険者に代わって第三者に対し、損害賠償を請求できます（求償権といいます）。保険会社の求償権が発生している場合、一回的解決のためには、保険会社も交えた和解交渉を目指すべきです。

2 和解条項作成時の注意点
(1) 分割払の際には期限の利益喪失条項をつける

　ア　期限の利益

　　加害者に資力がなく、支払総額を一括で支払ってもらえない場合や、分割払の約束をした場合、加害者は、それぞれの分割金の支払期限までは、返済しなくてもよいことになります。このように、分割払にすることによって、支払義務者が受ける恩恵を一般的に「期限の利益」といいます。

　　支払期限が遵守されている限りは、期限の利益の付与は、資力のない加害者に対する有用な損害金回収方法といえます。

　　もっとも、分割払の和解契約を締結する際は、忘れずに期限の利益の喪失に関する規定を定めてください。期限の利益を喪失させることで、支払義務者は、支払期限まで返済しなくてもよいという恩恵を失い、全額を一括して返済しなければならない状態となり、訴訟等の法的手続をとる場合に全額を請求することが可能となります。具体的には「○○のときは」「当然に期限の利益を失う」という文言を入れることになります。

　　期限の利益の喪失に関する規定を定めていなければ、加害者が支払を滞らせた後の残債務についても予定された期限まで順次待たなければ裁判手続を利用できないことになります。そうなりますと、加害者の経済状況によっては、他の債権者におくれをとってしまい、損害金全額の賠償を受けられなくなるおそれがあります。

　イ　期限の利益喪失条項の定め方

　　期限の利益の喪失条件については、遅滞回数若しくは遅滞金額が考えられますが、どちらか一方のみで定めた場合、多義的で誤解を招くおそれがあります。

　　そのため、「分割金の支払を○回以上怠り、かつ、その額が○万円に達したとき」のように、回数と金額の双方の条件で定めておくことが通例です。

(2) 相殺払を活用する

　交通事故当事者双方が任意保険に入っており、双方に過失が認められる場合には、それぞれが他方当事者に対して損害賠償金を支払い合う方法（いわゆる「クロス払」）を用いるのが一般的です。

　しかし、これでは、お互いに支払手続をとらなければなりませんし、相手の不払に対してさらに回収のための手続をとる必要が生じます。このような場合に互いの損害賠償請求権を差引計算し、一方のみが残額を支払う方法（いわゆる「相殺払」）を用いれば、手続も支払側片方だけで済みますし、受領側は相手方の不払リスクを回避することができます。

(3) 振込手数料の負担者を明示しておく

　支払方法としては、金融機関の口座に振り込んでもらう方法が一般的です。振込みの際にかかる振込手数料は、弁済の費用として、原則として支払義務者の負担となりますので（民法485条）、和解条項で振込手数料の負担者の指定がされていなければ、支払義務者たる加害者の負担となります。

　しかし、加害者の誤解による不足額の発生等を回避するために、あらかじめ振込手数料の負担者を明示しておくべきです。

(4) 人的損害の既払金や自動車損害賠償責任保険の処理に注意する

　人的損害の場合、被害者が和解成立時までに治療費等の支払を受けていることが少なくありません。そのため、下記1項のように既払金を除いた加害者の支払額を明示しておくべきです。また、下記2項のように、事後的なトラブルを回避するため自動車損害賠償責任保険の処理についても明示する規定を定めておくことも有効でしょう。

記

1　加害者○は被害者○に対し、本件事故に基づく治療費、通院交通費、休業損害及び傷害慰謝料を含む一切の人的損害賠償金が、金○万円であり、既払金○万円を控除した残金○万円の支払義務

> があることを認め、これを被害者○が指定する下記銀行口座宛
> て、振り込む方法により支払う。
> 2　加害者○は、本件事故による自動車損害賠償責任保険金を請求
> 受領することとし、被害者○は上記請求手続に協力する。

3　示談書への署名等の仕方

裁判上の和解時には、当事者の署名捺印は不要です。

裁判外の和解は一般的に「示談」と呼ばれ、示談成立時に作成する「示談書」には、当事者の署名捺印が必要とされます。

保険会社等の会社が示談当事者となる場合、示談書には、会社名を記名し、代表者印を押印するのが一般的です。

本事例で、Y_1 が Y_2 社の業務中に事故を起こしていた場合、X_1 及び X_2 社は Y らに対し、損害賠償を請求することができます。X らと Y らとの間で示談書を作成する場合には、X_1 及び Y_1 から署名と捺印を取り付け、X_2 社及び Y_2 社からゴム印（記入でもかまいません）と代表者印を取り付けるようにしてください。

また、X_1 若しくは Y_1 が未成年者の場合に示談書を作成する場合には、未成年者ではなく、法定代理人（父母は原則として共同親権ですので、父親と母親の両名が必要です）の署名捺印を取り付けるようにしてください。

4　示談書の作成

示談書には、基本的に、事故の表示（事故を特定するための事項で、交通事故証明書などを参照して記載します）、示談内容、及び当事者の署名の3点を記載します。

後掲の書式例のうち、書式例1と2は、求償権が発生しない場合の一般的な交通事故の物損に関する示談書です。書式例1はクロス払、書式例2は相殺・分割払の書式です。

書式例 3 は、求償権が発生した場合の書式です。

調べるべきこと・情報の提供を求めるべきこと

1 事故当事者が未成年の場合

事故当事者の年齢は交通事故証明書で確認できます。事故当事者が未成年者の場合、親権者や後見人等の法定代理人に関する情報は戸籍で確認できます。

2 訴訟上の和解をする場合

事故当事者間の損害賠償（交通）請求訴訟において、和解をする前には、保険会社の求償権が発生していないか、保険金の支払状況を調査してください。

保険会社の求償権が発生している場合には、保険会社も一回的解決のため、訴訟上の和解に参加すべきです。訴訟上の和解に保険会社が参加する場合、法務局から取り付けた保険会社の商業登記簿謄本（又は登記事項証明書）が裁判所に提出されていることが必要です。保険会社に弁護士等の訴訟代理人がつく場合には、裁判所に、保険会社のゴム印（記入でもかまいません）と代表者印の押印された訴訟委任状が提出されていることも必要です。

書式例1：当事者間クロス・一括払時の示談書

示　談　書

　○を「甲1」、○を「甲2」、○を「乙1」、○を「乙2」として、下記事故（以下「本件事故」という。）による物的損害賠償について、次のとおり示談する。

（事故の表示）

1　発生日時　令和○年○月○日午前／午後○時○分ころ
2　発生場所　○県○市○町○番地先道路上
3　甲車両　　自家用普通乗用自動車（登録番号：○）
　　　　　　　上記所有者　○【甲2】
　　　　　　　上記運転者　○【甲1】
4　乙車両　　自家用普通乗用自動車（登録番号：○）
　　　　　　　上記所有者　○【乙2】
　　　　　　　上記運転者　○【乙1】
5　事故態様　信号機による交通整理がない交差点において、左方から右折した甲車両の前部と、右方から左折した乙車両の側面が接触した事故。

（示談条項）

1　甲1、甲2、乙1及び乙2は、本件事故につき、下記の内容を相互に確認する。
　(1)　本件事故の過失割合は、「甲1」○％、「乙1」○％とする。
　(2)　本件事故による甲2の損害額は○万円、乙2の損害額は○万円とする。
2　乙1は、甲2に対し、一切の物的損害金として、○万円の支払義務があることを認める。
3　乙1は、甲2に対し、前項の金員を、令和○年○月○日限り、

甲2が指定する下記銀行口座宛て振り込む方法により支払う。振込費用は乙1の負担とする。

記

○銀行（○○○○）　○支店（○○○）　普通　口座番号：○○

口座名義　　○○○○

（フリガナ）　　○○○○

4　甲1は、乙に対し、一切の物的損害金として、○万円の支払義務があることを認める。

5　甲1は、乙2に対し、前項の金員を、令和○年○月○日限り、乙2が指定する下記銀行口座宛て振り込む方法により支払う。振込費用は甲1の負担とする。

記

○銀行（○○○○）　○支店（○○○）

普通　口座番号：○○

口座名義　　○○○○

（フリガナ）　　○○○○

6　乙1が、第3項の金員の支払を遅滞したときは、乙1は甲2に対し、前項の金員から既払金を控除した残金及びこれに対する期限の利益を失った日の翌日から支払済みまで年○パーセントの割合による遅延損害金を支払う。振込費用は乙1の負担とする。

7　甲1が、第4項の金員の支払を遅滞したときは、甲1は乙2に対し、前項の金員から既払金を控除した残金及びこれに対する期限の利益を失った日の翌日から支払済みまで年○パーセントの割合による遅延損害金を支払う。振込費用は甲1の負担とする。

8　甲1及び甲2と、乙1及び乙2との間には、本件事故の物的損害賠償に関し、本示談書に定めるほか、他に何らの債権債務のないことを相互に確認する。

Ⅵ 加害者保険会社による求償

令和　年　月　日

住　所

甲1 _____ ㊞

住　所

甲2 _____ ㊞

住　所

乙1 _____ ㊞

住　所

乙2 _____ ㊞

書式例 2：当事者間相殺・分割払時の示談書

示　談　書

　○を「甲 1」、○を「甲 2」、○を「乙 1」、○を「乙 2」として、下記事故（以下「本件事故」という。）による物的損害賠償について、次のとおり示談する。

（事故の表示）
1　発生日時　令和○年○月○日午前／午後○時○分ころ
2　発生場所　○県○市○町○番地先道路上
3　甲 車 両　自家用普通乗用自動車（登録番号：○）
　　　　　　　上記所有者　○【甲 2】
　　　　　　　上記運転者　○【甲 1】
4　乙 車 両　自家用普通乗用自動車（登録番号：○）
　　　　　　　上記所有者　○【乙 2】
　　　　　　　上記運転者　○【乙 1】
5　事故態様　信号機による交通整理がない交差点において、左方から右折した甲車両の前部と、右方から左折した乙車両の側面が接触した事故。

（示談条項）
1　甲 1、甲 2、乙 1 及び乙 2 は、本件事故につき、下記の内容を相互に確認する。
　(1)　本件事故の過失割合は、「甲 1」○％、「乙 1」○％とする。
　(2)　本件事故による甲 2 の損害額は○万円、乙 2 の損害額は○万円とする。
2　乙 1 は、甲 2 に対し、一切の物的損害賠償金として、○万円の支払義務があることを認める。
3　甲 1 は、乙 2 に対し、一切の物的損害賠償金として、○万円の

支払義務があることを認める。
4 甲1及び甲2と乙1及び乙2は、第2項と第3項の債務を対当額で相殺する。
5 甲1は乙2に対し、前項による相殺後の残債務として、○円を次のとおり分割して、乙2が指定する下記銀行口座宛て振り込む方法により支払う。振込費用は甲1の負担とする。
 (1) 令和○年○月○日限り○万円
 (2) 令和○年○月から令和○年○月まで毎月○日限り○万円ずつ
 (3) 令和○年○月○日限り○万円

記

○銀行（○○○○）○支店（○○○）
普通　口座番号：○○
口座名義　　○　○　○　○
（フリガナ）　　○○○○

6 甲1が、前項の分割金の支払を○回以上怠り、かつ、その額が○万円に達したときは、当然に期限の利益を失い、甲1は乙2に対し、前項の金員から既払金を控除した残金及びこれに対する期限の利益を失った日の翌日から支払済みまで年○パーセントの割合による遅延損害金を支払う。振込費用は甲1の負担とする。
7 甲1及び甲2と、乙1及び乙2との間には、本件事故の物的損害賠償に関し、本示談書に定めるほか、他に何らの債権債務のないことを相互に確認する。

〜以下略〜

書式例3：求償権発生時の相殺・一括払の示談書

示　談　書

○を「甲1」、○を「甲2」、○を「乙1」、○○保険会社を「乙2」として、下記事故（以下「本件事故」という。）による物的損害賠償について、次のとおり示談する。

（事故の表示）

1　発生日時　令和○年○月○日午前／午後○時○分ころ
2　発生場所　○県○市○町○番地先道路上
3　甲車両　自家用普通乗用自動車（登録番号：○）
　　　　　　上記所有者　○【甲2】
　　　　　　上記運転者　○【甲1】
4　乙車両　自家用普通乗用自動車（登録番号：○）
　　　　　　上記所有者・運転者　○【乙1】
5　事故態様　信号機による交通整理がない交差点において、左方から右折した甲車両の前部と、右方から左折した乙車両の側面が接触した事故。

（示談条項）

1　甲1及び甲2は、乙2が自動車保険契約に基づき、乙1に対して乙車両の損害について金○万円の車両保険金を支払い、乙1から乙2に同額の損害賠償請求権が移転したことを確認する。
2　甲1、甲2、乙1及び乙2は、本件事故につき、下記の内容を相互に確認する。
　(1)　本件事故の過失割合は、「甲1」○％、「乙1」○％とする。
　(2)　本件事故による甲2の損害額は○万円、乙1の損害額は○万円とする。
3　乙1は、甲2に対し、一切の物的損害賠償金として、○万円の

Ⅵ 加害者保険会社による求償

支払義務があることを認める。
4 甲1は、乙2に対し、一切の物的損害賠償金として、○万円の支払義務があることを認める。
5 甲1及び甲2と乙1及び乙2は、第2項と第3項の債務を対当額で相殺する。
6 甲1は乙2に対し、前項による相殺後の残債務として○円を、令和○年○月○日限り、乙2が指定する下記銀行口座宛て振り込む方法により支払う。振込費用は甲1の負担とする。

記

○銀行（○○○○）○支店（○○○）
普通　口座番号：○○
口座名義　　○　○　○　○
（フリガナ）　　○○○○

7 甲1及び甲2と、乙1及び乙2との間には、本件事故の物的損害賠償に関し、本示談書に定めるほか、他に何らの債権債務のないことを相互に確認する。

～以下略～

（田村　祐希子）

請求権代位に基づく求償請求権の消滅時効の起算点

> **事例**
>
> 　被害者である契約者に人身傷害保険に基づき、保険金を支払い、求償権を得ていました。
> 　後に、被害者が、総損害額及び過失割合について争って、訴訟提起をしましたので、担当者としては、総損害額と過失割合について、訴訟で決着がつくのを見守っていました。
> 　訴訟で総損害額と過失割合について決着がついたので、加害者に対して、求償権を行使しました。しかし、加害者から、訴訟をやっている間に、時効期間は経過し、求償権については、時効により消滅していると主張されています。
> 　当方としては、総損害額及び過失割合が確定しないと求償権を行使することができないと考え、訴訟で決着がつくのを見守っていたのですが、このような加害者の主張は認められるのでしょうか。

ポイント

● 請求権代位に基づき取得した求償権の消滅時効の起算点はいつからでしょうか。

考え方

1　問題の所在

(1)　本事例の担当者は、総損害額及び過失割割合が確定しなければ求償権を行使できないため、求償権についての時効期間が開始しておらず、消滅時効は完成していないと考えていましたが、この考えは正しいのでしょうか。

(2)　時効期間の開始する時点を時効の起算点といいます。求償権については、どの時点が時効の起算点となるかが問題となります。

2 消滅時効の起算点

(1) 被害者の加害者に対する損害賠償請求権

　被害者の加害者に対する損害賠償請求権の消滅時効は「被害者又はその法定代理人が損害及び加害者を知った時」(民法724条1号)から起算されます。

　また、消滅時効期間につきましては、Q10（71頁）で詳述していますが、物的損害については3年（民法724条1号）、生命身体が侵害された場合は5年（民法724条の2）と定められています。

(2) 請求権代位に基づく求償権

　人身傷害保険金の支払によって、被保険者（＝被害者）の有する加害者への損害賠償請求権が、同一性を保ったまま保険者に移転します（保険法25条1項）。

　したがって、求償権として行使する損害賠償請求権の消滅時効の起算点も、被害者が有していた加害者に対する損害賠償請求権の時効の起算点と同様に「被害者又はその法定代理人が損害及び加害者を知った時」となります。

　ここで、保険会社が人身傷害保険を支払った場合の代位の範囲について、最一小判平成24・2・20民集66巻2号742頁〔28180412〕は、人身傷害保険金の額と被害者の加害者に対する過失相殺後の損害賠償請求権の額との合計額が民法上認められるべき過失相殺前の損害額を上回る場合に限り、その上回る部分に相当する額の範囲で保険金請求権者の加害者に対する損害賠償請求権を代位取得すると判示し、いわゆる裁判基準差額説を採ることを明らかにしました。裁判基準差額説を前提とすると、被保険者（＝被害者）の総損害額や過失割合が確定した後でなければ、保険会社の求償の可否や求償額が決まらないとも考えられます。

　しかしながら、被保険者（被害者）と加害者との間で総損害額や過失割合が確定する前であっても、保険会社は、被保険者の協力を得て調査することによって、求償債権について加害者に請求することは十

分に可能ですし、現に実務上も行われています。

　そのため、裁判例でも、裁判基準差額説を前提としても消滅時効の起算点を変動させる理由にはならないと判断しています。

　したがって、人身傷害保険を支払った場合における求償権の消滅時効は、被保険者（被害者）が損害及び加害者を知った時から進行することになります。

3　人身傷害保険を支払った場合の時効管理

(1)　では、人身傷害保険の担当者は、最一小判平成24・2・20民集66巻2号742頁〔28180412〕の判断を前提として、求償権の時効をどのように管理すべきでしょうか。

(2)　被害者である被保険者が訴訟で争って、総損害額や過失割合が確定するまで見守っていては、求償権について、時効により消滅してしまうおそれがあります。

(3)　人身傷害保険担当者の時効管理のためには、事故日がいつか、後遺障害が認定されるような場合は、症状固定日はいつか等、時効の起算点として問題となる事実関係について調査を行い、いつから求償権の時効が起算されるのか、いつ時効により消滅するのかを確認しておく必要があります。

(4)　人身傷害保険を支払うことにより、求償権が生じた場合は、当該求償権について、時効の起算点はいつか、いつ時効により消滅してしまうかを意識しながら、時効により求償権が消滅し、加害者に請求できなくなってしまうという事態が生じないように注意をする必要があります。

調べるべきこと・情報の提供を求めるべきこと

- ●事故日
- ●事故状況
- ●治療状況

Ⅵ 加害者保険会社による求償

- 症状固定日
- 被害者に生じた損害額
- 被害者と加害者の過失割合

想定問答

Q 裁判基準差額説を前提とすれば、被保険者（＝被害者）と加害者との間において損害額及び過失割合が確定しない限り、保険会社（人傷社）が代位取得する債権の範囲が明らかではないので、保険会社（人傷社）が代位取得した求償権の消滅時効は、それまで起算されないのではないですか。

A 保険代位が生じたことによって、求償権の消滅時効の起算点が左右されるものではありません。被害者の加害者に対する損害賠償請求の消滅時効の起算点が損害及び加害者を知った時から進行するのと同じく、求償権の消滅時効も、損害及び加害者を知った時から起算されます。

なぜなら、①人身傷害保険金支払時に、権利の同一性を保ったまま、被害者の加害者に対する損害賠償請求権が保険会社に移転するのであり、また、②被害者が締結した保険契約に基づく人身傷害保険金の支払という加害者が何ら関与していない事情によって消滅時効の起算点が遅れるとすべき理由がないからです。

裁判例

裁判基準差額説を採用した裁判例

- 最一小判平成24・2・20民集66巻2号742頁〔28180412〕
- 東京地判平成23・9・20交通民集44巻5号1191頁〔28182302〕

求償権の消滅時効の起算点を判断した裁判例

- 福岡高判平成10・6・5判タ1010号278頁〔28042667〕
- 東京高判平成20・5・29自保ジャーナル1799号5頁〔28290696〕

Q50　請求権代位に基づく求償請求権の消滅時効の起算点

・東京地判平成23・9・20交通民集44巻5号1191頁〔28182302〕

（牧村　拓樹）

Column 6　弁護士が関わる求償請求の実際

1　はじめに

　弁護士として、交通事故の損害賠償請求に関する紛争処理をしていると、交通事故によって保険会社から契約者（被保険者）に対して保険金が支払われた場合の、求償権行使に関与することも日常茶飯事です。そこで、弁護士が保険会社の求償請求に関与する場合について、お話したいと思います。

2　相手方が任意保険会社に加入している場合

⑴　示談交渉の場合

　通常の示談交渉と特に変わりはありません。

⑵　訴訟の場合

　求償請求を本訴として訴訟提起した場合には、事故態様及び過失割合が争点になることが多く、証人尋問手続が実施されることも少なくありません。ところが、車両保険等によって契約者（被保険者）に保険金の支払を終えている場合、損害がてん補されているため、証人尋問等への出頭に協力してもらえない場合があります。事前に保険会社担当者から契約者（被保険者）に対して、求償請求の流れについても十分説明して協力を求めておくべきですし、場合によっては、弁護士から説明することが必要かもしれません。

　また、求償請求の訴訟提起をした後に、相手方から反訴を提起された場合には、事故当事者や使用者、車両所有者等は反訴被告となり得るため、やはり契約者（被保険者）側の協力が必要となります。

　交通事故当事者同士の通常の損害賠償請求訴訟に加えて保険会社の求償請求訴訟を別に提起し、損害賠償請求訴訟と併合することもよく行われていますし、和解の場面で、保険会社が利害関係人として参加して求償分についても併せて精算することもよく行われます。弁護士としては、事故当事者の依頼により提訴又は応訴する場合であっても、事故当事者の保険会社において保険金が支払われていないか、支払われている

場合には当該訴訟内で求償分の解決を依頼する意向があるか等を確認し、保険会社の委任状、資格証明書、保険金支払の事実や支払額の根拠がわかる資料を事前に取り付けておくとよいと思います。

3　相手方が任意保険未加入の場合

(1)　示談交渉の場合

相手方が無保険であることから、相手方からの反応がなく交渉が進まないか、支払うとしても分割での支払を合意する場合が多くなります。

反応がない場合には、直ちに債務名義取得のために法的措置に移行することを検討します。

また、仮に分割での支払を合意する場合であっても、将来の不払のリスクに備えて、勤務先や保有している銀行等金融機関の情報をできる限り取得しておくべきと考えられます。

(2)　訴訟の場合

訴訟となると、多くの場合が、分割支払での和解が成立するか、相手方が第1回期日にも出頭せず、欠席判決となることがほとんどです。

ここで、分割払の和解をする場合には、和解条項の中に期限の利益喪失条項を入れることを忘れないようにしましょう。

また、請求額の一部を免除して残りを長期間の分割で支払ってもらう場合、はじめから免除をするのではなく、最後まで合意した分割分を支払い終わった場合に初めて残額を免除する（途中で分割を怠った場合には免除がされず全額を支払う義務が生じる）条項を入れておくことも任意の支払を促す意味では効果的です。

なお、示談交渉時の相手方の対応次第では、訴訟提起ではなく、支払督促手続（民事訴訟法382条以下）を利用することもあります。

(3)　回収可能性について

・相手方への連絡

仮に相手方からの何ら反応がなくても、定期的に書面の送付を行います。また、相手方居住地についても定期的に確認を行います。

転居等を行った後に、催告の書面を同居の家族が発見することで、

Ⅵ 加害者保険会社による求償

本人の任意の支払が促されるケースもあるからです。

・自宅への訪問

相手方が一切連絡してこない場合には直接の訪問も1つの方法です。即日の支払は現実的ではありませんが、自家用車や勤務先といった情報が取得できたケースもあります。

・裁判所の手続を利用（令和元年改正民事執行法）

これまでは、訴訟提起まで反応がなかった相手方については判決を得たとしても強制執行の対象となる財産が把握できず回収が困難となるケースが多くみられました。

そんな中、民事執行法が改正され、令和2年4月1日に施行されました。

内容としては、財産開示手続における開示義務者の手続違反に対する罰則の厳罰化・第三者（銀行の預金口座等）からの情報取得手続の新設により、求償請求に関しても回収可能性が高まったものと考えられますので、当該手続の積極的な利用を検討すべきです（民事執行法改正の概要は「Column 4　民事執行法改正について」338頁参照）。

(安井　孝侑記)

事項索引
（五十音順）

あ 行

- あおり運転············· 65, 66
- イエローブック············· 259
- 慰謝料············· 65, 326
- 慰謝料の補完的機能············· 159
- 遺体運搬費用············· 232
- 一括払············· 99
- 逸失利益
  ········ 134, 142, 162, 174, 184, 237
- 逸失利益（高齢者）············· 180
- 一般財団法人日本自動車査定協会
  ············· 278
- 一般社団法人日本自動車整備振興
  会連合会············· 254
- イモビカッター············· 359
- イモビライザー············· 359
- 遺留分制度············· 248
- 医療事故············· 203
- 飲酒運転············· 47
- 運行供用者············· 6
- 運行供用者責任············· 6
- 運行支配············· 6
- 運行利益············· 6
- 営業損害············· 327
- オートガイド自動車価格月報···· 259

か 行

- 買替差額············· 271
- 買替諸費用············· 259, 264
- 外国人············· 150
- 介護費用············· 128
- 会社経営者············· 118
- 外傷性てんかん············· 199
- 改装費用············· 259
- 外貌醜状············· 189
- 格落ち············· 275
- 学　生············· 162
- 確定申告書············· 142, 349
- 過　失············· 4, 5
- 過失相殺············· 4, 32, 47, 53, 207
- 過失相殺率············· 32
- 過失割合············· 32, 65
- 過剰・高額診療············· 95
- 過剰診療············· 89, 91, 93
- 家事労働············· 184
- 片面的拘束力············· 22
- 稼働可能期間············· 237
- 株式会社自研センター············· 254
- 仮払仮処分············· 101
- 関連共同性············· 61
- 既往症············· 92, 95
- 疑義事故············· 343
- 企業損害············· 120
- 期限の利益喪失条項············· 393
- 技術上の評価損············· 276
- 偽装事故············· 347
- 偽装盗難············· 357
- 基礎収入············· 238
- 既存障害············· 96, 158, 214

事項索引

客観的関連共同性	55
休業損害証明書	349
休車損害	295, 371
求　償	369
求償権	375
求償請求	392
協議による時効の完成猶予	73
強制執行	22
行政書士費用	365
強制保険	99
共同不法行為	5, 53, 59, 203
業務災害	3, 8
寄与度	61
寄与度減額	97
寄与度減責の抗弁	55, 62, 204
起立性頭痛	221
近親者慰謝料	130
近親者付添人	129
グラスゴー・コーマ・スケール（GCS）	212
クロス払	377
経済的全損	258, 325
刑事裁判記録	348
刑事事件記録	347
携帯電話	66
軽度外傷性脳損傷	212
減価償却	261
減価方式	277
故　意	4, 350
故意の立証責任	350
故意免責	358
後遺障害	134, 198
後遺障害逸失利益	175
好意同乗	46
公益財団法人交通事故紛争処理センター	22
公益財団法人日弁連交通事故相談センター	22
高額診療	89, 91
後行事故	59
高次脳機能障害	199, 211
控　訴	22
交通事故証明書	8, 347
交通事故による逸失利益の算定方式についての共同提言	169
公的収入資料	142
香　典	231
香典返し	230
高齢者	180, 184
高齢主婦	184
個室料	89, 94
個室利用料	95

さ　行

催告による完成猶予	74
財産開示手続	338
裁判外紛争解決手続（ADR）	22
裁判基準差額説	370, 388
裁判基準損害額	369
債務不存在確認請求訴訟	101
在留資格	150
作業時間	254
作業単価	254
残価設定ローン	279
時価額	271
時価基準方式	277
歯牙障害	192

事項索引

時効の完成猶予・更新……………72	少額訴訟……………………………21
事故減価証明書……………………278	上　告………………………………22
事故歴…………………………………276	使用者責任………………………6, 41
示談代行………………………………14	症状固定………89, 90, 93, 94, 95, 100
実況見分調書…………………………348	症状固定時……………………………93
実働率…………………………………297	症状固定時期………………89, 90, 91
自転車…………………………………65	症状固定状態…………………………90
自動車運転処罰法の改正……………65	消費税…………………………………265
自動車重量税…………………………265	証明責任………………………………343
自動車取得税…………………………265	消滅時効…………………………71, 388
自動車税………………………………267	将来介護費……………………………174
自動車整備標準作業点数表…………254	将来治療費…………………………90, 94
自動車損害賠償保障法…………6, 98	職業付添人……………………………129
自動車の運転により人を死傷させ	女子年少者……………………………163
る行為等の処罰に関する法律…66	女　性…………………………………162
自賠責保険……………………………99	シルバーブック……………………259
自賠責保険料…………………………267	鍼灸院…………………………………107
自筆証書遺言…………………………248	新旧交換差益…………………………326
死亡逸失利益………………175, 237	人身傷害保険………………28, 339, 389
司法書士費用…………………………365	身体障害者……………………………158
車間距離不保持………………………66	スマートフォン………………………66
車庫証明手続代行費用………………266	生活費控除率…………………………237
車庫証明法定費用……………………266	請求権代位……………………………388
ジャパン・コーマ・スケール	整骨院…………………………………107
（JCS）……………………………212	接骨院…………………………………107
車両時価額……………………………259	絶対的過失相殺……………………48, 56
車両修理費……………………………258	絶対的過失割合………………………48
醜状痕…………………………………189	先行事故………………………………59
修理費基準方式………………………277	全国大型自動車整備工場経営協議
修理費用………………………………253	会（全大協）……………………254
修理見積り……………………………253	全賠約束………………………………16
主観的関連共同性……………………55	素　因…………………………………97
障害者雇用実態調査…………………158	素因減額………………………89, 92, 96

397

事項索引

葬儀費　　　　　　　　　　230
相殺払　　　　　　　　　　377
相続法　　　　　　　　　　248
相対的過失相殺　　　　　　　56
相当因果関係　　　　　　　　54
訴　　訟　　　　　　　　　　20
訴訟告知　　　　　　　　　　29
損益相殺　　　　　　　　　　25
損益相殺的な調整　　　　　　26
損害賠償の範囲　　　　　　　84

た　行

代位取得　　　　　　　　　369
第三者からの情報取得手続　　338
代車費用　　　　　　　　　284
多重事故　　　　　　　　　　53
建　　物　　　　　　　　　333
男子年少者　　　　　　　　163
遅延損害金　　　　　　78, 372
知的障害者　　　　　　　　156
知能指数　　　　　　　　　158
中間責任　　　　　　　　　　6
中間利息控除　　　　　　　237
中古車価格ガイドブック　　259
調査会社　　　　　　　　　346
調査報告書　　　　　　　　346
調　　停　　　　　　　　　　20
直接請求権　　　　　　　　　15
治療費　　　　　　　89, 93, 94
賃金センサス　　　142, 162, 169
通訳費用　　　　　　　　　151
積荷損害　　　　　　　　　313
定期金賠償　　　　　　　　173
定型約款　　　　　　　　　　85

低髄液圧症候群　　219, 220, 221, 222
定年退職　　　　　　　　　181
盗難の外形的事実　　　　　357
同僚災害　　　　　　　　　　3
登録手続代行費用　　　　　266
登録費用　　　　　　　　　266
道路交通法　　　　　　　　　65
特別室（個室）　　　　　　　91
特別室（個室）使用料　　89, 91, 95
特別室（個室）利用　　　　　92
ドライブレコーダー　　　　　33
取引上の評価損　　　　　　276
泥棒運転　　　　　　　　　　7

な　行

日常生活状況報告書　　　　213
任意保険　　　　　　　99, 318
年金逸失利益　　　　　　　241
年少者　　　　　　　　　　162
納車費用　　　　　　　　　266
脳脊髄液減少症
　　　　　　199, 219, 220, 221, 222
脳脊髄液漏出症診療指針　220, 221

は　行

配偶者の居住の権利　　　　248
廃車費用　　　　　　　　　266
賠償責任保険　　　　　　　　3
判　　決　　　　　　　　　　21
反社会的勢力　　　　　　　347
反射損害　　　　　　　　　118
被害者側の過失　　　　　　　40
被害者死亡事故　　　　　　230
被害者の素因　　　　　　92, 93
控えめな算定方法　　　158, 190

非器質性精神障害……………… 212
非正規労働者………………… 168
評価損………………… 275, 371
標準作業時間………………… 254
標準作業時間表……………… 254
複合性局所疼痛症候群（CRPS）
……………………………… 224
仏 具………………………… 230
物損慰謝料…………………… 324
仏 壇………………………… 230
仏壇購入費…………………… 230
物的損害に関する慰謝料…… 332
不法行為……………………… 4
不法滞在……………………… 152
ブラッドパッチ療法…… 220, 222
分 損………………………… 258
ペット………………………… 334
弁護士会照会………………… 348
弁護士費用…………………… 373
弁護士費用特約……… 24, 363, 365
弁護士費用保険………… 363, 364
妨害運転……………………… 66
法定利率……………………… 78
防犯カメラ…………………… 348
法務局保管制度……………… 248
法要・供養…………………… 230
保管料………………………… 304
保険金請求書………………… 348
保険料………………………… 319
保険料増額分………………… 320
墓碑建立費……………… 230, 232
ホフマン式…………………… 239

ま 行

民事執行……………………… 338
民事執行法……………… 338, 394
民事法定利率………………… 78
民事保全法…………………… 101
民法719条1項後段…………… 60
民法（債権関係）改正…… 71, 84
免責事由………………… 3, 8, 365
免責条項……………………… 364

や 行

役員報酬………………… 118, 122
約 款…………………… 4, 10
遊休車………………………… 296
預貯金の払戻制度…………… 248

ら 行

ライプニッツ係数……… 79, 239
ライプニッツ式……………… 239
リース車両…………………… 279
リサイクル料金……………… 266
療育手帳……………………… 159
リレーアタック……………… 359
レッドブック………………… 259
連帯債務……………………… 85
労災保険……………………… 90
労働逸失利益………………… 241
労働災害……………………… 364

わ 行

和 解………………………… 375
割合認定……………………… 92

アルファベット

CRPS………………………… 199
GCS…………………………… 212
JCS…………………………… 212

事項索引

LAC（リーガル・アクセス・センター） ················ *364*
MTBI ························ *199, 212*
PTSD ························ *199, 201*
RSD ································ *224*

判例索引
(年月日順)

※判例情報データベース「D1-Law.com 判例体系」の判例 ID を〔 〕で記載

大判大正 9・6・15民録26巻884頁〔27523074〕………………………… *44*
最三小判昭和39・6・24民集18巻 5 号874頁〔27001902〕……………… *162*
最一小判昭和33・7・17民集12巻12号1751頁〔27002644〕…………… *296, 302*
最三小判昭和33・8・5 民集12巻12号1901頁〔27002636〕……………… *130*
最一小判昭和34・11・26民集13巻12号1573頁〔27002517〕…………… *41, 44*
最三小判昭和37・9・4 民集16巻 9 号1834頁〔27002105〕……………… *81*
最一小判昭和37・11・8 民集16巻11号2255頁〔27002080〕…………… *10*
最三小判昭和39・6・24民集18巻 5 号874頁〔27001902〕……………… *135*
東京地判昭和40・11・10下級民集16巻11号1665頁〔27402807〕……… *17*
最一小判昭和42・4・27裁判集民87号305頁〔28200049〕……………… *333*
最三小判昭和42・6・27民集21巻 6 号1507頁〔27001065〕…………… *41, 45*
最二小判昭和42・11・10民集21巻 9 号2352頁〔27001021〕…………… *134*
最一小判昭和43・10・3 裁判集民92号459頁〔27421846〕……………… *233*
最二小判昭和43・11・15民集22巻12号2614頁〔27000895〕…………… *126*
最三小判昭和43・12・17裁判集民93号677頁〔27825294〕…………… *244*
最二小判昭和44・2・28民集23巻 2 号525頁〔27000838〕……………… *233*
最一小判昭和48・12・20民集27巻11号1611頁〔29000200〕…………… *12*
最二小判昭和49・4・15民集28巻 3 号385頁〔27000441〕……………… *259, 271, 274*
最二小判昭和49・7・19民集28巻 5 号872頁〔27000426〕……………… *184*
最一小判昭和51・3・25民集30巻 2 号160頁〔27000330〕……………… *44*
大阪地判昭和51・6・28交通民集 9 巻 3 号902頁〔29005935〕………… *45*
最二小判昭和52・4・8 裁判集民120号433頁〔27422935〕……………… *30*
大阪地判昭和52・9・20交通民集10巻 5 号1338頁〔29005643〕……… *125*
札幌地判昭和55・2・5 判タ419号144頁〔27482351〕…………………… *11*
名古屋地判昭和55・8・4 判時986号89頁〔27482357〕………………… *12*
大阪高判昭和56・2・18判タ446号136頁〔27423615〕………………… *126*
岡山地判昭和56・3・30交通民集14巻 2 号453頁〔29000563〕………… *17*

最一小判昭和56・10・8 裁判集民134号39頁〔27423761〕……………… *244*
最三小判昭和56・12・22民集35巻9号1350頁〔27000112〕……………… *135*
最二小判昭和57・4・2 裁判集民135号641頁〔27482371〕……………… *11*
浦和地判昭和59・3・29判時1120号93頁〔27490787〕……………… *124*
札幌高判昭和60・2・13交通民集18巻1号27頁〔29002503〕……… *273, 274*
名古屋地判昭和63・3・16交通民集21巻2号293頁〔29004053〕……… *330*
東京地判平成元・3・24交通民集22巻2号420頁〔29004241〕……… *333, 336*
大阪地判平成元・4・14交通民集22巻2号476頁〔29004247〕……… *330*
大阪高判平成元・5・12判タ705号202頁〔27804788〕……………… *99, 103*
東京地判平成2・6・11判時1368号82頁〔27807599〕……………… *160*
福岡高判平成2・9・25交通民集23巻5号1075頁〔29004501〕……… *258*
大阪地判平成2・12・20自保ジャーナル911号2頁〔28252487〕……… *272*
横浜地判平成4・3・5判時1451号147頁〔27811825〕……………… *160*
東京高判平成4・7・20交通民集25巻4号787頁〔29004901〕……… *262*
浦和地判平成4・10・27交通民集25巻5号1272頁〔29004971〕……… *64*
神戸地判平成4・12・24交通民集25巻6号1516頁〔29005008〕……… *17*
最大判平成5・3・24民集47巻4号3039頁〔25000036〕……………… *26*
神戸地判平成5・3・31交通民集26巻2号442頁〔29005087〕……… *58*
大阪地判平成5・8・20交通民集26巻4号1007頁〔29005529〕……… *95*
名古屋高判平成5・9・30判タ865号251頁〔27826421〕……………… *140*
神戸地判平成5・10・29交通民集26巻5号1345頁〔29006045〕……… *206, 210*
東京地判平成5・12・16交通民集26巻6号1513頁〔29006335〕……… *183*
横浜地判平成6・5・24交通民集27巻3号643頁〔29006653〕……… *329*
神戸地尼崎支判平成6・5・27交通民集27巻3号719頁〔29006664〕……… *64*
岡山地判平成6・9・6交通民集27巻5号1197頁〔28010658〕……… *257*
東京高判平成6・11・29判時1516号78頁〔27826513〕……………… *160*
東京地判平成7・9・19交通民集28巻5号1358頁〔28020502〕……… *115*
大阪地判平成7・11・15判タ910号173頁〔28010904〕……………… *188*
東京地判平成7・12・19交通民集28巻6号1779頁〔28020950〕……… *329*
青森地判平成7・12・21交通民集28巻6号1812頁〔28020954〕……… *148*
東京地判平成8・1・31交通民集29巻1号190頁〔28021258〕……… *181, 183*
大阪地判平成8・3・22交通民集29巻2号467頁〔28021682〕……… *260, 263*
最一小判平成8・4・25民集50巻5号1221頁〔28010503〕……… *175, 179*

最二小判平成8・5・31民集50巻6号1323頁〔28010653〕…………*175, 179, 244*
東京地判平成8・6・5交通民集29巻3号855頁〔28022189〕……………*18*
神戸地判平成8・6・13交通民集29巻3号873頁〔28022191〕…………*141*
岡山地判平成8・9・19交通民集29巻5号1405頁〔28030389〕……*331, 334, 336*
最三小判平成8・10・29民集50巻9号2474頁〔28011419〕………………*96*
東京地判平成8・10・30交通民集29巻5号1559頁〔28030411〕…………*148*
札幌地判平成8・11・27自保ジャーナル1189号2頁〔28243624〕………*260, 263*
最三小判平成9・1・28民集51巻1号78頁〔28020337〕……………*151, 154*
名古屋地判平成9・1・29自保ジャーナル1201号2頁〔28243997〕………*322*
大阪高判平成9・6・6交通民集30巻3号659頁〔28032573〕……………*262*
最三小判平成9・9・9裁判集民185号217頁〔28021759〕………………*45*
東京地判平成10・1・20交通民集31巻1号10頁〔28040930〕……………*94*
大阪地判平成10・2・20交通民集31巻1号243頁〔28040961〕…………*306, 311*
名古屋地判平成10・4・22交通民集31巻2号593頁〔28041099〕…………*126*
福岡高判平成10・6・5判タ1010号278頁〔28042667〕…………………*390*
神戸地判平成10・8・28交通民集31巻4号1257頁〔28042577〕…………*183*
大阪地判平成10・9・28自保ジャーナル1306号3頁〔28244071〕…………*331*
東京地判平成10・10・14交通民集31巻5号1523頁〔28050025〕………*278, 282*
大阪地判平成10・11・10交通民集31巻6号1720頁〔28050408〕…………*139*
東京地判平成10・11・25交通民集31巻6号1764頁〔28050412〕…………*263*
大阪地判平成10・11・30交通民集31巻6号1789頁〔28050440〕…………*133*
東京地判平成11・5・10交通民集32巻3号733頁〔28051723〕…………*115*
東京地判平成11・9・13交通民集32巻5号1378頁〔28052598〕…………*272, 274*
最二小判平成11・10・22民集53巻7号1211頁〔28042453〕………………*30*
大阪地判平成12・2・9交通民集33巻1号233頁〔28060978〕……………*133*
東京地判平成12・3・29交通民集33巻2号619頁〔28061303〕……………*64*
東京地判平成12・3・29交通民集33巻2号633頁〔28061304〕…………*272, 274*
東京地判平成12・8・23交通民集33巻4号1312頁〔28062303〕…………*278*
大阪地判平成12・10・12自保ジャーナル1406号4頁〔28244073〕………*330, 334*
大阪地判平成13・1・19交通民集34巻1号31頁〔28070757〕……………*12*
東京地判平成13・1・25交通民集34巻1号56頁〔28070762〕……………*291*
最三小判平成13・3・13民集55巻2号328頁〔28060500〕………………*206, 210*
東京地判平成13・4・19交通民集34巻2号535頁〔28071541〕…………*262*

東京地判平成13・5・29交通民集34巻3号659頁〔28072183〕……… *306, 307, 311*
神戸地判平成13・6・22交通民集34巻3号772頁〔28072194〕
　　　　　　　　　　　　　　　　　　　　　　　　……………………*329, 330, 331, 334, 336*
神戸地判平成13・7・18交通民集34巻4号930頁〔28072589〕……… *116*
大阪地判平成13・8・28交通民集34巻4号1093頁〔28072604〕……… *115*
東京地判平成13・9・25交通民集34巻5号1315頁〔28072971〕……… *183*
東京高判平成13・10・16判時1772号57頁〔28062189〕…………… *163, 167*
大阪地判平成13・12・19交通民集34巻6号1642頁〔28080532〕…… *269*
東京地判平成13・12・26交通民集34巻6号1687頁〔28080537〕…… *265, 285, 323*
東京地判平成14・2・22判時1791号81頁〔28072497〕……………… *107, 115*
福井地武生支判平成14・3・12判時1793号120頁〔28072547〕…… *323*
大阪地判平成14・5・7交通民集35巻3号635頁〔28081915〕……… *272*
東京地判平成14・6・25交通民集35巻3号880頁〔28081943〕…… *125, 126*
東京地判平成14・8・30交通民集35巻4号1193頁〔28082610〕…… *305, 311*
岡山地判平成14・9・6交通民集35巻5号1214頁〔28082960〕…… *331*
京都地判平成15・1・24自保ジャーナル1489号13頁……………… *140*
静岡地浜松支判平成15・1・30自保ジャーナル1483号19頁〔28243800〕……… *115*
名古屋地判平成15・2・28自保ジャーナル1499号17頁〔28244076〕
　　　　　　　　　　　　　　　　　　　　　　　　…………………………*261, 263, 320*
東京地判平成15・3・12交通民集36巻2号313頁〔28091187〕…… *278*
最二小判平成15・7・11民集57巻7号815頁〔28081864〕………… *48, 56*
大阪地判平成15・7・30交通民集36巻4号1008頁〔28092175〕…… *330, 331*
東京地判平成15・8・26交通民集36巻4号1067頁〔28092180〕…… *266, 269*
東京地判平成15・9・2交通民集36巻5号1192頁〔28092546〕…… *374*
大阪地判平成15・9・24交通民集36巻5号1333頁〔28092557〕…… *234*
大阪高判平成15・9・30交通民集36巻5号1161頁〔28090952〕…… *183*
千葉地判平成15・10・27交通民集36巻5号1431頁〔28092564〕…… *116*
東京地八王子支判平成15・12・10判時1845号83頁〔28090733〕…… *161*
東京地判平成16・2・27交通民集37巻1号239頁〔28100455〕…… *110, 114*
東京地判平成16・3・29自保ジャーナル1589号3頁〔28244067〕…… *115, 116*
鹿児島地判平成16・9・13判時1894号96頁〔28101454〕………… *210*
名古屋地判平成17・1・21交通民集38巻1号116頁〔28110998〕…… *183*
東京地判平成17・3・24判時1915号49頁〔28110435〕……………… *64*

最三小判平成17・6・14交通民集38巻3号631頁〔28111406〕………………… *82*
岡山地判平成17・11・4交通民集38巻6号1517頁〔28130078〕………… *164, 167*
東京地判平成18・1・24交通民集39巻1号70頁〔28130416〕………………… *278*
大阪地判平成18・3・22判時1938号97頁〔28111984〕…………………………… *337*
大阪地判平成18・4・7交通民集39巻2号520頁〔28131058〕………………… *234*
最一小判平成18・6・1民集60巻5号1887頁〔28111224〕……………………… *350*
大阪地判平成18・6・2交通民集39巻3号712頁〔28131396〕………………… *113*
東京地判平成18・8・28交通民集39巻4号1160頁〔28131880〕……………… *302*
神戸地判平成18・11・24交通民集39巻6号1645頁〔28140098〕…………… *155*
大阪地判平成18・12・20自保ジャーナル1707号14頁〔28244070〕……… *113*
神戸地判平成18・12・22交通民集39巻6号1775頁〔28140105〕………… *113*
福岡高判平成19・2・13判タ1261号325頁〔28130623〕………………………… *329*
東京地判平成19・3・30交通民集40巻2号502頁〔28140848〕……………… *50*
最一小判平成19・4・23裁判集民224号171頁〔28131082〕……………… *357, 362*
最三小判平成19・4・24裁判集民224号261頁〔28131157〕………………… *45*
大阪高判平成19・4・26自保ジャーナル1715号2頁〔28252314〕………… *179*
広島高岡山支判平成19・6・15交通民集41巻4号865頁〔28152422〕…… *52*
大阪地判平成19・7・11自保ジャーナル1701号10頁〔28244081〕……… *359, 362*
東京地判平成19・9・27交通民集40巻5号1271頁〔28142060〕………… *206, 210*
大阪地判平成19・12・20交通民集40巻6号1694頁〔28142331〕…………… *282*
名古屋地判平成20・2・13交通民集41巻1号176頁〔28150246〕…………… *50*
東京高判平成20・3・12自保ジャーナル1733号4頁〔28244075〕……… *254, 257*
大阪地判平成20・5・14交通民集41巻3号593頁〔28151468〕………… *314, 316*
東京高判平成20・5・29自保ジャーナル1799号5頁〔28290696〕………… *390*
最二小判平成20・7・4裁判集民228号399頁〔28141569〕………………… *43, 45*
横浜地判平成20・7・17自保ジャーナル1753号13頁〔28244074〕……… *282*
大阪地判平成20・7・31交通民集41巻4号981頁〔28152434〕……………… *133*
名古屋高判平成20・9・30交通民集41巻5号1186頁〔28152850〕… *328, 334, 337*
大阪地判平成20・10・21自保ジャーナル1786号11頁〔28244072〕……… *197*
東京地判平成21・2・5交通民集42巻1号110頁〔28160592〕……………… *64*
名古屋地判平成21・2・13交通民集42巻1号148頁〔28160594〕………… *267, 269*
さいたま地判平成21・2・25交通民集42巻1号218頁〔28160599〕……… *95*
大阪地判平成21・5・19交通民集42巻3号640頁〔28161853〕……………… *133*

405

大阪地判平成21・7・30交通民集42巻4号955頁〔28162562〕……………… *140*
松山地西条支判平成21・9・24自保ジャーナル1812号19頁〔28244069〕……… *50*
札幌地判平成21・10・20自保ジャーナル1819号99頁〔28174847〕……… *171, 172*
横浜地判平成21・12・17自保ジャーナル1820号93頁〔28174817〕……………… *64*
東京地判平成21・12・21自保ジャーナル1825号85頁〔28174740〕……………… *281*
東京地判平成21・12・24自保ジャーナル1821号104頁〔28174803〕……… *278, 283*
青森地判平成21・12・25判時2074号113頁〔28161001〕……………………… *160*
東京地判平成22・1・27交通民集43巻1号48頁〔28170288〕………… *265, 268, 269*
名古屋地判平成22・2・19交通民集43巻1号217頁〔28170300〕………… *279, 283*
仙台地判平成22・3・19自保ジャーナル1836号41頁〔28174552〕……………… *50*
東京地判平成22・4・13自保ジャーナル1829号152頁〔28174687〕…………… *263*
大阪高判平成22・4・27交通民集43巻6号1689頁〔28174735〕……………… *117*
東京地判平成22・6・24判時2082号149頁〔28162480〕……………………… *354*
大阪地判平成22・7・29交通民集43巻4号949頁〔28173950〕………………… *302*
京都地判平成22・8・31交通民集43巻4号1096頁〔28173961〕……………… *354*
東京地判平成22・8・31自保ジャーナル1833号124頁〔28174640〕…………… *195*
東京地判平成22・10・13交通民集43巻5号1287頁〔28174511〕………… *155, 197*
東京地判平成22・11・30交通民集43巻6号1567頁〔28180145〕……………… *12*
東京地判平成23・3・9交通民集44巻2号326頁〔28181053〕………………… *96*
大阪地判平成23・3・28交通民集44巻2号475頁〔28174944〕………………… *50*
大阪地判平成23・4・13交通民集44巻2号535頁〔28174449〕……………… *141*
京都地判平成23・5・10交通民集44巻3号577頁〔28174220〕……………… *115*
名古屋地判平成23・6・17自保ジャーナル1857号141頁〔28174759〕………… *257*
横浜地判平成23・7・14自保ジャーナル1868号92頁〔28180975〕…………… *246*
名古屋高判平成23・7・14判時2139号12頁〔28174129〕……………………… *281*
名古屋地判平成23・7・15交通民集44巻4号932頁〔28174225〕……………… *125*
大阪高判平成23・7・22判時2132号46頁〔28175872〕……………………… *124*
東京地判平成23・8・2自保ジャーナル1859号47頁〔28175884〕………… *165, 167*
東京地判平成23・9・20交通民集44巻5号1191頁〔28182302〕………… *390, 391*
名古屋地判平成23・9・30自保ジャーナル1862号140頁〔28180175〕………… *323*
東京地判平成23・10・4交通民集44巻5号1257頁〔28180402〕……………… *179*
鹿児島地判平成23・10・6自保ジャーナル1863号37頁〔28180242〕………… *197*
名古屋高判平成23・10・13判タ1364号248頁〔28180615〕…………………… *335*

仙台高判平成23・10・26平成22年（ネ）684号等公刊物未登載 *160*
名古屋地判平成23・10・28自保ジャーナル1878号29頁〔28181993〕........... *133*
京都地判平成23・11・11自保ジャーナル1871号29頁〔28181274〕............ *229*
京都地判平成23・11・18自保ジャーナル1872号80頁〔28181397〕............. *114*
東京地判平成23・11・25自保ジャーナル1864号165頁〔28180406〕....... *278, 282*
東京地判平成23・11・25自保ジャーナル1868号132頁〔28180980〕............ *331*
横浜地判平成23・11・30交通民集44巻6号1499頁〔28210120〕.......... *279, 283*
東京地判平成23・12・5自保ジャーナル1867号69頁〔28180771〕............ *126*
東京高判平成23・12・21自保ジャーナル1868号166頁〔28180983〕
.... *265, 266, 269*
さいたま地判平成24・1・27交通民集45巻1号109頁〔28180971〕............ *223*
最一小判平成24・2・20民集66巻2号742頁〔28180412〕
.... *30, 370, 373, 388, 389, 390*
大阪地判平成24・3・23自保ジャーナル1878号134頁〔28182002〕....... *280, 283*
大阪地判平成24・3・23自保ジャーナル1879号101頁〔28182104〕............ *317*
仙台地判平成24・3・26自保ジャーナル1885号98頁〔28210073〕........ *165, 167*
東京地判平成24・3・27交通民集45巻2号405頁〔28181475〕........... *266, 269*
京都地判平成24・4・11交通民集45巻2号466頁〔28211527〕................ *51*
最三小判平成24・5・29裁判集民240号261頁〔28181200〕................... *30*
大阪地判平成24・6・14自保ジャーナル1883号150頁〔28182614〕....... *265, 269*
名古屋地判平成24・6・20自保ジャーナル1880号156頁〔28182239〕......... *317*
横浜地判平成24・7・31判時2163号79頁〔28181991〕.................... *222*
京都地判平成24・8・29交通民集45巻4号1039頁〔28210167〕.............. *317*
さいたま地判平成24・9・28自保ジャーナル1892号156頁〔28211409〕........ *353*
大阪地判平成24・10・16交通民集45巻5号1261頁〔28210686〕.............. *58*
東京地判平成24・11・27自保ジャーナル1891号40頁〔28211178〕............ *229*
東京地判平成24・11・30交通民集45巻6号1416頁〔28210688〕......... *308, 312*
千葉地判平成24・12・6交通民集45巻6号1440頁〔28210829〕.............. *179*
新潟地長岡支判平成24・12・19自保ジャーナル1891号5頁〔28211177〕..... *223*
横浜地判平成24・12・20交通民集45巻6号1548頁〔28220201〕............. *125*
大阪地判平成25・1・16交通民集46巻1号63頁〔28212315〕................ *195*
神戸地判平成25・1・24自保ジャーナル1896号112頁〔28212087〕........... *139*
東京高判平成25・1・24自保ジャーナル1896号14頁〔28212079〕............ *223*

大阪地判平成25・1・29交通民集46巻1号162頁〔28212320〕……………… *148*
東京高判平成25・2・14自保ジャーナル1893号1頁〔28211501〕……………… *217*
横浜地判平成25・2・28自保ジャーナル1896号144頁〔28212090〕……………… *197*
名古屋地判平成25・3・13自保ジャーナル1896号37頁〔28212080〕………… *133*
横浜地判平成25・3・14交通民集46巻2号397頁〔28221977〕……………… *58*
神戸地判平成25・3・14自保ジャーナル1904号34頁〔28213351〕……………… *194*
大阪地判平成25・3・22自保ジャーナル1905号157頁〔28213664〕……… *278, 283*
大阪地判平成25・3・25自保ジャーナル1909号144頁〔28220099〕……………… *352*
大阪地判平成25・3・27交通民集46巻2号491頁〔28212584〕……… *94, 205, 210*
名古屋地判平成25・4・26自保ジャーナル1903号119頁〔28213180〕…………… *95*
東京地判平成25・6・24自保ジャーナル1903号45頁〔28213174〕……………… *149*
大阪地判平成25・6・25交通民集46巻3号764頁〔28222810〕……………… *306*
岐阜地判平成25・7・19判時2204号101頁〔28213656〕……………………… *51*
名古屋地判平成25・7・19自保ジャーナル1908号87頁〔28220032〕………… *154*
東京地判平成25・7・23交通民集46巻4号968頁〔28220029〕……………… *96*
京都地判平成25・7・25自保ジャーナル1911号112頁〔28220531〕…………… *139*
東京地判平成25・8・9自保ジャーナル1910号64頁〔28220229〕…………… *113*
東京地判平成25・9・6交通民集46巻5号1174頁〔28224279〕……… *164, 167*
東京地判平成25・9・18交通民集46巻5号1252頁〔28220234〕……………… *246*
神戸地判平成25・9・19交通民集46巻5号1268頁〔28220233〕……………… *195*
名古屋地岡崎支判平成25・9・27自保ジャーナル1914号175頁〔28221200〕
………………………………………………………………………………… *351*
千葉地判平成25・10・18交通民集46巻5号1365頁〔28221194〕…………… *197*
東京地判平成25・10・25交通民集46巻5号1401頁〔28224285〕…………… *188*
東京高判平成25・10・30自保ジャーナル1907号1頁〔28214141〕………… *223*
岡山地倉敷支判平成25・11・21自保ジャーナル1917号174頁〔28221960〕… *354*
大阪地判平成25・11・22金融商事1432号22頁〔28220187〕……………… *365*
津地四日市支判平成25・11・22自保ジャーナル1914号163頁〔28221199〕… *353*
東京地判平成25・11・13交通民集46巻6号1437頁〔28221448〕…………… *197*
岡山地判平成26・1・17自保ジャーナル1917号167頁〔28221958〕………… *352*
大阪地判平成26・1・21交通民集47巻1号68頁〔28230851〕……………… *291*
東京地判平成26・1・28判時2261号168頁〔28221811〕……………………… *245*
大阪高判平成26・1・30自保ジャーナル1928号141頁〔28224210〕………… *353*

横浜地判平成26・2・17交通民集47巻1号268頁〔28230861〕……… *331, 334, 336*
東京地判平成26・2・25交通民集47巻1号276頁〔28230862〕……………*31*
神戸地判平成26・3・7自保ジャーナル1926号117頁〔28223817〕………… *197*
東京地判平成26・3・26自保ジャーナル1923号1頁〔28223353〕………… *125*
大阪地判平成26・3・27自保ジャーナル1927号92頁〔28223979〕………… *195*
東京地判平成26・3・27自保ジャーナル1923号83頁〔28223360〕……… *309, 312*
福井地判平成26・4・17交通民集47巻2号529頁〔28231552〕…………… *244*
横浜地判平成26・4・22自保ジャーナル1925号1頁〔28223693〕………… *229*
大阪地判平成26・5・13自保ジャーナル1928号62頁〔28224201〕…………*64*
名古屋地判平成26・5・28交通民集47巻3号693頁〔28223819〕………… *196*
京都地判平成26・6・27交通民集47巻3号813頁〔28232327〕………… *183, 245*
神戸地判平成26・6・27交通民集47巻3号824頁〔28230098〕……………*96*
名古屋地判平成26・6・27交通民集47巻3号833頁〔28224871〕…………*64*
東京地判平成26・7・2平成25年（ワ）14287号等公刊物未登載〔29041934〕
……………………………………………………………………………… *115*
横浜地判平成26・7・17自保ジャーナル1932号52頁〔28225013〕…………*51*
神戸地判平成26・8・20交通民集47巻4号981頁〔28232954〕…………… *114*
大阪地判平成26・9・9交通民集47巻5号1118頁〔28233596〕…………… *114*
横浜地判平成26・9・12交通民集47巻5号1152頁〔28230797〕………… *194*
千葉地判平成26・9・30判時2248号72頁〔28224972〕……………… *151, 155*
大阪高判平成26・10・9自保ジャーナル1935号139頁〔28230579〕………*355*
京都地判平成26・10・14交通民集47巻5号1272頁〔28231641〕……… *234*
福岡地久留米支判平成26・10・23自保ジャーナル1937号59頁〔28231031〕
……………………………………………………………………… *110, 117*
東京地判平成26・10・28交通民集47巻5号1313頁〔28233605〕…………*58*
名古屋地判平成26・10・30自保ジャーナル1953号151頁〔28233846〕………*13*
名古屋高判平成26・11・14判時2248号80頁〔28231251〕……………… *362*
横浜地判平成26・12・16自保ジャーナル1943号124頁〔28232082〕……… *172*
東京地判平成26・12・18交通民集47巻6号1548頁〔28240093〕……… *234, 235*
さいたま地判平成26・12・19交通民集47巻6号1559頁〔28240094〕…… *234, 235*
名古屋地判平成26・12・26自保ジャーナル1942号81頁〔28231893〕…… *234, 245*
大阪地判平成27・1・13交通民集48巻1号25頁〔28232385〕…………… *244*
札幌地判平成27・1・15交通民集48巻1号73頁〔28232186〕…………… *353*

大阪地判平成27・1・15交通民集48巻1号45頁〔28240785〕……………… 235
大阪地判平成27・1・16交通民集48巻1号87頁〔28232177〕………………58
東京地判平成27・1・20自保ジャーナル1943号86頁〔28232079〕………… 195
大阪地判平成27・1・26判時2299号98頁〔28240789〕……………………… 235
東京地判平成27・1・26交通民集48巻1号159頁〔28232180〕…………… 302
東京地判平成27・1・28平成25年（ワ）27218号公刊物未登載〔29044530〕
………………………………………………………………………………… 148
大阪地判平成27・2・5平成24年（ワ）13520号公刊物未登載〔28244399〕… 291
東京高判平成27・2・26自保ジャーナル1940号15頁〔28231460〕………… 222
奈良地葛城支判平成27・2・27自保ジャーナル1947号174頁〔28232805〕…… 355
松山地今治支判平成27・3・10交通民集48巻2号367頁〔28232705〕………… 245
神戸地判平成27・3・10自保ジャーナル1948号61頁〔28232921〕………… 197
東京地判平成27・3・10交通民集48巻2号358頁〔28232696〕………………64
東京地判平成27・3・11交通民集48巻2号376頁〔28241355〕…………… 188
東京地判平成27・3・18平成25年（ワ）26089号公刊物未登載〔29025324〕
………………………………………………………………………………… 149
大阪地判平成27・3・26平成26年（ワ）3597号公刊物未登載〔28250355〕……95
名古屋地判平成27・3・27自保ジャーナル1950号154頁〔28233163〕…… 52, 194
東京地判平成27・4・14平成26年（レ）1038号公刊物未登載〔28243594〕…… 292
さいたま地判平成27・4・16自保ジャーナル1950号84頁〔28233157〕………… 197
名古屋高判平成27・4・23自保ジャーナル1953号146頁〔28233845〕…………13
東京地判平成27・5・25交通民集48巻3号649頁〔28242317〕…………… 235, 247
大阪地判平成27・5・27交通民集48巻3号671頁〔28233829〕………………94
東京地判平成27・7・1自保ジャーナル1955号88頁〔28234312〕………… 126
大阪地判平成27・7・3交通民集48巻4号836頁〔28234581〕…………… 196
横浜地判平成27・7・15交通民集48巻4号862頁〔28234100〕…………… 210
大阪地判平成27・7・17自保ジャーナル1956号60頁〔28234580〕………… 194
東京地判平成27・7・23平成27年（レ）289号公刊物未登載〔28243595〕…… 302
大阪地判平成27・7・31交通民集48巻4号933頁〔28243184〕…………… 148
名古屋地判平成27・8・28交通民集48巻4号1042頁〔28240409〕………… 188, 246
大阪地判平成27・9・29平成25年（ワ）2936号公刊物未登載〔28243795〕………… 302
横浜地判平成27・9・30交通民集48巻5号1223頁〔28240694〕…………… 234
京都地判平成27・9・30自保ジャーナル1960号160頁〔28240705〕……………… 355

大阪地判平成27・10・14交通民集48巻5号1273頁〔28241345〕………… *236, 246*
岡山地判平成27・10・22自保ジャーナル1962号58頁〔28241056〕………… *160*
名古屋地判平成27・10・28交通民集48巻5号1324頁〔28243836〕………… *126*
大阪地判平成27・10・30交通民集48巻5号1335頁〔28243839〕………… *245*
大阪地判平成27・11・17交通民集48巻6号1382頁〔28250040〕………… *247*
大阪地判平成27・11・19平成27年(ワ)4838号公刊物未登載………… *279, 283*
長野地諏訪支判平成27・11・19自保ジャーナル1965号163頁〔28241475〕…… *365*
横浜地相模原支判平成27・11・27自保ジャーナル1977号156頁〔28243986〕
……………………………………………………………………………… *114*
大阪地判平成27・11・27自保ジャーナル1965号86頁〔28241469〕………… *197*
さいたま地判平成27・12・11平成25年(ワ)2894号公刊物未登載〔28234639〕
……………………………………………………………………………… *161*
山形地判平成27・12・22判時2288号86頁〔28241690〕……………………… *51*
名古屋地判平成27・12・25交通民集48巻6号1586頁〔28250049〕
………………………………………………………………… *278, 283, 292, 293*
神戸地判平成28・1・20交通民集49巻1号23頁〔28243310〕……………… *183*
東京地判平成28・1・25自保ジャーナル1969号54頁〔29016371〕………… *196*
名古屋地判平成28・1・27自保ジャーナル1970号97頁〔28242817〕……… *229*
大阪地判平成28・2・2自保ジャーナル1975号94頁〔28243647〕………… *188*
大阪地判平成28・2・3自保ジャーナル1972号49頁〔28243108〕………… *183*
名古屋地判平成28・2・17自保ジャーナル1972号173頁〔28243116〕…… *351*
名古屋高判平成28・2・25平成27年(ネ)491号公刊物未登載……………… *52*
大阪地判平成28・3・23交通民集49巻2号453頁〔28243813〕……………… *51*
大阪高判平成28・3・24自保ジャーナル1972号1頁〔28243107〕………… *216*
大阪地判平成28・3・24自保ジャーナル1977号88頁〔28243979〕………… *194*
新潟地判平成28・3・25自保ジャーナル1973号22頁〔28243308〕………… *217*
名古屋地判平成28・3・30平成27年(ワ)425号公刊物未登載……………… *293*
名古屋地判平成28・4・27自保ジャーナル1979号88頁〔28244431〕……… *51*
名古屋地判平成28・4・27自保ジャーナル1973号1頁〔28243307〕…… *164, 167*
大阪地判平成28・5・13交通民集49巻3号583頁〔28251900〕……………… *247*
大阪地判平成28・5・17交通民集49巻3号590頁〔28251901〕……………… *246*
神戸地判平成28・5・26交通民集49巻3号659頁〔28250306〕……………… *245*
大阪地判平成28・5・27自保ジャーナル1983号136頁〔28250500〕……… *197*

東京地判平成28・6・10交通民集49巻3号729頁〔29018992〕………………… 223
大阪地判平成28・7・8交通民集49巻4号859頁〔28250833〕………………… 194
札幌地判平成28・7・15自保ジャーナル1985号121頁〔28250836〕…………… 291
大阪地判平成28・7・15交通民集49巻4号886頁〔28252977〕…………… 164, 167
大阪地判平成28・7・15自保ジャーナル1985号95頁〔28250834〕……………… 95
名古屋地判平成28・7・15交通民集49巻4号893頁〔28252979〕……………… 246
津地四日市支判平成28・8・3自保ジャーナル1978号15頁〔28244146〕……… 217
東京地判平成28・8・19交通民集49巻4号1008頁〔28253024〕……………… 247
金沢地判平成28・9・15自保ジャーナル1998号30頁〔28253367〕…………… 140
大阪地判平成28・10・3自保ジャーナル1985号19頁〔28250827〕…………… 218
東京地判平成28・10・11平成28年（ワ）11240号公刊物未登載〔29021149〕
………………………………………………………………………………… 281
京都地判平成28・11・29交通民集49巻6号1400頁〔28260071〕……………… 234
東京地判平成28・12・16自保ジャーナル1993号91頁〔29020692〕…………… 194
東京地判平成29・1・23平成27年（ワ）17267号公刊物未登載〔29038071〕
………………………………………………………………………………… 356
京都地判平成29・2・15交通民集50巻1号162頁〔28253366〕…………… 140, 194
大阪地判平成29・2・17平成27年（ワ）7049号公刊物未登載……………… 329
東京地判平成29・2・22交通民集50巻4号1122頁〔29045661〕……………… 303
大阪地判平成29・3・7自保ジャーナル2003号86頁〔28254806〕…………… 125
水戸地土浦支判平成29・3・23自保ジャーナル2000号127頁〔28253910〕…… 51
東京地判平成29・3・27交通民集50巻6号1641頁〔29046598〕……………… 282
東京地判平成29・3・27平成26年（ワ）2051号公刊物未登載〔29046597〕
…………………………………………………………………………… 282, 315
東京地判平成29・4・25交通民集50巻6号1681頁〔28262636〕……………… 196
横浜地判平成29・5・15自保ジャーナル2003号126頁〔28254810〕…………… 114
東京高判平成29・6・13平成29年（ネ）182号等公刊物未登載………………… 12
名古屋地判平成29・6・16交通民集50巻3号764頁〔28260562〕……………… 290
東京高判平成29・6・29自保ジャーナル2006号159頁〔28253542〕…………… 362
東京地判平成29・7・18自保ジャーナル2021号33頁〔28264022〕…………… 113
福岡地八女支判平成29・7・20自保ジャーナル2012号24頁〔28261854〕…… 116
大阪地判平成29・7・27自保ジャーナル2010号146頁〔28261269〕…………… 355
名古屋地判平成29・8・18平成28年（ワ）2600号公刊物未登載………… 194, 197

名古屋地判平成29・8・22交通民集50巻4号1053頁〔28263931〕……… *280, 283*
奈良地判平成29・9・8自保ジャーナル2011号45頁〔28261647〕…………… *155*
神戸地判平成29・9・14交通民集50巻5号1168頁〔28253435〕………………… *182*
名古屋地判平成29・9・15交通民集50巻5号1191頁〔28264756〕……………… *293*
名古屋地判平成29・9・19自保ジャーナル2002号1頁〔28254530〕…………… *217*
大阪地判平成29・10・12交通民集50巻5号1235頁〔28264760〕……………… *293*
横浜地判平成29・12・4自保ジャーナル2018号75頁〔28263385〕
………………………………………………………………… *95, 96, 195, 197*
神戸地判平成29・12・20交通民集50巻6号1524頁〔28263389〕……………… *183*
神戸地判平成30・1・11交通民集51巻1号9頁〔28270860〕………………… *234*
神戸地判平成30・1・18交通民集51巻1号83頁〔28270862〕……………… *246*
静岡地判平成30・1・23自保ジャーナル2018号26頁〔28263381〕…………… *218*
千葉地判平成30・2・6自保ジャーナル2021号174頁〔28264056〕…………… *352*
東京地判平成30・2・8自保ジャーナル2019号1頁〔29048189〕…………… *218*
横浜地判平成30・2・19交通民集51巻1号164頁〔28270879〕……………… *245*
名古屋高判平成30・2・27自保ジャーナル2021号118頁〔28264040〕………… *116*
横浜地判平成30・2・28自保ジャーナル2022号163頁〔28264264〕…………… *114*
山口地判平成30・2・28交通民集51巻1号247頁〔28261229〕……………… *171, 172*
名古屋地判平成30・3・16自保ジャーナル2021号54頁〔28264025〕……… *161, 196*
横浜地判平成30・3・19交通民集51巻2号313頁〔28265578〕……………… *52*
大阪高判平成30・3・20自保ジャーナル2026号158頁〔28265019〕…………… *116*
名古屋地判平成30・3・20交通民集51巻2号330頁〔28263811〕……………… *216*
横浜地判平成30・3・23交通民集51巻2号390頁〔28264569〕……………… *290*
大阪地判平成30・3・23平成27年（ワ）3972号公刊物未登載……………… *350*
大阪地判平成30・3・23平成29年（ワ）3477号公刊物未登載 ………………*96*
福岡地小倉支判平成30・4・17判タ1455号187頁〔28270253〕………… *226, 229*
神戸地判平成30・4・19自保ジャーナル2027号65頁〔28265305〕… *125, 305, 311*
東京高判平成30・4・25判時2416号34頁〔28261950〕……………………… *372, 373*
東京地判平成30・5・15交通民集51巻3号571頁〔29050860〕…………… *278, 282*
名古屋地判平成30・6・6判時2390号92頁〔28262839〕……………………… *13*
京都地判平成30・6・25交通民集51巻3号755頁〔28270042〕………………*64*
大阪地判平成30・6・28自保ジャーナル2029号1頁〔28270036〕……… *31, 218*
札幌高判平成30・6・29判タ1457号73頁〔28265564〕……………………… *133*

判例索引

東京地判平成30・6・29平成28年（ワ）39481号公刊物未登載〔29050481〕
.... 362
福岡地判平成30・6・29平成28年（ワ）526号裁判所HP〔28263303〕......... 335
東京高判平成30・7・4自保ジャーナル2037号148頁〔28271842〕............... 356
大阪地判平成30・7・5交通民集51巻4号792頁〔28273537〕..................... 246
大阪地判平成30・7・10交通民集51巻4号805頁〔28270800〕................... 104
横浜地判平成30・7・17交通民集51巻4号840頁〔28271335〕................... 229
東京地判平成30・7・17自保ジャーナル2032号1頁〔28270797〕................. 94
東京地判平成30・7・17平成30年（レ）116号公刊物未登載〔29055123〕
.... 278, 283
東京高判平成30・7・18自保ジャーナル2032号174頁〔28270808〕.............. 116
東京地判平成30・7・25平成29年（ワ）15683号公刊物未登載〔29055200〕
.... 155
大阪地判平成30・8・29自保ジャーナル2032号161頁〔28270807〕.............. 117
東京地判平成30・8・30自保ジャーナル2037号40頁〔28271832〕............... 154
名古屋地判平成30・8・31交通民集51巻4号1022頁〔28271074〕............... 116
大阪地判平成30・9・10交通民集51巻5号1070頁〔28271063〕................. 218
名古屋高判平成30・9・21自保ジャーナル2035号1頁〔28271505〕............. 217
金沢地判平成30・9・26自保ジャーナル2039号103頁〔28272404〕............. 188
東京地判平成30・9・26交通民集51巻5号1160頁〔28271069〕................. 292
名古屋高判平成30・10・23平成30年（ネ）314号等公刊物未登載
.... 161, 196
横浜地川崎支判平成30・11・29自保ジャーナル2038号76頁〔28272069〕
.... 266, 267, 269
名古屋地一宮支判平成30・12・3自保ジャーナル2041号38頁〔28272848〕... 195
大阪地判平成30・12・11平成30年（ワ）881号等公刊物未登載.................. 235
福岡高判平成30・12・19自保ジャーナル2041号24頁〔28272845〕............. 196
京都地判平成31・1・29交通民集52巻1号106頁〔28273608〕.................. 218
福岡地判平成31・2・1自保ジャーナル2046号19頁〔28273773〕................ 218
東京地判平成31・2・8自保ジャーナル2048号117頁〔28274111〕......... 307, 312
大阪地判平成31・2・22平成29年（ワ）1579号公刊物未登載..................... 352
さいたま地判平成31・3・19交通民集52巻2号321頁〔28273772〕............. 133
京都地判平成31・3・22交通民集52巻2号347頁〔28274654〕.................. 245

判例索引

東京地判平成31・3・22労働判例1206号15頁〔28273950〕·················· *161*
大阪地判令和元・5・23判時2428号114頁〔28273223〕···················· *364*
神戸地伊丹支判令和元・5・30自保ジャーナル2054号1頁〔28280350〕······ *217*
福岡高判令和元・6・13自保ジャーナル2051号1頁〔28274652〕············ *217*
名古屋地判令和元・6・14交通民集52巻3号721頁〔28282375〕············ *236*
名古屋地判令和元・6・26判タ1473号167頁〔28274876〕··················· *351*
津地判令和元・7・9自保ジャーナル2055号177頁〔28280557〕·············· *362*
福岡高判令和元・7・16自保ジャーナル2054号173頁〔28280374〕············ *362*
横浜地判令和元・7・30自保ジャーナル2057号1頁〔28280921〕············ *216*
千葉地判令和元・8・23自保ジャーナル2057号19頁〔28280922〕············ *229*
名古屋地判令和元・9・5平成29年(ワ)2291号公刊物未登載·············· *362*
大阪地判令和元・9・27自保ジャーナル2058号1頁〔28281109〕············ *217*
東京地判令和元・10・16自保ジャーナル2063号22頁〔29056417〕············ *97*
東京地判令和元・10・21平成30年(ワ)2111号公刊物未登載〔29056422〕
·· *95, 96*
東京地判令和元・11・6平成31年(ワ)8698号公刊物未登載〔29057925〕··· *247*
大阪地判令和元・12・18平成29年(ワ)7753号公刊物未登載················ *257*
さいたま地判令和元・12・20平成30年(ワ)3078号公刊物未登載〔28281512〕
·· *236*
最三小判令和2・1・21自保ジャーナル2056号1頁〔28280618〕················ *11*
横浜地判令和2・2・10自保ジャーナル2068号56頁〔28282816〕·············· *195*
東京地判令和2・2・21自保ジャーナル2073号34頁〔28283684〕············· *196*
名古屋地判令和2・3・13自保ジャーナル2075号25頁〔28284200〕············ *195*
福岡地判令和2・7・3自保ジャーナル2075号1頁〔28284199〕·············· *217*
最一小判令和2・7・9裁判所時報1747号14頁〔28281917〕·········· *166, 175, 179*

執筆者紹介

■弁護士　村上　文男（むらかみ　ふみお）
弁護士法人愛知総合法律事務所　代表
【略歴】　2007年　愛知県弁護士会会長
　　　　　　　　　日本弁護士連合会副会長

■弁護士　西尾　進（にしお　すすむ）
弁護士法人愛知総合法律事務所
【略歴】　名古屋大学大学院法学研究科修士課程修了
　　　　　金沢家庭裁判所長
　　　　　名古屋地方裁判所部総括判事
　　　　　司法研修所教官
　　　　　等を経て弁護士登録

■弁護士　檀浦　康仁（だんうら　やすひと）
弁護士法人愛知総合法律事務所
【略歴】　東北大学法学部卒業
　　　　　裁判所職員を経て弁護士登録
　　　　　2012年～2019年　愛知県弁護士会民事介入暴力対策委員会副委員長
【著作】　『Q&A誰でもわかる暴力団対策関係法の解説　反社会的勢力に対する実践的対応策』（共著）（民事法研究会、2010年）
　　　　　『学校事故の法律相談』（共著）（青林書院、2016年）
【関与した裁判例】
・名古屋地裁平成26年12月26日判決・自保ジャーナル1942号81頁　交通死亡事故につき過失相殺が否定された事例（被害者側）
・名古屋高裁平成27年4月23日判決・自保ジャーナル1953号146頁　保

険金請求について業務災害免責が認められた事例
- 名古屋地裁平成29年3月31日判決・判例時報2359号45頁　暴力団組長に対する使用者責任の請求が認められた事例（被害者側）
- 名古屋地裁平成30年3月16日判決・自保ジャーナル2021号54頁　知的障害者の醜状障害の逸失利益が争点となった事例（加害者側）
- 名古屋地裁令和元年6月14日判決・交通民集52巻3号721頁　交通死亡事故につき過失相殺が否定された事例（被害者側）

■ 弁護士　勝又　敬介（かつまた　けいすけ）
弁護士法人愛知総合法律事務所
【略歴】　慶應義塾大学法学部卒業
　　　　　名城大学大学院法務研究科講師（2008年度～2013年度）
【著作】　『学校事故の法律相談』（共著）（青林書院、2016年）
【関与した裁判例】
- 名古屋地裁平成28年11月28日判決・自保ジャーナル1992号130頁　夜間の道路でタイヤ交換をしていた被告らと、走行してきた車両の過失割合について、被害者の過失を2割とした事例
- 名古屋地裁平成27年4月17日判決・自保ジャーナル1950号49頁　交差点内において優先道路を横断した原告自転車と被告四輪車の過失割合について、原告55：被告45とした事例
- 名古屋地裁平成25年7月3日判決・自保ジャーナル1909号79頁　路上に横臥していた被害者を、氏名不詳者及び後行してきた被告車がそれぞれ轢過した事故について、氏名不詳者と被告の共同不法行為責任を認め、被害者の過失割合を6割とした事例

■ 弁護士　木村　環樹（きむら　たまき）
弁護士法人愛知総合法律事務所
【略歴】　名古屋大学法学部卒業
　　　　　2014年～2017年　藤田保健衛生大学病院（現藤田医科大学病

執筆者紹介

院）に出向（病院長付補佐・藤田保健衛生大学兼任准教授）

■弁護士　渡邊　健司（わたなべ　けんじ）
弁護士法人愛知総合法律事務所
【略歴】　名古屋大学法学部卒業
　　　　2012年～2014年　藤田保健衛生大学病院（現藤田医科大学病院）に出向（病院長付補佐・藤田保健衛生大学兼任准教授）
【著作】　『学校事故の法律相談』（共著）（青林書院、2016年）

■弁護士　上禰　幹也（じょうね　みきや）
弁護士法人愛知総合法律事務所　名古屋新瑞橋事務所所長
【略歴】　京都大学法科大学院修了
【著作】　『学校事故の法律相談』（共著）（青林書院、2016年）
【セミナー等】　トヨタレンタリース愛知50周年記念セミナー「車両管理の法的責任」ほか多数

■弁護士　水野　憲幸（みずの　のりゆき）
弁護士法人愛知総合法律事務所　日進赤池事務所所長
【略歴】　名古屋大学法学部卒業
【著作】　『学校事故の法律相談』（共著）（青林書院、2016年）

■弁護士　森下　達（もりした　とおる）
弁護士法人愛知総合法律事務所　津事務所所長
【略歴】　大阪大学法科大学院修了
　　　　弁護士法人愛知総合法律事務所　春日井事務所所長
　　　　弁護士法人愛知総合法律事務所　伊勢駅前事務所所長
【著作】　『学校事故の法律相談』（共著）（青林書院、2016年）

執筆者紹介

■弁護士　奥村　典子（おくむら　のりこ）
弁護士法人愛知総合法律事務所
【略歴】　名古屋大学法科大学院修了

■医師・弁護士　小宮　仁（こみや　ひとし）
弁護士法人愛知総合法律事務所
【略歴】　東北大学医学部卒業
　　　　　九州大学医学部泌尿器科学教室入局
　　　　　京都大学法科大学院修了

■弁護士　遠藤　悠介（えんどう　ゆうすけ）
弁護士法人愛知総合法律事務所　小牧事務所所長
【略歴】　慶應義塾大学法科大学院修了

■弁護士　加藤　耕輔（かとう　こうすけ）
弁護士法人愛知総合法律事務所　津島事務所所長
【略歴】　愛知大学法科大学院修了

■弁護士　横井　優太（よこい　ゆうた）
弁護士法人愛知総合法律事務所共同代表
【略歴】　名古屋大学法科大学院修了
　　　　　北名古屋市男女共同参画審議会委員（2015年10月より現職）
【著作】　『学校事故の法律相談』（共著）（青林書院、2016年）
　　　　　『弁護士と税理士が考える相続法と相続税法』（共著）（愛知県弁護士協同組合・東海税理士会・愛知県支部連合会・名古屋税理士会・名古屋税務研究所発行、2017年）
　　　　　「私立大学教授の定年後の再雇用－学校法人南山学園（南山大学）事件・名古屋地判令元.7.30」労働法律旬報1964号（2020年）31頁

執筆者紹介

【関与した裁判例】
・名古屋地裁平成30年6月20日判決・自保ジャーナル2028号33頁
・名古屋地裁令和元年7月30日判決・判例時報2434号100頁
・名古屋高裁令和2年1月23日判決・労働経済判例速報2409号26頁

■弁護士　長江　昂紀（ながえ　こうき）
弁護士法人愛知総合法律事務所　藤が丘事務所所長
【略歴】　京都大学法科大学院修了

■弁護士　服部　文哉（はっとり　ふみや）
弁護士法人愛知総合法律事務所　高蔵寺事務所所長
【略歴】　名古屋大学法科大学院修了

■弁護士　米山　健太（よねやま　けんた）
弁護士法人愛知総合法律事務所
【略歴】　京都大学法科大学院修了
　　　　　2017年～2020年　藤田医科大学病院へ出向（病院長付補佐・藤田医科大学兼任講師）
【著作】　『学校事故の法律相談』（共著）（青林書院、2016年）
【セミナー等】　・第30回公益社団法人愛知県診療放射線技師会学術大会「裁判例に見る医療安全」
　　　　　・一般社団法人三重県薬剤師会令和元年度医療安全対策研修会「調剤事故に伴う責任と求められる対応」
　　　　　・第14回中部地区バスキュラーアクセス研究会「医療訴訟の現状と病院・医師に求められる対応」など多数。

■弁護士　中内　良枝（なかうち　よしえ）
弁護士法人愛知総合法律事務所
【略歴】　創価大学法科大学院修了

2015年〜　北名古屋市男女共同参画相談員
【著作】『学校事故の法律相談』（共著）（青林書院、2016年）

■弁護士　居石　孝男（すえいし　たかお）
弁護士法人愛知総合法律事務所　伊勢駅前事務所所長
【略歴】　大阪大学法科大学院修了

■弁護士　田村　祐希子（たむら　ゆきこ）
弁護士法人愛知総合法律事務所　東京自由が丘事務所所長
【略歴】　関西大学法科大学院修了

■弁護士　深尾　至（ふかお　いたる）
弁護士法人愛知総合法律事務所　春日井事務所所長
【略歴】　名古屋大学法科大学院修了

■弁護士　佐藤　康平（さとう　こうへい）
弁護士法人愛知総合法律事務所副代表
弁護士法人愛知総合法律事務所　名古屋新端橋事務所所長
【略歴】　名古屋大学法科大学院修了
　　　　 弁護士法人愛知総合法律事務所　岐阜大垣事務所所長

■弁護士　安井　孝侑記（やすい　たかゆき）
弁護士法人愛知総合法律事務所　岡崎事務所所長
【略歴】　名古屋大学法科大学院修了

■弁護士　加藤　純介（かとう　じゅんすけ）
弁護士法人愛知総合法律事務所　岐阜大垣事務所所長

執筆者紹介

【略歴】　司法試験予備試験合格
　　　　　中央大学法科大学院修了

■弁護士　黒岩　将史（くろいわ　まさし）
弁護士法人愛知総合法律事務所
【略歴】　名古屋大学法科大学院修了
　　　　　2020年～　藤田医科大学病院へ出向（病院長付補佐・藤田医科大学兼任講師）

■弁護士　牧村　拓樹（まきむら　ひろき）
弁護士法人愛知総合法律事務所　浜松事務所所長
【略歴】　中央大学法科大学院修了

■弁護士　岩田　雅男（いわた　まさお）
弁護士法人愛知総合法律事務所
【略歴】　名古屋大学法科大学院修了
　　　　　モンゴル大学日本法教育研究センター日本法講師
　　　　　名古屋大学法科大学院非常勤講師（課題指導員）

■弁護士　田中　隼輝（たなか　じゅんき）
弁護士法人愛知総合法律事務所
【略歴】　名古屋大学法科大学院修了

■弁護士　丸山　浩平（まるやま　こうへい）
弁護士法人愛知総合法律事務所
【略歴】　京都大学法科大学院修了

■弁護士　池戸　友有子（いけど　ゆうこ）
弁護士法人愛知総合法律事務所

【略歴】　名古屋大学法科大学院修了

■弁護士　小出　麻緒（こいで　まお）
弁護士法人愛知総合法律事務所
【略歴】　名古屋大学法科大学院修了

■弁護士　長沼　寛之（ながぬま　ひろゆき）
弁護士法人愛知総合法律事務所
【略歴】　司法試験予備試験合格
　　　　　京都大学法科大学院修了

■弁護士　西村　綾菜（にしむら　あやな）
弁護士法人愛知総合法律事務所
【略歴】　早稲田大学法科大学院修了

■弁護士　中村　展（なかむら　ひらく）
弁護士法人愛知総合法律事務所
【略歴】　京都大学法科大学院修了

■弁護士　石井　健一郎（いしい　けんいちろう）
弁護士法人愛知総合法律事務所
【略歴】　北海道大学法科大学院修了

■弁護士　松山　光樹（まつやま　みつき）
弁護士法人愛知総合法律事務所
【略歴】　司法試験予備試験合格
　　　　　早稲田大学法学部卒業

事務所紹介

弁護士法人　愛知総合法律事務所

　弁護士数が中部地区有数である総合型法律事務所。愛知県内、岐阜県、三重県、静岡県、東京都に13の支部を構え（2020年12月現在）、交通事故案件をはじめ各種案件を取り扱う。全国的に加害者側、被害者側双方の交通事故案件に注力している。

■名古屋丸の内本部事務所

　〒460-0002
　名古屋市中区丸の内三丁目2番29号ヤガミビル4階・5階・6階
　TEL：052-971-5277　FAX：052-971-7876
　URL：https://www.aichisogo.or.jp/

■名古屋新瑞橋事務所

　〒467-0842
　名古屋市瑞穂区妙音通四丁目40番地　TS新瑞ビル4階
　TEL：052-851-0171

■名古屋藤が丘事務所

　〒465-0033
　名古屋市名東区明が丘124番地1号　ami amiビル3階
　TEL：052-778-9997

■小牧事務所

　〒485-0029
　愛知県小牧市中央1-267　小牧ガスビル2階

TEL：0568-68-6061

■ 春日井事務所
　〒486-0844
　愛知県春日井市鳥居松町四丁目122番地　王子不動産名古屋ビル４階
　TEL：0568-83-8177

■ 高蔵寺事務所
　〒487-0011
　愛知県春日井市中央台一丁目２番地２　サンマルシェ南館１階
　TEL：0568-37-3921

■ 津島事務所
　〒496-0047
　愛知県津島市西柳原町三丁目２番地　スカイ友１階
　TEL：0567-23-2377

■ 日進赤池事務所
　〒470-0125
　愛知県日進市赤池一丁目3001番地　第25オーシャンプラザ３階
　TEL：052-680-8501

■ 岡崎事務所
　〒444-0864
　愛知県岡崎市明大寺町字寺東１番１号　名鉄東岡崎駅南館ビル４階
　TEL：0564-84-5700

■ 岐阜大垣事務所
　〒503-0015

事務所紹介

岐阜県大垣市林町五丁目18番地　光和ビル4階
TEL：0584-84-2288

■ 伊勢駅前事務所

〒516-0073
三重県伊勢市吹上一丁目7番7号　きりん第6ビル208号
TEL：0596-20-3010

■ 津事務所

〒514-0004
三重県津市栄町三丁目141番地1　モアビル2階
TEL：059-273-5301

■ 浜松事務所

〒430-0944
静岡県浜松市中区田町330番地の5　遠鉄田町ビル2階A
TEL：053-424-5180

■ 東京自由が丘事務所

〒158-0083
東京都世田谷区奥沢五丁目41番14号　橋本ビル3階
TEL：03-5483-1510

サービス・インフォメーション
─────────── 通話無料 ───────────
①商品に関するご照会・お申込みのご依頼
　　　　TEL 0120(203)694／FAX 0120(302)640
②ご住所・ご名義等各種変更のご連絡
　　　　TEL 0120(203)696／FAX 0120(202)974
③請求・お支払いに関するご照会・ご要望
　　　　TEL 0120(203)695／FAX 0120(202)973

●フリーダイヤル(TEL)の受付時間は、土・日・祝日を除く
　9:00〜17:30です。
●FAXは24時間受け付けておりますので、あわせてご利用ください。

改訂版　Q&A　交通事故加害者の賠償実務
─被害者からの過剰請求対応─

2017年1月30日　初版発行
2021年5月20日　改訂版発行

編　集　弁護士法人　愛知総合法律事務所
発行者　田　中　英　弥
発行所　第一法規株式会社
　　　　〒107-8560　東京都港区南青山2-11-17
　　　　ホームページ　https://www.daiichihoki.co.jp/
装　丁　篠　隆二

交通事故賠償改　ISBN978-4-474-07412-5　C3032　(0)